新东方 XDF.CN

MW01711101

便携版

TOEFL词汇

词根+联想

记忆法

俞敏洪 ◦ 编著

音频

浙江教育出版社 · 杭州

图书在版编目(CIP)数据

TOEFL词汇词根+联想记忆法 ： 便携版 / 俞敏洪编著
. -- 杭州 ： 浙江教育出版社，2019.9（2022.3重印）
ISBN 978-7-5536-7873-3

Ⅰ. ①T… Ⅱ. ①俞… Ⅲ. ①TOEFL－词汇－记忆术－自学参考资料 Ⅳ. ①H313

中国版本图书馆CIP数据核字(2018)第216970号

TOEFL词汇词根+联想记忆法 便携版
TOEFL CIHUI CIGEN + LIANXIANG JIYI FA BIANXIE BAN
俞敏洪 **编著**

责任编辑 赵清刚
美术编辑 韩 波
责任校对 马立改
责任印务 时小娟
封面设计 大愚设计
出版发行 浙江教育出版社
地址：杭州市天目山路40号
邮编：310013
电话：（0571）85170300 - 80928
邮箱：dywh@xdf.cn
印　　刷 三河市百盛印装有限公司
开　　本 787mm×1092mm 1/32
成品尺寸 120mm×185mm
印　　张 12
字　　数 242 000
版　　次 2019年9月第1版
印　　次 2022年3月第5次印刷
标准书号 ISBN 978-7-5536-7873-3
定　　价 32.00元

前言

Foreword

留学是众多学子的梦想，对于大多数希望赴北美留学的考生来说，通过托福考试是他们实现梦想极其重要的一步。托福考试注重考查考生对英语的实际运用能力，对词汇的掌握和运用更是提出了高要求。攻克托福词汇至关重要的一步在于选择一本好的词汇书。“TOEFL红宝书”出版后，得到了广大考生的好评。很多考生盛赞“TOEFL红宝书”帮助他们攻克了托福词汇难关，其中的“词根+联想”记忆法更是科学、实用，提升了单词记忆的趣味性和成就感，而且通过掌握常用词根、词缀，举一反三，短时间内就能记忆海量单词。同时，书中大量的同义词拓展了他们的词汇量，加深了对单词的理解，为备考托福提供了有力的帮助。但也有很多考生提到，目前的“TOEFL红宝书”太厚，开本大，不便于携带，使得随时随地学习单词的想法难以实现。因此，我们在结合最近考试的基础上推出了《TOEFL词汇词根 + 联想记忆法 便携版》。

《TOEFL词汇词根 + 联想记忆法 便携版》延续了“TOEFL红宝书”中实用、有趣的记忆法，同时紧密结合最新考试，丰富了单词的中文释义和同义词，将托福考试核心词汇“一网打尽”。

《TOEFL词汇词根 + 联想记忆法 便携版》在继承以往的“TOEFL红宝书”特色的基础上，作了以下改动：

托福词汇全面升级，常考主题分类学习

本书在以往“TOEFL红宝书”的基础上，精析最新考试，甄选最新词汇，共收录约4500个核心词汇，并根据托福考试特点将这些词汇分为基础词汇、主题词汇和场景词汇。基础词汇部分总结托福考试中较为简单、基础的词汇；主题词汇是基于托福考试中阅读和听力的学术场景常考主题进行划分，共11个主题，涉及文学与艺术、社会与历史、天文与地理、经济、科技等等；场景词汇主要围绕校园常考场景，分为“日常生活”、“工作与学习”以及“休闲娱乐”三大场景。本书的词汇分类独具一格，紧密结合考试，极具权威性与实用性，便于考生结合托福常考主题与场景，分门别类地进行学习，提高记忆效率，深化单词记忆效果。

托福词汇书瘦身，随时随地记忆单词

很多考生在复习托福考试的同时，往往还需要兼顾其他考试，在时间上较为紧张，因此合理规划和利用时间就尤为关键。本书以口袋书的形式涵盖托福考试核心词汇，并对单词下面的项目设置进行了瘦身，保留了记忆法、同义词、常用搭配以及部分派生词，帮助考生充分利用零散时间抓紧复习，实现随时随地记忆单词。

优化记忆方法，轻松、高效记忆单词

长期以来，“红宝书”系列中实用、有趣的记忆方法得到了广大考生的肯定，在《TOEFL词汇词根 + 联想记忆法 便携版》中我们延续了这一大特色，并对记忆法进行了优化，添加了新鲜元素，让考生在轻松的氛围中高效记忆单词。

作为以往“TOEFL红宝书”系列的姊妹篇，本书扩充了词汇量，增加了近期托福考试中的常考单词，并相应收录了已考同义词。考生可以在认真学习原书的基础上，将本书作为有效补充。在复习的初级阶段通过本书“过单词”，并熟悉托福考试的常考学术主题与校园场景；然后在具有一定词汇量后使用原书进一步全面巩固学习，通过例句深化理解与记忆，熟悉真实考试的难度，并通过原书丰富的派生词、形近词、反义词、同类词等，全面拓展词汇量；最后在冲刺阶段再利用本书快速巩固单词。

广大考生长期的支持和宝贵的建议促成了《TOEFL词汇词根 + 联想记忆法 便携版》的完成，同时要特别感谢汇智博纳的编辑们，是他们的努力工作使得本书能够及时与大家见面。衷心希望本书能够帮助考生们克服难关，到达梦想的彼岸。

俞敏洪

新东方教育科技集团董事长

目录

Contents

基础词汇

主题词汇

场景词汇

基础词汇

Word List 1

despondent [dɪˈspɑːndənt] *a.* 垂头丧气的，沮丧的

bald [bɔːld] *a.* 光秃的(uncovered, hairless)

[搭] bald eagle 秃鹰

obscure [əbˈskjʊr] *a.* 暗的，朦胧的(dim)；晦涩的；无名的 *vt.* 使变模糊；使晦涩，使费解

[记] 词根记忆：ob(在…上面)+scur(遮盖)+e → 在上面遮盖 → 晦涩的

indignant [ɪnˈdɪɡnənt] *a.* 愤慨的，恼怒的

[记] 词根记忆：in(不)+dign(价值)+ant(形容词后缀) → 不值得的 → 愤慨的

slope [sloʊp] *n.* 斜坡，斜面(slant, inclination)

[记] 联想记忆：想在斜坡(slope)上大步跑(lope)是不可能的

decrease [dɪˈkriːs] *v.* 减少(diminish, reduce)

[ˈdiːkriːs] *n.* 减少(量)

[记] 词根记忆：de(反)+cre(生长)+ase → 减少

hardly [ˈhɑːrdli] *ad.* 几乎不，简直不；仅仅(barely)

immutable [ɪˈmjuːtəbl] *a.* 不可改变的，永恒的，不变的(*unchangeable)

[记] 词根记忆：im(不)+mut(变化，改变)+able(能…的) → 不可改变的

prominent [ˈprɑːmɪnənt] *a.* 卓著的，杰出的(*famous, *distinguished)；突起的(protuberant)

[记] 词根记忆：pro(向前)+min(突出)+ent(形容词后缀) → 向前突出的 → 突起的；卓著的

accelerate [əkˈseləreɪt] *v.* (使)加快，加速，促进(*increase, quicken)

[记] 词根记忆：ac(表加强)+celer(快速的)+ate(使…) → 加快，加速

grasp [græsp] *vt./n.* 抓住(seize)；掌握，理解

[记] 联想记忆：他紧紧抓住(grasp)她，把她当成救命稻草(grass)

superimpose [ˌsuːpərɪmˈpoʊz] *vt.* 使重叠，使叠加

[记] 联想记忆：super(在…上面)+impose(强加于)→强加于上面→使重叠

downward [ˈdaʊnwərd] *a.* 向下的 *ad.* 向下，往下(down)

[记] 联想记忆：down(向下的)+ward(向…)→向下的

nonetheless [ˌnʌnðəˈles] *ad.* 虽然如此，但是

convey [kənˈveɪ] *vt.* 运送，运输(carry, transport)；传达(communicate, transfer)

[记] 词根记忆：con(共同)+vey(道路)→共同上路→运送；传达

practicable [ˈpræktɪkəbl] *a.* 能实行的，可行的

[记] 来自 practice(*v./n.* 实践)

surge [sɜːrdʒ] *v.* 涌动；蜂拥而出 *n.* 汹涌，澎湃；猛涨(*sharp increase)

[记] 词根记忆：surg(升起)+e→涌动

despise [dɪˈspaɪz] *vt.* 鄙视，看不起

[记] 联想记忆：尽管(despite)遭到他人的蔑视(despise)，他还是坚持自己的意见

retreat [rɪˈtriːt] *vi.* 退却，撤退(retire) *n.* 退却；隐退处

episode [ˈepɪsoʊd] *n.* 一段时期(period)；片段，插曲(incident)；(电视剧的)一集

[搭] glacial episode 冰河时期

inspect [ɪnˈspekt] *vt.* 检查，视察(check)

[记] 词根记忆：in(向内)+spect(看)→向内看→检查，视察

[搭] inspect sth. for sth. 为…而检查…

desperate [ˈdespərət] *a.* 绝望的(despairing)；拼命的；极度渴望的

[记] 词根记忆：de(去掉)+sper(希望)+ate→去掉希望→绝望的

hardy [ˈhɑːrdi] *a.* 强壮的(strong); (植物等)耐寒的
[记] 联想记忆: hard(硬的) + y → 强壮的; (植物等)耐寒的

suction [ˈsʌkʃn] *n.* 吸, 抽吸
[搭] suction pump 真空泵

inner [ˈɪnər] *a.* 内部的; 内心的 *n.* 内部; 内心
[记] 词根记忆: in(在…里面) + ner → 内部的; 内心的

affluent [ˈæfluənt] *a.* 丰富的; 富裕的
[记] 词根记忆: af(表加强) + flu(流) + ent → 不断流出的 → 丰富的

tremendous [trəˈmendəs] *a.* 惊人的(striking); 巨大的
[记] 词根记忆: trem (发抖) + end + ous (多…的) → 多得让人发抖的 → 惊人的

shrewd [ʃruːd] *a.* 敏捷的, 机灵的; 精明的
[记] 发音记忆: "熟的" → 对某事很熟, 所以反应灵敏 → 机灵的

jar [dʒɑːr] *n.* 坛子; 广口瓶 *v.* (使)震动
[记] 联想记忆: 酒吧(bar)里摆满了酒坛子(jar)

diverge [daɪˈvɜːrdʒ] *vi.* (道路、线条等)分开; (意见等)分歧; 偏离
[记] 词根记忆: di(分开) + verg(转) + e → 分别转换方向 → 分歧

compatible [kəmˈpætəbl] *a.* 协调的, 一致的(harmonious, coherent); 兼容的
[记] 词根记忆: com(共同) + pat(=path 感觉) + ible(能…的) → 能有共同感觉的 → 协调的

leak [liːk] *v.* (使)漏, (使)泄漏 *n.* 漏洞; 泄露

universal [ˌjuːnɪˈvɜːrsl] *a.* 普遍的; 通用的; 宇宙的

oval [ˈoʊvl] *a.* 卵形的, 椭圆形的(elliptic)
[记] 联想记忆: o(音似: 喔) + val(音似: 哇哦) → 发哇哦这些声音, 嘴都要张成椭圆形 → 椭圆形的

ample [ˈæmpl] *a.* 充足的，丰富的（abundant, enough）
[记] 联想记忆：市场上苹果(apple)供应很充足(ample)

deliver [dɪˈlɪvər] *v.* 传送，传递（transmit, pass）；陈述(state)；释放
[记] 词根记忆：de(离开) + liver(=liber 自由) → 使离开，得到自由 → 传送；释放

exhibit [ɪgˈzɪbɪt] *v.* 陈列，展览(*display)；表现(show) *n.* 展览(品)
[记] 词根记忆：ex(出) + hib(拿住；拥有) + it → 把有的拿出来 → 陈列

periodic [ˌpɪriˈɑːdɪk] *a.* 周期的，定期的（regular）
[记] 来自 period(*n.* 周期)
[搭] periodic table 元素周期表

espouse [ɪˈspaʊz] *vt.* 支持，赞成
[记] 词根记忆：e(出) + spous(约定) + e → 给出约定 → 支持，赞成

swarm [swɔːrm] *n.* 一大群(crowd) *vi.* 云集
[记] 联想记忆：s + warm(暖和的) → 大家挤成一群比较暖和 → 一大群

blurt [blɜːrt] *vt.* 脱口而出
[记] 联想记忆：脱口而出(blurt)的话往往容易伤人(hurt)

postulate [ˈpɑːstʃəleɪt] *v.* 假定，假设
[记] 词根记忆：post(放) + ul + ate → 放出问题 → 假定，假设

tedious [ˈtiːdiəs] *a.* 乏味的(boring)；单调的，冗长的
[记] 联想记忆：ted(看做 tea，茶) + i(我) + ous → 我一个人喝茶 → 乏味的

gush [gʌʃ] *v.* 滔滔不绝地说(话)；喷涌 *n.* 迸发

venturesome [ˈventʃərsəm] *a.* 敢于冒险的；有危险的
[记] 联想记忆：venture(冒险) + some(形容词后缀) → 敢于冒险的

arrest [əˈrest] *vt./n.* 逮捕，拘留；停止，阻止；吸引

enslave [ɪnˈsleɪv] *vt.* 奴役

unaided [ʌnˈeɪdɪd] *a.* 未受协助的，独立的(independent)

[搭] unaided eye 肉眼

resign [rɪˈzaɪn] *v.* 辞去，辞职；放弃

[记] 联想记忆：re(回) + sign(签名) → 不再签到 → 辞去，辞职

[搭] resign from 从…辞职

middleman [ˈmɪdlmæn] *n.* 中间人，调解人；经纪人

withdraw [wɪðˈdrɔː] *v.* 取消(cancel)；撤销(retreat, recede)；提取(钱)；缩回

[记] 联想记忆：with(以，用) + draw(拉) → 用力拉 → 取消；撤销

execute [ˈeksɪkjuːt] *vt.* 执行(*create, perform)；将…处死；完成(complete)

[记] 词根记忆：ex(表加强) + ecut(追踪) + e → 加强追踪 → 执行

suppose [səˈpoʊz] *v.* 假设，推测(presume)

[记] 词根记忆：sup(在…下面) + pos(放) + e → 放在下面 → 将想法放在心底 → 假设，推测

dissenter [dɪˈsentər] *n.* 不同意者，反对者(objector)

[记] 词根记忆：dis(分离) + sent(感受) + er(表人，名词后缀) → 没有相同感受的人 → 不同意者，反对者

expire [ɪkˈspaɪər] *vi.* (协议等)到期，失效；去世

[记] 词根记忆：ex(出) + pir(呼吸) + e → 停住了呼吸 → 到期；去世

ponder [ˈpɑːndər] *v.* 思索，考虑

convene [kənˈviːn] *v.* 开会；召集，集合

[记] 词根记忆：con(共同) + ven(来) + e → 来到一起 → 召集，集合

viable [ˈvaɪəbl] *a.* 可行的(feasible)

[记] 词根记忆：vi(道路) + able(能…的) → 有路的 → 可行的

propose [prəˈpoʊz] *v.* 建议，提议（suggest, project）；提名，推荐；打算；求婚

[记] 词根记忆：pro（在…前面）+ pos（放）+ e → 放在前面 → 在行动之前提出 → 建议，提议

tedium [ˈtiːdiəm] *n.* 单调乏味（boredom）

decade [ˈdekeɪd] *n.* 十年，十年期

[记] 词根记忆：deca（十）+ de → 十年，十年期

solemn [ˈsɑːləm] *a.* 庄严的；严肃的

[记] 词根记忆：sol（太阳）+ emn → 太阳是神圣庄严的 → 庄严的

challenge [ˈtʃælɪndʒ] *n.* 挑战（书）；艰巨任务，难题 *vt.* 向…挑战

[搭] take up challenges 接受挑战

roam [roʊm] *vi.* 漫游，漫步（wander）

[记] 联想记忆：他的思绪漫游（roam）在广阔的空间（room）里

[搭] roam over/around/about 闲逛，徘徊

eternal [ɪˈtɜːrnl] *a.* 永恒的，不朽的（lasting）

[记] 联想记忆：外面（external）世界是永恒的（eternal）诱惑

unbridgeable [ʌnˈbrɪdʒəbl] *a.* 不能架桥的；不能逾越的（impassable, insurmountable）

[搭] unbridgeable differences 不可调和的分歧

dominate [ˈdɑːmɪneɪt] *v.* 支配，统治（*monopolize）；控制（control, rule）；盛行（*prevail）

[记] 词根记忆：domin（统治）+ ate（动词后缀）→ 控制；支配

retract [rɪˈtrækt] *v.* 收回，撤销；缩回

[记] 词根记忆：re（往后）+ tract（拉）→ 往后拉 → 缩回

antecede [ˈæntɪˌsiːd] *vt.* 居先，居前；（地位上）高于（antedate, precede）

[记] 词根记忆：ante（在…前面）+ ced（走）+ e → 走在前面 → 居先

enforce [ɪnˈfɔːrs] *vt.* 实施，执行(carry out)；强迫(compel)
[记] 联想记忆：en(使…)+force(力量)→使有力量→实施，执行

correspond [ˌkɔːrəˈspɑːnd] *vi.* 相一致，符合(accord)；相应(match)；通信
[记] 词根记忆：cor(共同)+re(再，又)+spond(回答，约定)→又给出相同的回答→相一致

genuine [ˈdʒenjuɪn] *a.* 真正的(true)；真实的(actual)
[记] 词根记忆：gen(出生，产生)+uine→生来就有的→真正的

slight [slaɪt] *a.* 轻微的，微弱的(subtle, tiny)
[记] 联想记忆：s+light(轻的)→轻微的

procedure [prəˈsiːdʒər] *n.* 程序，手续，步骤(approach, course)

hypothesis [haɪˈpɑːθəsɪs] *n.* 假设，假说(assumption, theory)
[记] 联想记忆：hypo(在…下面)+thesis(论点)→在论点之下，非真正论点→假说

abysmal [əˈbɪzməl] *a.* 深不可测的；极坏的，糟透的
[记] 词根记忆：a(没有，不)+bys(m)(尽头)+al(形容词后缀)→没有尽头的→深不可测的；极坏的

stimulate [ˈstɪmjuleɪt] *vt.* 刺激；激励，激发(*motivate, evoke)
[记] 词根记忆：stim(刺)+ul+ate(动词后缀)→刺激；同根词：stimulus(*n.* 促进因素；刺激物)；stimulant(*n.* 刺激物；兴奋剂)

access [ˈækses] *n.* 通道(approach)；(接近或享用的)机会(opportunity) *vt.* 进入；使用；存取
[记] 词根记忆：ac(向，往)+cess(走)→走向→进入

girder [ˈɡɜːrdər] *n.* 大梁(crossbeam)

momentary [ˈmoʊmənteri] *a.* 瞬间的，刹那间的(temporary)

Word List 2

obstruct [əbˈstrʌkt] *v.* 妨碍，阻塞(impede, block)
[记] 词根记忆：ob(反)+struct(建造)→反着建造→阻塞

untapped [ˌʌnˈtæpt] *a.* 未使用的

query [ˈkwɪri] *n.* 疑问，问题 *v.* 向…提问

hypothesize [haɪˈpɑːθəsaɪz] *v.* 假定，假设(*speculate, suppose)
[记] 词根记忆：hypo(在…下面)+thes(放)+ize→放在下面，还不作为正式的→假定

account [əˈkaʊnt] *n.* 解释(interpretation)；账，账户(record)；考虑 *v.* 说明，解释；(在数量上)占
[记] 词根记忆：ac(表加强)+count(数)→账目需要一数再数→账
[搭] take...into account 考虑，重视；account for 说明；占

culminate [ˈkʌlmɪneɪt] *vi.* 达到顶点；(以某种结果)告终
[记] 词根记忆：culmin(顶点)+ate→到顶点→达到顶点有；(以某种结果)告终

towering [ˈtaʊərɪŋ] *a.* 高耸的(topping)
[记] 联想记忆：tower(塔)+ing→像塔一样的→高耸的

across [əˈkrɔːs] *ad.* 横过；到对面 *prep.* 越过；在对面
[搭] go/walk/run across 穿过

unravel [ʌnˈrævl] *v.* 澄清(*discover)；解体，瓦解
[记] 联想记忆：un(解开)+ravel(纠缠)→解开纠缠在一起的东西→澄清

causal [ˈkɔːzl] *a.* 原因的，因果关系的

blur [blɜːr] *v.* (使)变模糊(make indistinct, smear)

adhere [əd'hɪr] *vi.* 黏附(*stick); 坚持(cling); 遵守(observe)

[记] 词根记忆: ad(表加强)+her(黏附)+e→黏附; 坚持

[搭] adhere to 坚持; 遵守

classify ['klæsɪfaɪ] *vt.* 分类(categorize, sort, group); 分等(arrange in classes)

[记] 联想记忆: class(类别)+ify(使…)→分类

teem [tiːm] *vi.* 充满(abound)

[搭] teem with 富于, 充满

mutual ['mjuːtʃuəl] *a.* 相互的; 共有的(joint, common)

[记] 词根记忆: mut(改变)+ual(形容词后缀)→改变是相互作用的结果→相互的; 共有的

deserted [dɪ'zɜːrtɪd] *a.* 荒废的(obsolete); 无人的(void)

[记] 来自 desert(*vt.* 放弃, 遗弃)

aftermath ['æftərmæθ] *n.* 后果, 余波

momentous [moʊ'mentəs] *a.* 重大的, 重要的

[记] 联想记忆: moment(瞬间)+ous(形容词后缀)→瞬间就能产生影响的→重大的

cohesive [koʊ'hiːsɪv] *a.* 黏着的; 使凝结的

[记] 词根记忆: co(共同)+hes(黏附)+ive→黏在一起的→黏着的; 使凝结的

stubborn ['stʌbərn] *a.* 顽固的, 倔强的; 难对付的

[记] 联想记忆: 生来(born)倔强(stubborn)

furious ['fjʊriəs] *a.* 狂怒的, 狂暴的(angry); 猛烈的

[搭] be furious with sb. at sth. 因某事对某人大发雷霆

anticipate [æn'tɪsɪpeɪt] *v.* 预见, 预期(*look forward to, foresee, expect)

[记] 词根记忆: anti(在…前面)+cip(拿, 取)+ate→预先取得→预见

successive [sək'sesɪv] *a.* 接替的, 继承的; 接连的, 连续的(consecutive, subsequent)

[记] 来自 succeed(*vt.* 接替, 继任)

[搭] successive generation 连续世代

approve [əˈpruːv] *v.* 批准(pass, ratify); 赞成(assent)

[记] 联想记忆: ap + prove(证实) → 经过证实才能批准 → 批准; 赞成

rally [ˈræli] *n.* 集会(assembly)

[记] 联想记忆: r + all(所有) + y → 所有人都参加的大会 → 集会

tangible [ˈtændʒəbl] *a.* 可触摸的; 确凿的; 可感知的

[记] 词根记忆: tang(触摸) + ible(能…的) → 可触摸的

frame [freɪm] *n.* 框架 *vt.* 设计, 构成(*pose)

[记] 联想记忆: 很有名望(fame), 所以将照片镶在框(frame)里以示尊敬

[搭] frame of minds 心态, 心绪

vigilance [ˈvɪdʒɪləns] *n.* 警戒, 警惕 (watchfulness, alertness, caution)

[记] 词根记忆: vig(生命) + il + ance → 有生命的, 活动的 → 不睡 → 警惕

approximate [əˈprɑːksɪmeɪt] *vt.* 近似(close to)

[əˈprɑːksɪmət] *a.* 大约的(about)

[记] 词根记忆: ap(向) + prox(近) + im + ate → 向…靠近 → 近似; 大约的

subsist [səbˈsɪst] *vi.* 存活, 生存(exist)

[记] 词根记忆: sub(在…下面) + sist(站) → 站在下面 → 生存

comparable [ˈkɑːmpərəbl] *a.* (with, to)可比较的, 类似的(similar, like); 比得上的(capable of or suitable for comparison)

[记] 词根记忆: com(共同) + par(相等) + able(能…的) → 能等同的 → 可比较的

ascending [əˈsendɪŋ] *a.* 上升的, 向上的(*climbing)

productive [prəˈdʌktɪv] *a.* 生产(性)的; 能产的, 多产的

[记] 词根记忆: pro(向前) + duct(拉) + ive(形容词后缀) → 不断向前拉的 → 多产的

ascribe [əˈskraɪb] *vt.* (to)把…归于(attribute)
[记] 词根记忆：a + scrib(写) + e → 把…写上去 → 把…归于

trample [ˈtræmpl] *v.* 踩碎；践踏，摧残(人权、心灵等)

odor [ˈoʊdər] *n.* 气味(smell)；香味(fragrance)
[搭] in bad odor 声誉不佳

ephemeral [ɪˈfemərəl] *a.* 短暂的，转瞬即逝的(transient)
[记] 词根记忆：ep(在) + hemer(天) + al → 历时一天的 → 短暂的

determine [dɪˈtɜːrmɪn] *v.* 确定，裁决(*dictate)；(使)决定(decide)
[记] 词根记忆：de + term(边界) + ine → 划定边界 → 确定

assent [əˈsent] *n./vi.* 同意，赞成
[记] 词根记忆：as(向) + sent(想法) → 向他人表明自己的想法 → 同意

neutral [ˈnuːtrəl] *a.* 中性的；中立的(indifferent)
[记] 词根记忆：ne(不) + utr(两者之间) + al → 两者都不偏向的 → 中立的
[搭] neutral particle 中性粒子

instead [ɪnˈsted] *ad.* 代替，顶替
[搭] instead of 代替

calamitous [kəˈlæmɪtəs] *a.* 灾难性的(disastrous)
[记] 来自 calamity(*n.* 灾难)

temporary [ˈtempəreri] *a.* 暂时的，临时的(*existing)
[记] 词根记忆：tempor(时间) + ary(形容词后缀) → 时间很短的 → 暂时的

detect [dɪˈtekt] *vt.* 发现，察觉(*discover)；探测(explore)
[记] 词根记忆：de(去掉) + tect(遮盖) → 去除遮盖 → 发现，觉察

obliterate [əˈblɪtəreɪt] *vt.* 覆盖；消灭；忘却
[记] 词根记忆：ob(去掉) + liter(文字) + ate(动词后缀) → 去掉文字 → 消灭

resistant [rɪˈzɪstənt] *a.* 抵抗的；有抵抗力的

[记] 词根记忆：re(反) + sist(站) + ant(形容词后缀) → 站在对立面的 → 抵抗的

[搭] be resistant to 对…有抵抗力；acid resistant 抗酸的

destined [ˈdestɪnd] *a.* 注定的(doomed)

avoid [əˈvɔɪd] *vt.* 避免，规避(*shy away from, *prevent)

[记] 联想记忆：a + void(空旷；空虚) → 使空旷 → 避免

conflict [ˈkɑːnflɪkt] *n.* 冲突 (clash)；不一致(disagreement)；争论(dispute)

[kənˈflɪkt] *vi.* 冲突(clash)；不一致(disagree)；争论 (argue)

[记] 词根记忆：con(共同) + flict(打，击) → 互相打 → 冲突

benefit [ˈbenɪfɪt] *n.* 益处，好处；恩惠；津贴 *v.* (使)受益(profit)

[记] 词根记忆：bene(善，好) + fit(做) → 益处，好处

perfume [pərˈfjuːm] *n.* 香味；香料，香水

[记] 联想记忆：per(贯穿) + fume(气体) → 缭绕在身上的气体 → 香味

underscore [ˌʌndərˈskɔːr] *vt.* 强调，突现(stress, emphasize, underpin)

[记] 组合词：under(在…下面) + score(画线) → 在下面画线以示重要 → 强调

scent [sent] *n.* 香气(odor, fragrance)；气味(smell)

bode [boʊd] *vi.* 预示

[搭] bode well/ill (for sb./sth.) (对某人/某事来说)是吉兆/凶兆

precede [prɪˈsiːd] *v.* 在…之前，先于(antedate, forerun)

[记] 词根记忆：pre(在…前面) + ced(走) + e → 走在前面 → 先于

dote [doʊt] *vi.* 溺爱

[搭] dote on/upon 溺爱，宠爱

cease [siːs] *v./n.* 结束，停止(*stop, end)
[记] 联想记忆：c + ease(安逸) → 生于忧患，死于安乐 → 停止

uniformity [ˌjuːnɪˈfɔːməti] *n.* 一致性
[记] 来自 uniform(*a.* 统一的)

adobe [əˈdoʊbi] *n.* 泥砖，土坯

prohibitive [prəˈhɪbətɪv] *a.* 禁止的，抑制的
[记] 词根记忆：pro(在…前面) + hibit(拿住) + ive → 提前拿住的 → 禁止的

compel [kəmˈpel] *vt.* 驱使，强迫(drive)
[记] 词根记忆：com(共同) + pel(推) → 驱使

notorious [noʊˈtɔːriəs] *a.* 众所周知的；臭名昭著的，声名狼藉的
[记] 词根记忆：not(知道) + or + ious → 广为人知的 → 众所周知的；声名狼藉的
[搭] be notorious for 因…而臭名昭著

arid [ˈærɪd] *a.* 干旱的(dry)；贫瘠的(barren)

surround [səˈraʊnd] *v.* 包围，环绕(circle)
[记] 联想记忆：sur + round(圆) → 在圆的外边 → 包围，环绕

convenience [kənˈviːniəns] *n.* 便利(fitness, suitability)；便利设施
[记] 词根记忆：con(共同) + ven(来) + i + ence → 共同行动来维护便民设施 → 便利设施

barren [ˈbærən] *a.* 贫瘠的，荒芜的(*infertile, unproductive)
[记] 发音记忆："巴人" → 巴蜀人民很勤快，不见荒芜景象 → 荒芜的

minimize [ˈmɪnɪmaɪz] *vt.* 将…减到最少(reduce to a minimum)；最小化
[记] 词根记忆：min(小) + im + ize → 最小化

crucial [ˈkruːʃl] *a.* 至关重要的，决定性的(*important, essential)
[记] 词根记忆：cruc(十字形) + ial(形容词后缀) → 处于十字路口的 → 决定性的

decay [dɪˈkeɪ] *v./n.* 腐烂(*rot); 衰落(decline)
[记] 联想记忆：骗(decoy)人变坏(decay)

substantial [səbˈstænʃl] *a.* 实质的，真实的；坚固的，结实的；可观的；大体上的
[记] 词根记忆：sub(在…下面) + stant(站立) + ial(形容词后缀) → 站在下面的 → 实质的

contempt [kənˈtempt] *n.* 轻视，轻蔑
[记] 词根记忆：con(表加强) + tempt(小看) → 轻视，轻蔑

bound [baʊnd] *a.* 被束缚的，被要求的(*obligated, enclose) *n.* [常 *pl.*] 界限(*limit, boundary)

entitle [ɪnˈtaɪtl] *vt.* 使有权；给(书等)题名
[记] 联想记忆：en(使…) + title(权利；头衔) → 使有权；给(书等)题名

optional [ˈɑːpʃənl] *a.* 可任选的，非强制的(voluntary)
[记] 来自 option(*n.* 选择)

pause [pɔːz] *v./n.* 中止，暂停(suspend)
[搭] pause to do 停顿做…；give sb. pause 使某人认真考虑

delight [dɪˈlaɪt] *n.* 高兴；令人高兴的事 *v.* (使)愉快(please)
[记] 联想记忆：de(向下) + light(日光) → 沐浴在阳光下 → 高兴

chill [tʃɪl] *n.* 寒冷，寒意(coldness)
[记] 联想记忆：c + hill(小山) → 山上高处不胜寒 → 寒冷

blame [bleɪm] *vt.* 谴责，责备(condemn, rebuke) *n.* 谴责，责备(condemnation, reprehension)

manage [ˈmænɪdʒ] *v.* 操纵；管理，控制(*preside over, *administer)
[记] 词根记忆：man(手)+age → 用手做 → 操纵

deter [dɪˈtɜːr] *v.* 威吓；威慑，阻止(prevent)
[记] 词根记忆：de + ter(=terr 吓唬) → 威慑

hazard [ˈhæzərd] *n.* 危险(*danger)；风险(risk)
[记] 发音记忆："骇死(人)的" → 危险

Word List 3

entail [ɪnˈteɪl] *vt.* 牵涉(involve)

[记] 联想记忆：en + tail(尾巴) → 被抓住尾巴 → 牵涉

impose [ɪmˈpoʊz] *v.* 把…强加于(demand)；征(税等)(levy)

[记] 词根记忆：im(使…) + pos(放) + e → 强行放置 → 把…强加于

[搭] impose on sb. 占某人便宜(尤指施加不当的压力)

surpass [sərˈpæs] *vt.* 超过，胜过(*exceed)

[记] 联想记忆：sur(在…上面) + pass(通过) → 在上面通过 → 超过

devastate [ˈdevəsteɪt] *vt.* 破坏，毁坏(*ruin)

[记] 词根记忆：de(表加强) + vast(空的) + ate(使…) → 使完全变空 → 破坏

conspicuous [kənˈspɪkjuəs] *a.* 显眼的，明显的

[记] 词根记忆：con(共同) + spic(看) + uous → 大家都能看到的 → 显眼的

humorous [ˈhjuːmərəs] *a.* 幽默的，滑稽的

[记] 来自 humor(*n.* 幽默)

retrospect [ˈretrəspekt] *n.* 回顾，反顾

[记] 词根记忆：retro(向后) + spect(看) → 向后看 → 回顾

plain [pleɪn] *n.* 平原，草原(grassland) *a.* 平坦的(even)；简单的；朴素的(unadorned)

endanger [ɪnˈdeɪndʒər] *vt.* 危及，危害

[记] 联想记忆：en(使) + danger(危险) → 使遭到危险 → 危及

chilly [ˈtʃɪli] *a.* 寒冷的；冷淡的

novice [ˈnɑːvɪs] *n.* 生手，新手(tyro)

[记] 联想记忆：no(不) + vice(副的) → 连副的都不是 → 新手

relief [rɪˈliːf] *n.* 浮雕；缓解；救济

displace [dɪsˈpleɪs] *vt.* 取代(replace)；撤职

[记] 联想记忆：dis(分离) + place(位置) → 使从原位置上离开 → 取代；撤职

token [ˈtoʊkən] *n.* 标志，象征(symbol)；记号(mark)；信物；纪念品；礼券，代价券；筹码 *a.* 象征性的

[记] 联想记忆：拿走了(taken)代金券(token)

[搭] token reward 象征性奖励

dull [dʌl] *a.* 单调的(*drab)；迟钝的(slow)

acknowledge [əkˈnɑːlɪdʒ] *v.* 承认，确认(recognize, admit)；对…表示感谢(express gratitude)

[记] 联想记忆：ac + know (知道) + ledge → 大家都知道了，所以不得不承认 → 承认

purple [ˈpɜːrpl] *n.* 紫色 *a.* 紫色的

[记] 联想记忆：很多人(people)都喜欢紫色(purple)

congenial [kənˈdʒiːniəl] *a.* 情投意合的；相宜的，适宜的(kindred)

[记] 词根记忆：con(带着) + gen(出生) + ial → 带着某物一同出生的 → 相宜的

duplicate [ˈduːplɪkeɪt] *vt.* 复写，复制；使加倍

[记] 词根记忆：du(两，双) + plic(重叠) + ate → 做成双重 → 复制

subversive [səbˈvɜːrsɪv] *a.* 颠覆性的，破坏性的

[记] 词根记忆：sub(在…下面) + vers(转) + ive (形容词后缀) → 在下面翻转的 → 颠覆性的

retrospective [ˌretrəˈspektɪv] *a.* 回顾的

myriad [ˈmɪriəd] *n.* 无数(innumerability)；大量(multitude) *a.* 无数的(numerous)；大量的(*many)

[记] 词根记忆：myria(许多的) + d → 无数；大量的

copious [ˈkoʊpiəs] *a.* 丰富的，富饶的

[记] 联想记忆：copi(看做 copy，复制) + ous → 能不断复制的 → 丰富的

embrace [ɪmˈbreɪs] *v.* 拥抱；包含；欣然接受

[记] 词根记忆：em(使…) + brac(胳膊) + e → 使在胳膊里 → 拥抱

trace [treɪs] *vt.* 追溯；探索(explore)；描摹(describe) *n.* 痕迹(*imprint)；微量；扫描线

endless [ˈendləs] *a.* 无止境的(everlasting, eternal)

neglect [nɪˈglekt] *vt./n.* 忘记，忽视(omit)

[记] 词根记忆：neg(不) + lect(选择) → 不选它 → 忽视

spectacle [ˈspektəkl] *n.* 奇观；[*pl.*] 眼镜(glasses)

[记] 词根记忆：spect(看) + acle → 引人驻足观看 → 奇观

grab [græb] *v.* (随便地或匆匆地)拿，抓，夺(clutch)

[记] 联想记忆：螃蟹(crab)用钳子抓(grab)人

mechanic [məˈkænɪk] *n.* 机修工(machinist, technician)

[记] 词根记忆：mechan(机械) + ic(表人，名词后缀) → 机修工

persuasive [pərˈsweɪsɪv] *a.* 有说服力的

[记] 来自 persuade(*v.* 劝说)

sheath [ʃiːθ] *n.* 鞘，外壳(holder, scabbard)

emergent [iˈmɜːrdʒənt] *a.* 突现的；新兴的；紧急的

[记] 词根记忆：e(出) + merg(浸湿) + ent(形容词后缀) → 从水中现出来 → 突现的

figure [ˈfɪgjər] *n.* 体形(shape)；数字(number)；图形；人物 *v.* 算出(calculate)；估计(estimate)；推测

[记] 发音记忆："菲戈"(皇马著名球星) → 人物

[搭] figure out 确定…

conceal [kənˈsiːl] *vt.* 隐蔽；隐瞒；覆盖(*cover)

[记] 联想记忆：con + ceal(看做 seal，密封) → 密封起来 → 隐蔽；隐瞒

optical [ˈɑːptɪkl] *a.* 视力的，视觉的(visual)；光学的

[记] 词根记忆：opt(眼睛)＋ical → 视力的

abolish [əˈbɑːlɪʃ] *vt.* 废止，废除(annual)

induce [ɪnˈduːs] *vt.* 引起，导致(*cause)；诱使

[记] 词根记忆：in(内)＋duc(拉)＋e → 向内拉 → 引起，导致

enormous [ɪˈnɔːrməs] *a.* 巨大的，极大的(*remarkable, massive)

[记] 联想记忆：e(出)＋norm(规范)＋ous(形容词后缀) → 超出常规的 → 巨大的

require [rɪˈkwaɪər] *vt.* 需要(need)；要求(demand)；规定

[记] 词根记忆：re(再，又)＋quir(=quest 追求)＋e → 需要

disprove [ˌdɪsˈpruːv] *vt.* 证明…不成立，证明…是错误的

[记] 联想记忆：dis(不)＋prove(证明) → 证明…不成立

ensure [ɪnˈʃʊr] *vt.* 确保，保证

[记] 联想记忆：en(使…)＋sure(确定的) → 确保，保证

unify [ˈjuːnɪfaɪ] *vt.* 统一，联合(unite)

[记] 词根记忆：uni(单一)＋fy(动词后缀) → 统一，联合

minimum [ˈmɪnɪməm] *a.* 最小的，最低的 *n.* 最小值，最低限度

[记] 词根记忆：min(小)＋im＋um → 最小值

exceed [ɪkˈsiːd] *v.* 超过，超出(*surpass, *go beyond)

[记] 词根记忆：ex(出)＋ceed(走) → 走出去 → 超过

claim [kleɪm] *v./n.* 要求(request)；索赔；声称；断言(assert)

[记] 本身是词根，意为“叫喊” → 要求；索赔；声称

fix [fɪks] *v.* 使固定，安装；确定，决定

[搭] fix the problem 解决问题；fix the heater 修理暖气

so-called [ˈsoʊˈkɔːld] *a.* 所谓的(commonly named)

explore [ɪkˈsplɔːr] *v.* 探险(adventure); 探究(*probe for, search)

[记] 词根记忆: ex(出) + plor(哭泣, 流泪) + e → 使流泪 → 探险

[派] exploration(*n.* 勘探, 探测; 探索)

hinder [ˈhɪndər] *vt.* 阻碍, 妨碍(*inhibit, obstruct)

[记] 联想记忆: hind(后面的) + er → 落在后面, 拖队伍的后退 → 阻碍, 妨碍

grant [grænt] *v.* 给予, 授予(award); 同意(approve); 承认(admit) *n.* 拨款; 补助金, 津贴

[记] 联想记忆: 授予(grant)显赫的(grand)贵族爵位

[搭] take...for granted 认为…理所当然

flame [fleɪm] *n.* 火焰(blaze); 光辉(brilliance) *v.* 闪耀(*burn, shine)

[记] 词根记忆: flam(燃烧) + e → 火焰

imprecise [ˌɪmprɪˈsaɪs] *a.* 不精确的(inexact); 不严密的

[记] 联想记忆: im(不) + precise(精确的) → 不精确的

prospect [ˈprɑːspekt] *n.* 前景; 可能性(*possibility); 景色; 期望(expectation) *v.* 勘探(explore)

[记] 词根记忆: pro(向前) + spect(看) → 向前看 → 前景

obstacle [ˈɑːbstəkl] *n.* 障碍, 妨害物(handicap, barrier, obstruction)

[记] 词根记忆: ob(反) + st(=stand 站) + acle(表小东西) → 反着站的物体 → 障碍, 妨害物

foremost [ˈfɔːrmoʊst] *a.* 最著名的; 最重要的(*leading, chief)

[记] 组合词: fore(前面的) + most(最) → 站在最前面的 → 最著名的

experimental [ɪkˌsperɪˈmentl] *a.* 实验的

[记] 来自 experiment(*n.* 实验)

[搭] experimental station 试验站

glimmer [ˈglɪmər] *n.* 闪烁的微光

request [rɪˈkwest] *n./vt.* 要求，请求

[记] 词根记忆：re(再，又) + quest(追求) → 要求，请求

disappoint [ˌdɪsəˈpɔɪnt] *v.* 使失望，使扫兴

[记] 联想记忆：dis(不) + appoint(任命) → 没被任命，所以失望 → 使失望

advent [ˈædvent] *n.* 到来(*arrival)；出现(emergence)

[记] 词根记忆：ad + vent(来) → 到来；出现

justify [ˈdʒʌstɪfaɪ] *v.* 证明…是正当的

modify [ˈmɑːdɪfaɪ] *vt.* 修改，更改(*change, alter)

[记] 词根记忆：mod(样式) + ify(动词后缀) → 改变样式 → 修改

provocative [prəˈvɑːkətɪv] *a.* 挑衅的；惹人讨厌的

[记] 词根记忆：pro(向前) + voc(叫喊) + ative → 向前叫喊的 → 挑衅的

guarantee [ˌgærənˈtiː] *v.* 保证(pledge)；担保(assure)

[记] 联想记忆：guar(看做 guard，保卫) + ant(蚂蚁) + ee → 蚁后保证要开展一场保卫战 → 保证

overwhelm [ˌoʊvərˈwelm] *vt.* 淹没(submerge)；压倒，征服(overcome)

[记] 组合词：over(在…之上) + whelm(淹没) → 淹没；压倒

glare [gler] *n.* 耀眼的光(shine)

havoc [ˈhævək] *n.* 大破坏

disquiet [dɪsˈkwaɪət] *n.* 不安，忧虑(unease) *v.* (使)不安

immense [ɪˈmens] *a.* 巨大的，极大的(vast, huge)

[记] 词根记忆：im(不) + mens(测量) + e → 不能测量的 → 巨大的，极大的

locate [ˈloʊkeɪt] *vt.* 使坐落于(situate)；找出，定位(orient)
[记] 词根记忆：loc(地点)+ate→找到地点→找出，定位

dilemma [dɪˈlemə] *n.* 进退两难的局面
[记] 发音记忆："地雷嘛"→陷入雷区→进退两难的局面

onslaught [ˈɑːnslɔːt] *n.* 冲击(impact)；攻击，猛攻
[记] 联想记忆：on+slaught(er)(打击)→冲击

definite [ˈdefɪnət] *a.* 清楚的，确切的(distinct, precise)
[记] 来自define(*v.* 下定义；限定)

rival [ˈraɪvl] *vt.* 与…相匹敌(match) *n.* 竞争对手
[记] 联想记忆：对手(rival)隔河(river)相望，分外眼红

inaccessible [ˌɪnækˈsesəbl] *a.* 难以达到的，不可企及的(unreachable)；不能得到的(unattainable)
[记] 联想记忆：in(不)+accessible(易达到的)→难以达到的

incidental [ˌɪnsɪˈdentl] *a.* 偶然的；伴随而来的

hamper [ˈhæmpər] *vt.* 妨碍(*hinder)
[记] 发音记忆："寒迫"→饥寒交迫→妨碍行动→妨碍

poverty [ˈpɑːvərti] *n.* 贫困(poorness)
[搭] poverty line 贫困线

scatter [ˈskætər] *v.* 分散，驱散(*irregularly distribute, disperse)；撒播

Word List 4

influx [ˈɪnflʌks] *n.* 涌入(*arrival)

[记] 词根记忆：in(内) + flu(流) + x → 涌入

reasonable [ˈriːznəbl] *a.* 合理的(fair)；有道理的；适度的；通情达理的

[记] 联想记忆：reason(道理) + able(能…的) → 能讲道理的 → 通情达理的

[搭] a reasonable excuse 合理的借口

abundant [əˈbʌndənt] *a.* 充足的，丰富的(*rich, *plentiful)

conceivable [kənˈsiːvəbl] *a.* 可能的；可想象的

jeopardize [ˈdʒepərdaɪz] *vt.* 破坏，危及(endanger)

[记] 发音记忆："皆怕打死" → 当危及到自身安全时，谁都怕死 → 危及

keen [kiːn] *a.* 灵敏的，敏锐的(sharp)

sufficient [səˈfɪʃnt] *a.* 足够的，充分的(*adequate)

lack [læk] *n./vt.* 缺乏，不足(deficiency)

[搭] lack of 缺乏，没有；lack (for) nothing 什么都不缺

inferior [ɪnˈfɪriər] *a.* 差的，次要的

[记] 联想记忆：infer(推断) + ior → 推断的东西是次要的，事实才是依据 → 次要的

revive [rɪˈvaɪv] *v.* 恢复；(使)苏醒；重新利用

[记] 词根记忆：re(重新) + viv(生命；生活) + e → (使)苏醒；恢复

mere [mɪr] *a.* 仅仅的，纯粹的(pure, absolute)

[记] 联想记忆：要想抓住爱情，仅仅(mere)在这(here)徘徊是不行的

respect [rɪˈspekt] *vt.* 尊重 *n.* 尊重；方面(aspect)

[记] 词根记忆：re(再，又) + spect(看) → 一再注目 → 尊重

[搭] with respect to 关于，就…而言

lash [læʃ] *v.* 将(物品)系牢(fasten);(风、雨等)猛烈打击

[记] 联想记忆:l + ash(灰) → 敌人的鞭打似有挫骨扬灰之势 → 猛烈打击

[搭] lash out (突然)狠打,痛击

scruple [ˈskruːpl] *n./vi.* 顾忌,顾虑

[搭] not scruple to do sth. 肆无忌惮地做某事

endow [ɪnˈdaʊ] *vt.* 使天生具有,赋予

[记] 词根记忆:en(内) + dow(给予) → 向里边给予 → 赋予

least [liːst] *a.* 最小的;最少的 *ad.* 最小;最少

[搭] at least 最少

observe [əbˈzɜːrv] *v.* 遵守,奉行;观察;察觉,看到(notice)

[记] 词根记忆:ob(表加强) + serv(维持) + e → 遵守,奉行

durable [ˈdʊrəbl] *a.* 持久的,耐用的(*long-lasting, *lasting)

[记] 词根记忆:dur(持续) + able(能…的) → 持久的

minimal [ˈmɪnɪməl] *a.* 最小的(minimum);最低限度的(the least possible)

[记] 词根记忆:min(小) + imal → 最小的

offset [ˈɔːfset] *vt.* 补偿;抵消 *n.* 分支;补偿

motion [ˈmoʊʃn] *n.* 运动,移动(*movement)

[记] 词根记忆:mot(动) + ion(名词后缀) → 运动,移动

[搭] set/put...into motion 让…动起来

rim [rɪm] *n.* (圆形物体的)边 *vt.* 给…镶边

[记] 联想记忆:打靶(aim)不能打边(rim)

identical [aɪˈdentɪkl] *a.* 相同的(*exactly alike);同一的(selfsame)

repetition [ˌrepəˈtɪʃn] *n.* 重复

[记] 来自 repeat(*v.* 重复)

parallel [ˈpærəlel] *a.* 平行的；相似的(*similar) *n.* 相似处；纬线 *vt.* 与…平行；比得上
[记] 词根记忆：par(并列)+all(其他的)+el→把不同的东西并列放置→平行的；相似的

resemble [rɪˈzembl] *vt.* 与…相似，像(*look like)
[记] 词根记忆：re(再，又)+sembl(一样，相同)+e→与…相似，像

intelligible [ɪnˈtelɪdʒəbl] *a.* 聪明的，理智的；有智力的
[记] 词根记忆：intel(在…之间)+lig(选择)+ible(能…的)→能作出选择的→聪明的

spark [spɑːrk] *v.* 激发(blaze)；引起(bring about)；冒火花 *n.* 火花，火星(flash)
[记] 联想记忆：s+park(公园)→公园经常是擦出爱情火花的地方→火花

plight [plaɪt] *n.* 困境
[记] 联想记忆：p(音似：不)+light(轻松的)→不轻松的处境→困境

hollow [ˈhɑːloʊ] *a.* 空的；空洞的；虚伪的(false) *n.* 洞(hole) *vt.* 挖空

swell [swel] *v.* 增多，膨胀(expand)
[记] 联想记忆：s+well(井)→像井水一样冒出来→增多，膨胀

possess [pəˈzes] *vt.* 具有，拥有(own)
[记] 联想记忆：poss(看做 boss，老板)+ess→老板有很多财产→具有，拥有

captivity [kæpˈtɪvəti] *n.* 囚禁，拘留(confinement)
[记] 词根记忆：capt(抓住)+iv+ity(表状态，名词后缀)→被抓住→囚禁

raise [reɪz] *v.* 举起(lift)；提升；增加；饲养，养育；引起，惹起；竖起；提出，发起
[搭] raise one's pay 涨工资

disastrous [dɪˈzæstrəs] *a.* 灾难性的，损失惨重的

astute [əˈstuːt] *a.* 机敏的，精明的(shrewd, judicious)
[搭] an astute politician 机敏的政治家；astute investor 精明的投资者

bony [ˈbouni] *a.* 瘦骨嶙峋的

[记] 联想记忆：有些女孩认为瘦骨嶙峋(bony)就是美的(bonny)

redundant [rɪˈdʌndənt] *a.* 多余的；累赘的

[记] 词根记忆：red(=re 再，又) + und(波动) + ant(形容词后缀) → 反复波动的，反复出现的 → 多余的

overflow [ˈouvərflou] *n.* 溢出 [ˌouvərˈflou] *v.* (使)泛滥，(使)充溢

[记] 组合词：over(超过) + flow(流) → 流到外面来 → 溢出

stretch [stretʃ] *v.* 延伸，拉长(*extend) *n.* 一段路程；延伸

[搭] stretch out 伸展；开始大踏步走

consideration [kənˌsɪdəˈreɪʃn] *n.* 考虑，思考；体谅，照顾；需要考虑的事，理由

[搭] in consideration of 考虑到；作为…的酬劳；take...into consideration 考虑到，顾及

proper [ˈprɑːpər] *a.* 正确的(accurate, correct)；适当的(fitting)；特有的(peculiar)

random [ˈrændəm] *a.* 随机的，任意的(*unpredictable, arbitrary) *n.* 随机

[记] 联想记忆：ran(跑) + dom(领域) → 可以在各种领域跑的 → 任意的

[搭] at random 随意地，任意地

horde [hɔːrd] *n.* 一大群人(crowd, swarm)

rate [reɪt] *n.* 率，比率；速度，进度；价格，费用；等级 *v.* 估价；评级，评价

[记] 词根记忆：rat(清点) + e → 清点的结果 → 比率

[搭] at any rate 无论如何，至少；at the rate of 以…的速度

assure [əˈʃur] *vt.* 确保(guarantee)；使确信(convince)

[记] 联想记忆：as + sure(确定的) → 确保；使确信

bluster [ˈblʌstər] *v.* 虚张声势地恫吓；(风)猛刮
[记] 联想记忆：风猛刮(bluster)，刮掉了雕塑的光泽(luster)

recede [rɪˈsiːd] *vi.* 后退，渐渐远去；向后倾
[记] 词根记忆：re(向后)+ced(走)+e→向后走→后退

submerge [səbˈmɜːrdʒ] *v.* 浸没，淹没(immerge)
[记] 词根记忆：sub(在…下面)+merg(浸没)+e→被吞没下去→浸没，淹没

provoke [prəˈvoʊk] *vt.* 挑动，招惹，挑衅
[记] 词根记忆：pro(向前)+vok(叫喊)+e→向前叫喊→挑衅

render [ˈrendər] *vt.* 给予(give)；致使(cause)
[记] 词根记忆：ren(=re 回)+der(给)→还给→给予

fiery [ˈfaɪəri] *a.* 似火的；易怒的，暴躁的

mortify [ˈmɔːrtɪfaɪ] *vt.* 使蒙受屈辱，使难堪
[记] 词根记忆：mort(死亡)+ify(使…)→使达到死亡→使蒙受屈辱

contribute [kənˈtrɪbjuːt] *v.* 贡献，捐赠(donate)；有助于(*promote)；投稿(submit articles to)
[记] 词根记忆：con(完全)+tribut(给予)+e→完全给予→贡献

exact [ɪɡˈzækt] *a.* 精确的，准确的(precise)
[记] 词根记忆：ex(出)+act(做)→做出精确的结果→精确的
[搭] to be exact 准确说来

rob [rɑːb] *vt.* 抢夺，抢掠；剥夺(plunder)
[搭] rob sb. blind 骗取某人的大量钱财

sake [seɪk] *n.* 缘故，理由(purpose)
[搭] for the sake of 为了

represent [ˌreprɪˈzent] *vt.* 代表；表现(manifest)；描绘(portray)
[记] 联想记忆：re+present(出席)→代表出席→代表

placid [ˈplæsɪd] *a.* 平静的

seem [siːm] *v.* 好像，似乎(appear)

precipitate [prɪˈsɪpɪteɪt] *v.* 促成(cause)；降水；猛地落下

[记] 词根记忆：pre(在…前面) + cip(落下) + it + ate → 提前落下 → 促成

invasion [ɪnˈveɪʒn] *n.* 侵入，侵略

[记] 词根记忆：in(进入) + vas(走) + ion → 未经允许走进来 → 侵略

similar [ˈsɪmələr] *a.* (to)相似的，类似的(alike)

[记] 词根记忆：simil(相同) + ar → 相似的

expeditious [ˌekspəˈdɪʃəs] *a.* 迅速的，敏捷的

[记] 词根记忆：ex(出) + ped(脚) + itious → (很快)将脚迈出的 → 迅速的

outermost [ˈaʊtərmoʊst] *a.* 最外面的，离中心最远的(farmost, utmost)

source [sɔːrs] *n.* 源，源泉；来源，出处(origin)

[搭] energy source 能源

precious [ˈpreʃəs] *a.* 珍爱的(cherished)；贵重的，珍贵的(valuable)

[记] 词根记忆：prec(价值) + ious → 有价值的 → 贵重的，珍贵的

spectacular [spekˈtækjələr] *a.* 壮观的，引人注目的(striking, remarkable) *n.* 壮观的场面

[搭] a spectacular success 巨大的成功

coincide [ˌkoʊɪnˈsaɪd] *vi.* 一致(agree, accord)；相巧合

[记] 词根记忆：co(共同) + in + cid(切) + e → 共同切分 → 一致

exclusive [ɪkˈskluːsɪv] *a.* 独占的；除外的，排他的

[记] 词根记忆：ex(出) + clus(关闭) + ive(形容词后缀) → 把其余的都关在门外 → 独占的

agile [ˈædʒl] *a.* 敏捷的；轻快的(nimble, brisk)

[记] 词根记忆：ag(做) + ile(能…的) → 动作容易的 → 敏捷的

[搭] an agile mind 灵活的头脑

spray [spreɪ] *n.* 浪花；飞沫；喷雾 *vt.* 喷射(sprinkle, splash)

[记] 联想记忆：sp(音似：四泼) + ray(光线) → 光线向四面射去 → 喷射

increment [ˈɪŋkrəmənt] *n.* 增值，增加；增量

[记] 词根记忆：in(在…里面) + cre(生长) + ment → 在里面增长 → 增加

trek [trek] *vi./n.* 艰苦跋涉

interval [ˈɪntərvl] *n.* 间隔时间；间距(*distance)；音程

[记] 词根记忆：inter(在…之间) + val → 间距

[搭] at intervals 不时；相隔一定距离

squeeze [skwiːz] *v.* 挤压；挤入(press, crush)

[记] 联想记忆：s + quee(看做 queen，女王) + ze → 很想挤进去与女王握手 → 挤压；挤入

[搭] squeeze into 挤进

hesitant [ˈhezɪtənt] *a.* 犹豫的，吞吞吐吐的

[记] 词根记忆：hes(黏附) + it + ant(形容词后缀) → 脚像被黏住了 → 犹豫的

tow [toʊ] *vt./n.* 拖，牵引(pull)

[记] 联想记忆：拉(tow)弓(bow)射箭

admiration [ˌædməˈreɪʃn] *n.* 钦佩；赞美

disperse [dɪˈspɜːrs] *v.* 分散，散开；疏散；散布

[记] 词根记忆：di(分离) + spers(散播) + e → 分开散播 → 散开

explicit [ɪkˈsplɪsɪt] *a.* 清楚的(clear)；直率的(direct)

[记] 词根记忆：ex(外) + plic(重叠) + it → 把重叠在一起的向外展开 → 清楚的

Word List 5

casual [ˈkæʒuəl] *a.* 非正式的，随便的；漫不经心的(informal, purposeless)

[记] 联想记忆：平常(usual)时候可以穿非正式的(casual)服装

[搭] casual clothes 便装；a casual remark 漫不经心的话语

swirl [swɜːrl] *n.* 漩涡 *v.* 旋转

tangle [ˈtæŋgl] *v.* (使)缠结(*twist) *n.* 混乱(mess)

[记] 联想记忆：两个人缠结(tangle)在一起跳探戈(tango)

meditate [ˈmedɪteɪt] *v.* 沉思；考虑；谋划

[记] 词根记忆：med(计划)+it+ate → 谋划

texture [ˈtekstʃər] *n.* 质地(character)；纹理(vein)；结构(structure)

[记] 词根记忆：text(编织)+ure → 质地；纹理

cowhand [ˈkaʊhænd] *n.* 牛仔，牧牛工

sparse [spɑːrs] *a.* 稀疏的，稀少的(rare)

[记] 联想记忆：稀疏的(sparse)火星(spark)

thwart [θwɔːrt] *vt.* 阻碍(baffle, frustrate)

unpredictable [ˌʌnprɪˈdɪktəbl] *a.* 不可预知的

[记] 联想记忆：un(不)+predict(预言)+able(能…的) → 不可预知的

rank [ræŋk] *n.* 等级(grade)；头衔(title) *v.* 属于某等级，归类(class)

strategy [ˈstrætədʒi] *n.* 战略，策略(tactics)

[记] 联想记忆：用奇怪的(strange)策略(strategy)对付对手

twist [twɪst] *v./n.* 缠绕，扭曲(tangle, wind)

[记] 联想记忆：tw(看做two，两个)+ist(表人) → 两个人扭打在一起 → 缠绕

prepare [prɪˈper] *v.* 准备，预备

[记] 词根记忆：pre(在…前面) + par(安排) + e → 提前安排 → 准备

[搭] prepare for 为…做准备，准备好

vague [veɪɡ] *a.* 模糊的(obscure)

[记] 词根记忆：vag(漫游) + ue → 思绪四处漫游 → 模糊的

sharpen [ˈʃɑːrpən] *v.* 削尖，磨快，(使)锐利；使敏锐，使敏捷；使清晰

[记] 联想记忆：sharp(锋利的) + en(使…) → 使锋利的 → 削尖

dismay [dɪsˈmeɪ] *vt.* 使气馁，使沮丧(discourage, deject)；使诧异 *n.* 灰心；诧异

[记] 联想记忆：dis(不) + may(可能) → 不可能做到 → 使气馁

vary [ˈveri] *v.* 改变，变化(change, alter)

compare [kəmˈper] *v.* 比较，相比，对比

[记] 词根记忆：com(共同) + par(相等) + e → 放在一起看看是否相等 → 比较

warp [wɔːrp] *v.* (使)扭曲，弯曲；使不合情理 *n.* (织物的)经线

[记] 联想记忆：战争(war)扭曲(warp)了人们的心灵

assail [əˈseɪl] *vt.* 抨击，指责；猛攻；困扰

[记] 联想记忆：航行(sail)中一再遇到风浪猛攻(assail)

craftsman [ˈkræftsmən] *n.* 工匠

utilize [ˈjuːtəlaɪz] *v.* 利用(make use of)

[记] 词根记忆：ut(用) + ilize → 利用

flock [flɑːk] *n.* 群(group, crowd)；大量；信众 *vi.* 聚集，蜂拥(gather)

[搭] in flocks 成群结队

credence [ˈkriːdns] *n.* 可信性，信用；信念

[记] 词根记忆：cred(相信) + ence(名词后缀) → 可信性

accuracy [ˈækjərəsi] *n.* 准确（性），精确（性）（nicety, precision）

[记] 来自 accurate（*a.* 正确的，精确的）

spontaneous [spɑːnˈteɪniəs] *a.* 自发的，自然的（instinctive, unplanned）

[搭] spontaneous generation 自然生长

forerunner [ˈfɔːrʌnər] *n.* 先驱者，开路人；先兆，预兆

[记] 组合词：fore（前面的）+ runner（跑步者）→ 跑在前面的人 → 先驱者

prudent [ˈpruːdnt] *a.* 谨慎的（discreet）

[记] 词根记忆：pr（=pro 在…前面）+ ud（=vid 看）+ ent → 事先进行观察的 → 谨慎的

vast [væst] *a.* 巨大的；范围广的（broad, extensive）

[记] 联想记忆：古老的东方（east）地大（vast）物博

[搭] in vast numbers 大量的；the vast majority 绝大多数

rancher [ˈræntʃər] *n.* 牧场主；牛仔（cowboy）

confidant [ˈkɑːnfɪdænt] *n.* 知己，密友

[记] 词根记忆：con（完全）+ fid（相信）+ ant（表人，名词后缀）→ 完全相信的人 → 知己，密友

altruistic [ˌæltruˈɪstɪk] *a.* 利他的，无私心的

[搭] altruistic act 无私行为

considerate [kənˈsɪdərət] *a.* 考虑周到的，体贴的，体谅的（thoughtful）

scene [siːn] *n.* 地点，现场（location, spot）；景色（setting, spectacle）

typical [ˈtɪpɪkl] *a.* 典型的；有代表性的（representative）

[记] 来自 type（*n.* 典型）

varied [ˈverid] *a.* 各式各样的（*different, diverse）

[记] 词根记忆：vari（改变，变化）+ ed → 各式各样的

append [əˈpend] *vt.* 附加，增补

[记] 词根记忆：ap（在…之上）+ pend（悬挂）→ 悬挂在某物之上 → 附加

former [ˈfɔːrmər] *a.* 从前的(previous) *n.* 前者

[记] 联想记忆：form(形成) + er → 已形成的东西 → 前者

strategic [strəˈtiːdʒɪk] *a.* 对全局有重要意义的，关键的；战略性的(tactical)

consist [kənˈsɪst] *vi.* 在于，存在于；由…组成，由…构成(compose)

[记] 词根记忆：con(共同) + sist(站) → 站在一起 → 由…组成，由…构成

[搭] consist of 由…组成；consist in 在于，存在于

repute [rɪˈpjuːt] *v.* (被)称为，认为(consider)

[记] 词根记忆：re(再，又) + put(想) + e → 反复想 → 认为

alternate [ˈɔːltərnət] *a.* 交替的，轮流的；间隔的

[ˈɔːltərneɪt] *v.* (使)交替，(使)轮流(*rotate, interchange)

[记] 词根记忆：altern(其他人或物) + ate → 其他的 → 交替的；轮流的

[搭] the alternate rise and fall of sea level 海面的交替涨落

yelp [jelp] *v.* 尖叫 *n.* (发出)短而尖的叫声

[记] 联想记忆：发出尖叫(yelp)，寻求帮助(help)

spin [spɪn] *v.* 旋转(twirl)；纺纱(reel) *n.* 旋转(whirl)

burrow [ˈbɜːroʊ] *v.* 挖掘，挖地洞(dig, tunnel) *n.* 洞穴

[记] 联想记忆：借(borrow)钱买了把犁(furrow)来挖(burrow)地

typify [ˈtɪpɪfaɪ] *vt.* 是…的典范；成为…的特征

dimensional [daɪˈmenʃənl] *a.* 维度的，空间的

[搭] three-dimensional image 三维图像

abhor [əbˈhɔːr] *vt.* 憎恨，厌恶(loathe)

[记] 词根记忆：ab(表加强) + hor(发抖) → 令人发抖 → 憎恨

encompass [ɪnˈkʌmpəs] *vt.* 包含(*include)；环绕(encircle)

[记] 词根记忆：en(进入) + compass(范围) → 进入范围 → 包含；环绕

vivify [ˈvɪvɪfaɪ] *vt.* 赋予生气；使生动，使活跃

[记] 词根记忆：viv(生命) + ify(使…) → 赋予生气

silt [sɪlt] *n.* 淤泥(sullage)

[记] 联想记忆：小心别坐(sit)上淤泥(silt)

notch [nɑːtʃ] *n.* 等级，档次；圆形切口

construct [kənˈstrʌkt] *vt.* 建造(build)；创立(found)

[记] 词根记忆：con(表加强) + struct(建造) → 建造；创立

utility [juːˈtɪləti] *n.* 功用，效用(function, avail)

[搭] utility company 公用事业公司

conform [kənˈfɔːrm] *vi.* 遵守，服从(comply)；符合(agree)；适应(adapt)

[记] 词根记忆：con(共同) + form(形状) → 形状相同 → 符合

manifest [ˈmænɪfest] *vt.* 表明，证明(indicate, show) *n.* 货物清单 *a.* 明显的(apparent)

[记] 词根记忆：mani(手) + fest(打) → 用手打开 → 显示

adjacent [əˈdʒeɪsnt] *a.* 邻近的(*nearby, near, adjoining, bordering)

[记] 词根记忆：ad(近) + jac(扔) + ent(形容词后缀) → 扔得很近的 → 邻近的

log [lɔːg] *n.* 圆木；木材(timber, wood)

wedge-shaped [ˈwedʒʃeɪpt] *a.* 楔形的

concern [kənˈsɜːrn] *vt.* 涉及，关系到；使关心 *n.* 关心，挂念；(利害)关系

[记] 词根记忆：con(表加强) + cern(弄清) → 弄得很清楚 → 关心

[搭] concern oneself with/about 关心

blast [blæst] *n.* 一股 *v.* 爆发(burst)；发出尖响

[记] 联想记忆：b + last(最后) → 最后一声 b → 爆发

[搭] blast off 发射，升空

accord [əˈkɔːrd] *n.* 协议，条约 *v.* 与…一致，符合(agree)
[记] 词根记忆：ac + cord(心) → 双方达成一条心 → 协议，条约
[搭] in accord with 与…一致，符合；of one's own accord 自动地

ripple [ˈrɪpl] *n.* 细浪，涟漪 *v.* 起涟漪；扩散

destruction [dɪˈstrʌkʃn] *n.* 毁坏，毁灭(destroy)

pinpoint [ˈpɪnpɔɪnt] *vt.* 精准定位
[记] 组合词：pin(钉，针) + point(点，尖端) → 精准定位

acclaim [əˈkleɪm] *vt./n.* 喝彩，称赞(*praise, applaud)
[记] 词根记忆：ac(向) + claim(叫喊) → 向某人大声叫喊 → 喝彩，称赞

rekindle [ˌriːˈkɪndl] *vt.* 重新点燃；使振作
[记] 联想记忆：re(再，又) + kindle(点燃) → 重新点燃

strip [strɪp] *vt.* 剥夺，剥掉(remove) *n.* 条，带状物
[记] 联想记忆：s(音似：死) + trip(旅行) → 死亡剥夺了人的尘世之旅 → 剥夺
[搭] comic strip 连环漫画；strip away 揭掉，去掉；清除

complicated [ˈkɑːmplɪkeɪtɪd] *a.* 难懂的，复杂的(complex)

adamant [ˈædəmənt] *a.* 坚定不移的(unyielding)；固执的(inflexible)

malleable [ˈmæliəbl] *a.* 有延展性的，可塑的；易受影响的
[记] 词根记忆：malle(锤子) + able(能…的) → 能捶打的 → 可塑的

substance [ˈsʌbstəns] *n.* 物质(matter, material)；要旨，实质(essence)
[记] 词根记忆：sub(在…下面) + st(站) + ance → 站在下面的东西 → 实质

vibrant [ˈvaɪbrənt] *a.* 振动的；活泼的；兴奋的
[记] 词根记忆：vibr(动) + ant → 振动的

affable [ˈæfəbl] *a.* 和蔼可亲的

[记] 词根记忆：af(=ad 近) + fa(说话) + (a)ble (能…的) → 能靠近说话的 → 和蔼可亲的

crude [kruːd] *a.* 天然的，未提炼的(unrefined)；粗糙的(rough)

[记] 词根记忆：c + rud(天然的；粗糙的) + e → 天然的；粗糙的

deteriorate [dɪˈtɪriəreɪt] *v.* 变坏；变质(erode)

[记] 词根记忆：de(向下) + ter(地) + ior + ate → 朝向地面下降 → 变糟糕 → 变坏

agitate [ˈædʒɪteɪt] *v.* 鼓动；激怒，使激动；搅拌

[记] 词根记忆：ag(开，驱动) + it + ate → 开走 → 鼓动

cordial [ˈkɔːrdʒəl] *a.* 亲切的，热诚的(heartfelt)

rancorous [ˈræŋkərəs] *a.* 怨恨的，满怀恶意的

dearth [dɜːrθ] *n.* 缺乏

[记] 联想记忆：物以稀(dearth)为贵(dear)

aloof [əˈluːf] *a.* 远离的(remote)；冷淡的(indifferent)

[搭] keep/hold oneself aloof 无动于衷；漠不关心

dilate [daɪˈleɪt] *v.* (使)膨胀，扩大(expand)；详述

[记] 词根记忆：di(分开) + lat(搬运) + e → 分别搬运 → (使)膨胀

[搭] dilate on/upon 详述

Word List 6

destructive [dɪˈstrʌktɪv] *a.* 破坏性的(ruinous)
[搭] destructive power 破坏力

anguish [ˈæŋgwɪʃ] *v.* (使)极度痛苦(torment)
[记] 词根记忆: angu(痛苦)+ish→(使)极度痛苦

moderate [ˈmɑːdərət] *a.* 适度的(mild); 温和的, 不偏激的(temperate); 普通的(ordinary)
[记] 词根记忆: mod(适合)+erate→使适合的→适度的

corporeal [kɔːrˈpɔːriəl] *a.* 身体的; 物质的
[记] 词根记忆: corp(身体)+or+eal→身体的

annoyed [əˈnɔɪd] *a.* 生气的(angry)

deflect [dɪˈflekt] *v.* (使)偏斜, (使)转向
[记] 词根记忆: de(离开)+flect(弯曲)→弯到一边→(使)偏斜

enrich [ɪnˈrɪtʃ] *vt.* 使充实; 使肥沃(fertilize)
[记] 联想记忆: en(使…)+rich(充足的; 肥沃的)→使充实; 使肥沃

dictate [ˈdɪkteɪt] *v.* 规定(regulate); 决定(*determine)
[记] 词根记忆: dict(讲话; 命令)+ate→规定; 决定

arrogant [ˈærəgənt] *a.* 傲慢的, 自大的
[记] 词根记忆: ar(向)+rog(要求)+ant→向他人要求的→傲慢的

horizon [həˈraɪzn] *n.* 地平线(skyline); [常*pl.*] 眼界, 视野(sight, eyeshot)
[记] 联想记忆: ho+riz(看做rise, 升起)+on→太阳从地平线上升起→地平线
[搭] on the horizon 即将发生

domestic [də'mestɪk] *a.* 国内的(internal); 家庭的(household); 驯养的

[记] 词根记忆：dom(家)+estic → 家庭的；驯养的；国内的

[搭] domestic market 国内市场

attractive [ə'træktɪv] *a.* 吸引人的，有魅力的(*tempting, *appealing, *inviting, *intriguing, charming)

interior [ɪn'tɪriər] *a.* 内部的(inner) *n.* 内部；[the ~] 内陆(inland)

[记] 词根记忆：inter(在…之间)+ior → 内部的

sour ['saʊər] *a.* 酸(味)的(acid)

[记] 发音记忆："馊啊" → 酸(味)的

avenge [ə'vendʒ] *vt.* 复仇，报仇；向…报仇

[记] 词根记忆：a(向)+veng(惩戒)+e → 向某人进行惩戒 → 复仇，报仇

balk [bɔːk] *v.* 畏缩；阻止，妨碍

[记] 联想记忆：畏畏缩缩(balk)，不敢向前走(walk)

extreme [ɪk'striːm] *a.* 极端的(*intense, uttermost) *n.* 极端，极限

[搭] in the extreme 极其

clump [klʌmp] *n.* 丛，簇，束；群，组 *v.* 聚集，成群(cluster)

bleak [bliːk] *a.* 阴冷的(dismal, gloomy)；没指望的，令人沮丧的；乏味的

[记] 联想记忆：核泄露(leak)令人沮丧(bleak)

launch [lɔːntʃ] *vt.* 使开始；发射(project)；将…投放市场 *n.* 上市

[记] 联想记忆：边吃午餐(lunch)边谈论新产品的上市(launch)

irregular [ɪ'regjələr] *a.* 不规则的，不整齐的

[搭] an irregular coastline 曲折的海岸线

contender [kən'tendər] *n.* 竞争者，对手(competitor, opponent, rival)

[记] 词根记忆：con(共同)+tend(拉扯)+er(表人，名词后缀) → 互相拉扯的人 → 竞争者

blush [blʌʃ] *vi.* 脸红；羞愧(flush)

[记] 联想记忆：果园里一片繁茂(lush)，苹果红了脸(blush)

agonize [ˈæɡənaɪz] *vi.* 苦苦思索；焦虑不已

[记] 词根记忆：agon(挣扎)+ize→苦苦挣扎→苦苦思索

intrude [ɪnˈtruːd] *vi.* 侵入，闯入；打扰，侵扰

[记] 词根记忆：in(进入)+trud(刺)+e→刺入→闯入

boon [buːn] *n.* 恩惠，恩赐(blessing)；益处(benefit)

[记] 联想记忆：月亮(moon)给的恩惠(boon)

careless [ˈkerləs] *a.* 粗心的，疏忽的(negligent)

alienate [ˈeɪliəneɪt] *vt.* 疏远；转让

[记] 词根记忆：ali(其他的)+en+ate(使…)→使变成他者→疏远

cautious [ˈkɔːʃəs] *a.* 小心的，谨慎的(discreet)

[记] 词根记忆：caut(小心)+ious→小心的，谨慎的

second [ˈsekənd] *det.* 第二；次等的，二等的 *n.* 秒 *vt.* 赞成，附和

[搭] at second hand 间接得来地

chagrin [ʃəˈɡrɪn] *n.* 懊恼，失望，扫兴(embarrassment, disappointment)

[记] 联想记忆：cha(拼音：茶)+grin(苦笑)→喝茶苦笑→失望，懊恼

assert [əˈsɜːrt] *v.* 断言，声称(affirm, declare)

[记] 词根记忆：as(表加强)+sert(放置)→强行插入观点→断言，声称

complaint [kəmˈpleɪnt] *n.* 诉苦，抱怨；投诉

homage [ˈhɑːmɪdʒ] *n.* 敬意

[记] 词根记忆：hom(人)+age(集体名词后缀)→敬意

crazy [ˈkreɪzi] *a.* 疯狂的，狂热的(insane, deranged)

patch [pætʃ] *n.* 小片，小块(scrap)；色斑；小块土地 *vt.* 修补

[记] 联想记忆：要抓住(catch)这么小片(patch)的东西，可不容易啊

solitary [ˈsɑːləteri] *a.* 孤独的(lonely)；单独的(single, individual)

[记] 词根记忆：sol(单独)+it+ary→孤独的

defiant [dɪˈfaɪənt] *a.* 反叛的，挑衅的

[记] 词根记忆：de(分离)+fi(=fid 相信)+ant(形容词后缀)→不再相信的→反叛的

shear [ʃɪr] *v.* 剪(羊毛、头发等)；切断，剪切

delectable [dɪˈlektəbl] *a.* 美味可口的(tasty, delicious)；有吸引力的

[记] 联想记忆：d+elect(选)+able(能…的)→在众多食物中能被选中的→美味可口的

chaste [tʃeɪst] *a.* 贞洁的；朴素的，朴实的

[记]联想记忆：贞洁的(chaste)姑娘大受追求(chase)

deplore [dɪˈplɔːr] *vt.* 悲叹，哀叹；公开谴责

[记] 词根记忆：de(表加强)+plor(流泪，哭泣)+e→非常伤心地哭泣→悲叹

biannual [baɪˈænjuəl] *a.* 一年两次的

[记] 词根记忆：bi(两)+ann(年)+ual→一年两次的

acute [əˈkjuːt] *a.* 极度的，激烈的(*intense)；敏锐的(keen)

[记] 联想记忆：a+cut(切)+e→一刀切→极度的，激烈的

sober [ˈsoʊbər] *a.* 持重的，冷静的；(颜色)素净的

detest [dɪˈtest] *v.* 憎恶(hate)

[记] 联想记忆：de+test(考试)→学生一般都憎恶考试→憎恶

embarrass [ɪmˈbærəs] *vt.* 使尴尬，使困窘；使困惑

[记] 联想记忆：em+barr(看做 bar，酒吧)+ass(蠢驴)→在酒吧喝醉了表现得像一头驴→使尴尬

loath [louθ] *a.* 不情愿的，勉强的

grudge [ɡrʌdʒ] *n.* 怨恨(malice)

[记] 联想记忆：无缘无故地就让人去做苦工(drudge)，肯定会让人心存怨恨(grudge)

[搭] hold grudges 心存怨恨

dismal [ˈdɪzməl] *a.* 阴沉的(gloomy)；忧郁的(blue)

[记] 来自拉丁语 dies mail，意为"不吉利的日子"，后引申为"阴沉的；忧郁的"

haunt [hɔːnt] *vt.* 萦绕在心头 *n.* 常去的地方

[记] 联想记忆：姑妈(aunt)常去的地方(haunt)是商店

dogged [ˈdɔːɡɪd] *a.* 顽强的，坚持不懈的(persevering)

[记] 联想记忆：dog(狗)+ged → 像狗一样顽强 → 顽强的

eager [ˈiːɡər] *a.* 渴望的，热切的(keen)

[搭] eager to do 渴望做…；eager for 渴望…

frivolity [frɪˈvɑːləti] *n.* 轻浮(flippancy, levity)

enthusiastic [ɪnˌθuːziˈæstɪk] *a.* 热情的，热心的

cling [klɪŋ] *vi.* 附着，黏住(adhere, stick)

[搭] cling to 坚持，不放弃

favor [ˈfeɪvər] *n.* 好意；喜爱

[搭] do sb. a favor 帮忙；owe sb. a favor 欠某人的情

scope [skoup] *n.* 范围，界限(*extent, range)；机会；眼界，见识

[记] 联想记忆：事情处理(cope)得多了，眼界(scope)自然就会开阔起来

depress [dɪˈpres] *vt.* 降低；使沮丧；使萧条

[记] 联想记忆：de(向下)+press(压) → 向下压 → 使沮丧

energetic [ˌenərˈdʒetɪk] *a.* 精力充沛的，积极的(active, vigorous)

[记] 来自 energy(*n.* 精神，活力)

flamboyant [flæmˈbɔɪənt] *a.* 艳丽的；炫耀的

[记] 联想记忆：flam(e)(火焰)+boy(男孩)+ant(蚂蚁)→男孩高举着火把去捉蚂蚁→炫耀的

generous [ˈdʒenərəs] *a.* 慷慨的(unselfish)；大量的，丰富的(plentiful)

[记] 词根记忆：gen(产生)+er+ous(多…的)→产生很多的→大量的

frank [fræŋk] *a.* 坦白的，直率的

[记] 联想记忆：弗兰克(Frank)很直率(frank)

brace [breɪs] *vt.* 使防备；绷紧肌肉；使顶住 *n.* 支架

[记] 联想记忆：b(音似：绷)+race(赛跑)→赛跑时肌肉会绷紧→绷紧肌肉

grievous [ˈgriːvəs] *a.* 令人忧伤的；极严重的

[记] 词根记忆：griev(=gra 重的)+ous→心情沉重的→令人忧伤的

imply [ɪmˈplaɪ] *vt.* 意味着，暗示(suggest)

[记] 词根记忆：im(在…里面)+ply(重叠)→在里面重叠→暗示

adjust [əˈdʒʌst] *v.* 调整(alter, rectify)；适应(adapt)

[记] 词根记忆：ad+just(正确的)→使正确→调整；适应

inactive [ɪnˈæktɪv] *a.* 不活动的；怠惰的(idle)

slick [slɪk] *a.* 光滑的；熟练的

outspoken [aʊtˈspoʊkən] *a.* 直言不讳的，坦率的(frank)

gratify [ˈgrætɪfaɪ] *vt.* 使满意，使高兴；满足(愿望等)

[记] 词根记忆：grat(高兴的)+ify→使高兴

hostile [ˈhɑːstl] *a.* 不友好的，敌意的(adverse, unamiable, unfriendly)

[记] 联想记忆：host(主人)+ile→鸿门宴的主人→不友好的，敌意的

incredulous [ɪnˈkredʒələs] *a.* 怀疑的，不轻信的(sceptical)

[记] 词根记忆：in(不)+cred(相信)+ul+ous(形容词后缀)→怀疑的

loyal [ˈlɔɪəl] *a.* 忠诚的，忠贞的(faithful)

[记] 联想记忆：对皇家的(royal)事情总很忠诚(loyal)

infatuate [ɪnˈfætʃueɪt] *vt.* 使迷恋；使糊涂

[记] 词根记忆：in + fatu(傻瓜) + ate(使…) → 使成为傻瓜 → 使糊涂

staunch [stɔːntʃ] *a.* 坚定的，忠诚的

[记] 词根记忆：st(站) + aunch → 始终站在某人的身后 → 忠诚的

ridicule [ˈrɪdɪkjuːl] *v.* 嘲笑，奚落

nostalgic [nɑːˈstældʒɪk] *a.* 思乡的；怀旧的

humble [ˈhʌmbl] *a.* 谦卑的；卑贱的 *vt.* 降低，贬抑

[记] 词根记忆：hum(地) + ble → 接近地面的 → 谦卑的；卑贱的

predispose [ˌpriːdɪˈspoʊz] *v.* 事先(在某方面)影响某人；(使)易受感染(或患病)

[记] 联想记忆：pre(在…前面) + dispose(处理) → 预先处理，不然容易感染 → (使)易受感染

grouse [graʊs] *v.* 发牢骚，抱怨 *n.* 松鸡；怨言

intrepid [ɪnˈtrepɪd] *a.* 勇敢的，无畏的(fearless)

[记] 词根记忆：in(不) + trep(害怕) + id → 不害怕的 → 勇敢的，无畏的

mild [maɪld] *a.* 轻微的(slight)；温和的(temperate)；随和的

[记] 联想记忆：温柔的(mild)人有时也会很野蛮(wild)

Word List 7

aspire [əˈspaɪər] *v.* 有志于；热望，向往

[记] 联想记忆：a + spire(塔尖，尖顶) → 向塔尖看 → 热望，向往

scorn [skɔːrn] *n.* 轻蔑，鄙视(contempt) *v.* 轻蔑，鄙视(dismiss)；不屑于(做)

[记] 联想记忆：考分(score)太低被鄙视(scorn)

genial [ˈdʒiːniəl] *a.* 亲切的，和蔼的(amiable, kindly)

[记] 联想记忆：和蔼的(genial)天才(genius)；注意不要和 genital(*a.* 生殖的)相混

lunge [lʌndʒ] *n./vi.* 猛冲，猛扑

[记] 联想记忆：长途跋涉后，一看到休息室(lounge)就猛冲(lunge)过去

malice [ˈmælɪs] *n.* 恶意，怨恨

[记] 词根记忆：mal(坏，恶) + ice → 恶意

impair [ɪmˈper] *vt.* 削弱(weaken)；损害(damage)

[记] 词根记忆：im(不) + pair(相等) → 使不相等 → 削弱；损害

oppressive [əˈpresɪv] *a.* 压迫的，压制的；令人焦虑的

negligent [ˈneglɪdʒənt] *a.* 疏忽的；粗心大意的

reluctant [rɪˈlʌktənt] *a.* 不情愿的，勉强的(unwilling)

[记] 发音记忆："驴拉坦克"→不情愿的，勉强的

loathsome [ˈloʊðsəm] *a.* 令人讨厌的

optimal [ˈɑːptɪməl] *a.* 最佳的，最理想的(optimum)

[记] 词根记忆：optim(最好) + al → 最好的 → 最佳的，最理想的

irritate [ˈɪrɪteɪt] *vt.* 激怒，使烦躁；刺激

panic [ˈpænɪk] *n./v.* 惊慌(alarm)

[记] 来自 Pan(潘)，希腊神话中的山林、畜牧之神。它的怪叫声使人产生极大的恐惧感，panic 即指 Pan 出现时给人们带来的恐惧感。

resent [rɪˈzent] *v.* 愤恨，怨恨

[记] 词根记忆：re(再，又) + sent(感觉) → 再一次痛彻心扉的感觉 → 愤恨

afloat [əˈfloʊt] *a./ad.* 漂浮的/地

modest [ˈmɑːdɪst] *a.* 谦虚的；适度的(mild, decent)

[记] 词根记忆：mod(适合) + est → 适合的 → 谦虚的；适度的

intriguing [ɪnˈtriːɡɪŋ] *a.* 引起兴趣(或好奇心)的，吸引人的(*fascinating, *attractive)

perfect [ˈpɜːrfɪkt] *a.* 完美的，理想的(*ideal, flawless)

[pərˈfekt] *vt.* 使完美，使完善

crumple [ˈkrʌmpl] *v.* (使)变皱，起皱(rumple)

[搭] crumple up 倒坍，垮掉

fluctuate [ˈflʌktʃueɪt] *v.* (使)波动(undulate)；(使)变化

[记] 词根记忆：flu(流动) + ctu + ate → 一直流动 → (使)波动；(使)变化

rage [reɪdʒ] *n.* 风靡一时的事物，时尚(fashion)；狂怒(anger, fury)

[记] 联想记忆：r + age(时代) → 不同的时代有不同的时尚 → 时尚

pathetic [pəˈθetɪk] *a.* 可怜的，令人怜惜的(pitiful)

[记] 词根记忆：path(感情) + etic → 让人产生感情的 → 可怜的，令人怜惜的

reckless [ˈrekləs] *a.* 轻率的，鲁莽的(*irresponsible, rash)

[记] 联想记忆：reck(顾忌) + less(无) → 无所顾忌的 → 轻率的

sumptuous [ˈsʌmptʃuəs] *a.* 奢侈的，豪华的(luxurious, magnificent, splendid)

[记] 词根记忆：sumpt(用) + uous → 用得太多的 → 奢侈的

prompt [prɑːmpt] *vt.* 促进，推动(accelerate, incite)；鼓励(encourage) *a.* 敏捷的

[记] 词根记忆：pro(向前) + mpt(=empt 拿) → 向前拿 → 促进，推动

irreverent [ɪˈrevərənt] *a.* 不敬的

[记] 词根记忆：ir(不)+re(再)+ver(感到敬畏)+ent→不再感到敬畏的→不敬的

pretentious [prɪˈtenʃəs] *a.* 自负的(boastful)

[记] 词根记忆：pre(向前)+tent(伸展)+ious→向前伸展的→自负的

lament [ləˈment] *vt.* 抱怨(*complain)；痛惜(moan)

[记] 联想记忆：lam(看做lame，瘸的)+ent→瘸了腿所以抱怨→抱怨

ruthless [ˈruːθləs] *a.* 残酷的，无情的

[记] 联想记忆：ruth(怜悯)+less(无)→没有怜悯心的→无情的

sardonic [sɑːrˈdɑːnɪk] *a.* 嘲笑的，讥讽的

laudable [ˈlɔːdəbl] *a.* 值得赞美的，值得称赞的

prefer [prɪˈfɜːr] *v.* 更喜欢；宁愿

infuriate [ɪnˈfjʊrieɪt] *vt.* 激怒(enrage)

[记] 联想记忆：in+furi(看做fury，狂怒)+ate→激怒

shame [ʃeɪm] *n.* 羞耻，羞愧，耻辱；可耻的人(或事物)；遗憾的事 *vt.* 使羞愧；玷辱

[搭] put...to shame 使自愧弗如，使相形见绌

sneaky [ˈsniːki] *a.* 鬼鬼祟祟的，偷偷摸摸的

[记] 词根记忆：sn(悄悄地行进)+eak+y→偷偷摸摸地靠近→偷偷摸摸的

idle [ˈaɪdl] *a.* 懒散的(*inactive, lazy)；无效的；空闲的(vacant)

[记] 发音记忆："爱斗"→无所事事的人才爱斗→空闲的

devout [dɪˈvaʊt] *a.* 虔敬的；忠诚的

[记] 联想记忆：那个虔诚的(devout)人津津有味地读着(devour)佛经

snide [snaɪd] *a.* 伪造的；不诚实的；讽刺的，挖苦的

[搭] snide remarks 挖苦的话语

refreshing [rɪˈfreʃɪŋ] *a.* 使人耳目一新的（*unusual）；提神的

[记] 来自 refresh(*vt.* 使精神振作)

tiresome [ˈtaɪərsəm] *a.* 令人疲劳的；令人厌倦的

startling [ˈstɑːrtlɪŋ] *a.* 惊人的(astonishing)

[记] 来自 startle(*v.* 震惊)

decent [ˈdiːsnt] *a.* 体面的(honorable)；适当的(suitable)；令人满意的(satisfactory)

[记] 词根记忆：dec(变得恰当)+ent → 体面的；适当的

tame [teɪm] *a.* 驯服的；乏味的 *vt.* 驯化

stingy [ˈstɪndʒi] *a.* 吝啬的，小气的

[记] 词根记忆：sting(刺)+y → 用针刺的 → 吝啬的

concur [kənˈkɜːr] *v.* 同时发生；意见一致

[记] 词根记忆：con(共同)+cur(跑) → 一起跑 → 同时发生

vicious [ˈvɪʃəs] *a.* 罪恶的；凶残的；恶性的

[记] 来自 vice(*n.* 罪行；堕落)

inverse [ˌɪnˈvɜːrs] *a.* 相反的，反向的 *n.* 反面

[记] 词根记忆：in(反)+vers(转)+e → 反转 → 反向的

stray [streɪ] *vi.* 迷路；走神；离题 *a.* 迷路的 *n.* 走失的家畜；离群者

[记] 联想记忆：要待在(stay)这里，不然很容易迷路的(stray)

catholic [ˈkæθlɪk] *a.* 广泛的，包罗万象的；[C-] 天主教的 *n.* [C-] 天主教

tolerant [ˈtɑːlərənt] *a.* 宽容的；容忍的

[记] 词根记忆：tol(支撑)+er+ant → 能自我支撑的 → 宽容的；容忍的

stylish [ˈstaɪlɪʃ] *a.* 漂亮的，时髦的(fashionable)

dignity [ˈdɪɡnəti] *n.* 尊严；高贵(nobleness)

[记] 词根记忆：dign(有价值的)+ity → 高贵

temper [ˈtempər] *n.* 脾气，性情(mood, nature, disposition) *vt.* 缓和，调节(modulate, moderate)

[记] 联想记忆：情绪(temper)会影响人的体温(temperature)

authentic [ɔːˈθentɪk] *a.* 真正的，真实的(real, genuine)；可靠的

crooked [ˈkrʊkɪd] *a.* 不诚实的；欺诈的

[记] 来自 crook(*vt.* 弯曲)

[搭] a crooked businessman 不诚实的商人

tortuous [ˈtɔːrtʃuəs] *a.* 折磨人的，令人痛苦的

[记] 词根记忆：tort(扭曲) + uous(形容词后缀) → 令人身心扭曲的 → 折磨人的

willful [ˈwɪlfl] *a.* 任性的(unruly)

triumph [ˈtraɪʌmf] *n.* 狂喜；胜利，成功

upset [ˌʌpˈset] *a.* 心烦意乱的(concerned, worried)

[ʌpˈset] *vt.* 颠覆，推翻；扰乱(disturb, overturn)

[记] 联想记忆：up(向上) + set(放置) → 底朝天放着 → 颠覆，推翻

voracious [vəˈreɪʃəs] *a.* 狼吞虎咽的，贪婪的(greedy, insatiable)；求知欲强的

[记] 词根记忆：vor(吃) + acious → 吃得多的 → 狼吞虎咽的

advantage [ədˈvæntɪdʒ] *n.* 优点；有利条件 *vt.* 有益于

[搭] take advantage of 利用

strand [strænd] *n.* (线等的)股，缕

[记] 联想记忆：只有一股(strand)绳是站(stand)不起来的

[搭] strand wire 绞合线，绳索

characteristic [ˌkærəktəˈrɪstɪk] *a.* 特有的；典型的(typical) *n.* 特性(property)

wonder [ˈwʌndər] *n.* 惊奇，惊异；奇迹，奇事 *v.* 诧异，奇怪；纳闷，想知道

[搭] no wonder 难怪，怪不得

discredit [dɪsˈkredɪt] *vt.* 使丧失声誉；使怀疑 *n.* 名誉丧失
[记] 词根记忆：dis(不) + cred(相信) + it → 不信 → 使怀疑

consent [kənˈsent] *vi./n.* 同意，赞成(approve, agree)
[记] 词根记忆：con(共同) + sent(感觉) → 有共同的感觉 → 同意，赞成

bland [blænd] *a.* 平淡的，乏味的；清淡的
[记] 发音记忆："布蓝的"→布是清淡的蓝色→清淡的；注意不要和 blend(*n./v.* 混合)相混

chew [tʃuː] *v.* 咀嚼；思量
[搭] chew over 深思熟虑；详细讨论

reproach [rɪˈproʊtʃ] *n./v.* 指责，斥责，批评

chubby [ˈtʃʌbi] *a.* 丰满的，圆胖的(plump, fat)

disrepute [ˌdɪsrɪˈpjuːt] *n.* 坏名声，丧失名誉(discredit, dishonor)
[记] 联想记忆：dis(不) + repute(名声) → 名声不好 → 坏名声

engaging [ɪnˈgeɪdʒɪŋ] *a.* 迷人的(charming)
[记] 来自 engage(*v.* 吸引)

innocent [ˈɪnəsnt] *a.* 天真的(naive)
[记] 词根记忆：in(无) + noc(伤害) + ent → 无害人之心的 → 天真的

congratulation [kənˌɡrætʃuˈleɪʃn] *n.* 祝贺，道喜

dazzling [ˈdæzlɪŋ] *a.* 令人眼花缭乱的，耀眼的
[记] 来自 dazzle(*vt.* 使眩目)

brief [briːf] *a.* 简短的，短暂的(fleeting, short)

flair [fler] *n.* 才能，本领；天资
[记] 联想记忆：才能(flair)无法在集市(fair)上买到

plausible [ˈplɔːzəbl] *a.* 似有道理的，似乎正确的(specious)
[记] 词根记忆：plaus(鼓掌) + ible(能…的) → 值得鼓掌的 → 似有道理的

alarm [əˈlɑːrm] *n.* 闹钟；警报(alert) *vt.* 使惊恐(startle)
[记] 联想记忆：al + arm(武器) → 用武器来惊吓 → 使惊恐

Word List 8

disadvantage [ˌdɪsəd'væntɪdʒ] *n.* 缺点(drawback)；不利因素(handicap)

[记] 联想记忆：dis(不)+advantage(优点)→缺点；不利因素

erratic [ɪ'rætɪk] *a.* 古怪的，反复无常的(eccentric)

[记] 词根记忆：err(徘徊)+at+ic(形容词后缀)→在某地徘徊的→反复无常的

minute [maɪ'njuːt] *a.* 微细的；极少的(*tiny)

conceit [kən'siːt] *n.* 自负，自大

[记] 词根记忆：con(表加强)+ceit(拿)→全部拿到→自负

amenable [ə'miːnəbl] *a.* 顺从的，服从劝导的

[记] 词根记忆：a(向)+men(引导)+able(能…的)→能往某个方面引导的→顺从的

readily ['redɪli] *ad.* 欣然地(willingly)；容易地(*easily)

[记] 来自 ready(*a.* 有准备的；情愿的)

disinterested [dɪs'ɪntrəstɪd] *a.* 客观的，无私的，公正的；无兴趣的

simmer ['sɪmər] *vi.* 充满(难以控制的感情，尤指怒火)

[记] 联想记忆：在夏天(summer)，人比较容易充满难以控制的怒火(simmer)

earnest ['ɜːrnɪst] *n.* 诚挚；认真 *a.* 认真的；真诚的

[记] 联想记忆：earn(挣钱)+est→要想挣钱就得认真地工作→认真

incongruity [ˌɪnkɑːn'gruːəti] *n.* 不一致，不和谐，不协调(incompatibility, disharmony)

[记] 联想记忆：in(不)+congruity(一致，和谐)→不一致，不和谐

clumsy ['klʌmzi] *a.* 笨拙的(awkward)

eminent [ˈemɪnənt] *a.* 显著的，杰出的（outstanding, distinguished）
[记] 词根记忆：e（出）+ min（突出）+ ent → 显著的，杰出的

lust [lʌst] *n.* 性欲；强烈的欲望 *v.* 对…有强烈的欲望
[搭] lust after/for 极度渴望

extol [ɪkˈstoʊl] *vt.* 赞美，颂扬（*praise, compliment）
[记] 词根记忆：ex（外）+ tol（举）→ 向外举 → 赞美，颂扬

somber [ˈsɑːmbər] *a.* 昏暗的；忧郁的

fraudulent [ˈfrɔːdʒələnt] *a.* 欺诈的，欺骗性的

dedicate [ˈdedɪkeɪt] *vt.* (使)致力于，奉献给（*devote）
[记] 词根记忆：de（表加强）+ dic（分配，分派）+ ate → 为…分派 → 致力于

grimly [ˈɡrɪmli] *ad.* 冷酷地（ruthlessly）

refine [rɪˈfaɪn] *vt.* 精炼，精制；使完善（improve）
[记] 联想记忆：re（一再）+ fine（好的）→ 使变好 → 使完善

hypocritical [ˌhɪpəˈkrɪtɪkl] *a.* 伪善的，虚伪的

discord [ˈdɪskɔːrd] *n.* 不一致；不和；纷争
[记] 词根记忆：dis（分开）+ cord（心）→ 不同心 → 不一致

mighty [ˈmaɪti] *a.* 强有力的（powerful）；巨大的

individual [ˌɪndɪˈvɪdʒuəl] *a.* 单独的（separate）；独特的（special）*n.* 个人；个体（unit）
[记] 联想记忆：in + divid(e)（分割）+ ual → 分割开的 → 单独的；个人

predecessor [ˈpredəsesər] *n.* 前辈（*antecedent）；前任；（被取代的）原有事物
[记] 词根记忆：pre（在…前面）+ de + cess（走）+ or → 在前面走的人 → 前辈

latter [ˈlætər] *a.* 后面的，后者的；后期的

gait [ɡeɪt] *n.* 步法，步态

mason [ˈmeɪsn] *n.* 石匠，泥瓦匠

[记] 联想记忆：ma(音似：妈) + son(儿子) → 妈妈不希望儿子成为泥瓦匠 → 泥瓦匠

reddish [ˈredɪʃ] *a.* 微红的

sensible [ˈsensəbl] *a.* 明显的，可觉察的(perceptible)；明智的(advisable)；切合实际的(practical)

[记] 词根记忆：sens(感觉) + ible(能…的) → 能感觉到的 → 明显的

nauseous [ˈnɔːʃəs] *a.* 恶心的；令人作呕的，令人厌恶的

decline [dɪˈklaɪn] *n./v.* 下降(descend)；衰退(decay)

[记] 词根记忆：de(向下) + clin(弯曲) + e → 向下倾斜 → 下降；衰退

nimble [ˈnɪmbl] *a.* 敏捷的，灵活的(deft)

[记] 联想记忆：猴子的四肢（limb）非常敏捷(nimble)

nosy [ˈnoʊzi] *a.* 爱管闲事的，好打听的

plump [plʌmp] *a.* 微胖的；丰满的

[记] 发音记忆："拨浪鼓" → 长着一张拨浪鼓一样圆圆胖胖的脸 → 微胖的；注意不要和 plumb (*vt.* 深入了解)相混

agreeable [əˈgriːəbl] *a.* 使人愉快的(pleasant)；欣然同意的(willing)

[记] 来自 agree(*v.* 同意，赞成)

reliable [rɪˈlaɪəbl] *a.* 可靠的，可信赖的(dependable, trustworthy)

[记] 来自 rely(*v.* 信赖)

adverse [ˈædvɜːrs] *a.* 负面的(negative, contrary)；不利的(unfavorable)

[记] 词根记忆：ad(向) + vers(转) + e → 转向另一方 → 负面的；不利的

[搭] adverse effect 反作用

dupe [duːp] *n.* 上当者 *vt.* 欺骗，愚弄

reliance [rɪˈlaɪəns] *n.* 依靠，依赖(dependance)

principal [ˈprɪnsəpl] *a.* 主要的(*major, *main)；最重要的

glamorous [ˈglæmərəs] *a.* 富有魅力的，迷人的(attractive, charming)

[记] 来自 glamor(*n.* 魅力)

resolute [ˈrezəluːt] *a.* 坚决的，果断的

[记] 词根记忆：re(表加强) + solu(松开) + te → 完全松开的 → 坚决的

conducive [kənˈduːsɪv] *a.* 有助于…的，有益于…的

[记] 来自 conduce(*v.* 导致；有益于)

scornful [ˈskɔːrnfl] *a.* 轻蔑的，鄙视的

tranquil [ˈtræŋkwɪl] *a.* 安静的，平静的

[记] 词根记忆：tran(=trans 表加强) + qui(安静，平和) + l → 完全安静、平和的 → 安静的

assume [əˈsuːm] *vt.* 假定(premise, presume, suppose)；承担(bear)

[记] 词根记忆：as + sum(拿，取) + e → 假定；承担

singular [ˈsɪŋgjələr] *a.* 单数的；突出的，卓越的；异常的(peculiar)

[搭] singular form 单数形式

breakthrough [ˈbreɪkθruː] *n.* 突破(improving)

[记] 来自词组 break through(突破)

distant [ˈdɪstənt] *a.* 远离的，遥远的(faraway, remote)；疏远的

[记] 词根记忆：di(分开) + st(站) + ant → 分开站的 → 疏远的

stature [ˈstætʃər] *n.* 身高(natural height)；地位(status)

[记] 词根记忆：stat(站) + ure(表状态，名词后缀) → 站的状态 → 身高

tinker [ˈtɪŋkər] *n.* 补锅匠 *vi.* 做焊锅匠；做拙劣修补

[记] 联想记忆：认真考虑考虑(think)，你真的要做补锅匠(tinker)吗？

uphold [ʌpˈhoʊld] *vt.* 支持，维护

material [məˈtɪriəl] *n.* 材料(stuff)；[常 *pl.*] 原料 *a.* 物质的，身体上的(physical)；重要的(crucial)

[搭] raw materials 原料

saucy [ˈsɔːsi] *a.* 无礼的；俏皮的；漂亮的

emerge [iˈmɜːrdʒ] *vi.* 显露，暴露(*appear)

[记] 词根记忆：e(出)+merg(浸没)+e → 从浸没之中出来 → 显露，暴露

tough [tʌf] *a.* 坚韧的，棘手的，困难的(hard)；强健的，吃苦耐劳的；粗暴的(rough)

[记] 发音记忆："塔夫" → 像塔一样的壮夫 → 强健的

[搭] a tough job 棘手的工作；tough luck 真倒霉

unanimous [juˈnænɪməs] *a.* 全体一致的，一致同意的

[记] 词根记忆：un(一个)+anim(精神)+ous → 大家都秉持同一种精神的 → 一致同意的

shrivel [ˈʃrɪvl] *v.* (使)枯萎

[记] 联想记忆：sh(音似：使)+rivel(看做 river，河流) → 天气干旱使河流无水，树木枯萎 → (使)枯萎

numerous [ˈnuːmərəs] *a.* 许多的，众多的(many)；无数的(countless)

[记] 词根记忆：numer(数)+ous(多…的) → 数目众多的 → 许多的；无数的

vagrant [ˈveɪɡrənt] *a.* 漂泊的 *n.* 无业游民，流浪者

[记] 词根记忆：vag(漫游)+rant → 无业游民

wispy [ˈwɪspi] *a.* 成束的；纤细的(slight)

[记] 来自 wisp(*n.* 小把，小束)

bold [boʊld] *a.* 大胆的(*daring)

[记] 联想记忆：b+old(年长) → 年长的人胆大心细 → 大胆的

[搭] (as) bold as brass 胆大妄为的；厚颜无耻的

tarnish [ˈtɑːrnɪʃ] *v.* (使)失去光泽；玷污，败坏(名声等)

[记] 词根记忆：tarn(隐藏)+ish → 隐藏光泽 → (使)失去光泽

simply [ˈsɪmpli] *ad.* 简单地(clearly)；简直；只不过(little more than)

proceed [proʊ'siːd] *vi.* 进行(progress); 发生(occur)
[记] 词根记忆: pro(向前) + ceed(走) → 向前走 → 进行; 发生

unique [ju'niːk] *a.* 唯一的(sole, exclusive); 独特的(*rare)
[记] 词根记忆: uni(单一) + que(有…特点的) → 唯一的; 独特的

allocate ['æləkeɪt] *vt.* 分配, 分派, 把…拨给
[记] 词根记忆: al(=ad 向) + loc(地方) + ate → 给予不同的地方 → 分配

simplicity [sɪm'plɪsəti] *n.* 简单; 朴素(easiness, plainness)
[记] 联想记忆: simpl(e)(简单的) + ic + ity(表性质、状态) → 简单

widespread ['waɪdspred] *a.* 分布广泛的, 普遍的
[记] 组合词: wide(广的) + spread(传播, 分布) → 分布广泛的

level ['levl] *n.* 水平; 高度(altitude); 级别 *a.* 等高的; 平坦的(plain) *vt.* 夷平, 使平坦
[搭] level off/out (经过急剧的涨落后)保持平稳发展

disrupt [dɪs'rʌpt] *vt.* 使中断(interrupt); 扰乱(disturb)
[记] 词根记忆: dis(分离) + rupt(打破, 断裂) → 使断裂 → 使中断

sneaker ['sniːkər] *n.* 鬼鬼祟祟的人, 卑鄙者; 运动鞋

extremity [ɪk'streməti] *n.* 末端; 极端, 极度

rivalry ['raɪvlri] *n.* 竞争(competition, contest); 敌对状态

accomplish [ə'kɑːmplɪʃ] *vt.* 达到(reach); 完成(complete); 实现(realize)
[记] 词根记忆: ac(向) + com(完全) + pl(填满) + ish → 给填满 → 完成

diverse [daɪ'vɜːrs] *a.* 不同的(*different); 多样的(*varied, various)
[记] 词根记忆: di(分离) + vers(转) + e → 转开 → 不同的

stable ['steɪbl] *a.* 稳定的，安定的(steady, balanced)

[记] 词根记忆：st(站立)+able(能…的)→能屹立不倒的→稳定的，安定的

propel [prə'pel] *vt.* 推进，驱使(push, drive)

[记] 词根记忆：pro(向前)+pel(推)→推进

gradual ['grædʒuəl] *a.* 逐渐的，逐步的(progressive)

[记] 词根记忆：grad(走)+ual→一步步地行走→逐渐的，逐步的

adroit [ə'drɔɪt] *a.* 精明的，干练的(adept)

[记] 词根记忆：a(向)+droit(正确的)→总能向着正确的方向→精明的

impel [ɪm'pel] *vt.* 驱使，促使

[记] 词根记忆：im(在…里面)+pel(推)→在里面推→驱使

Note

Word List 9

pinch [pɪntʃ] *v.* 捏，掐；夹痛 *n.* 捏，掐；一撮

external [ɪkˈstɜːrnl] *a.* 外部的，表面的(exterior)
[记] 词根记忆：ex(外) + ternal → 外部的

spurn [spɜːrn] *n./vt.* 拒绝；摈弃
[记] 联想记忆：那个人拒绝(spurn)给他的马用马刺(spur)

dim [dɪm] *a.* 模糊的(faint)；暗淡的(pale)

tender [ˈtendər] *a.* 嫩的；脆弱的；温柔的 *v.* (正式)提出 *n.* 投标
[记] 联想记忆：婴儿很脆弱(tender)，需悉心照料(tend)

bond [bɑːnd] *n.* 联结，黏结；债券；黏合剂
[记] 发音记忆："绑得"→绑在一起→联结，黏结
[搭] bond trader 证券交易员

relegate [ˈrelɪgeɪt] *vt.* 使贬职，使降级；放逐
[记] 词根记忆：re(向后) + leg(送) + ate → 向后送 → 使贬职，使降级

annual [ˈænjuəl] *a.* 每年的(yearly)；一年一度的
[记] 词根记忆：ann(年) + ual → 每年的

plow [plaʊ] *n.* 犁 *v.* 耕田，耕作(cultivate, till)
[记] 联想记忆：牛(cow)在耕田(plow)

complementary [ˌkɑːmplɪˈmentri] *a.* 补充的；互补的
[搭] complementary colors 互补色

wretch [retʃ] *n.* 不幸的人；恶棍，无赖
[记] 联想记忆：这个不幸的人(wretch)把身上唯一值钱的手表(watch)弄丢了

confirm [kənˈfɜːrm] *vt.* 证实(validate, verify)；使巩固(strengthen)；批准(approve)
[记] 词根记忆：con(表加强) + firm(坚固的) → 使巩固

awesome [ˈɔːsəm] *a.* 使人敬畏的；使人恐惧的

[记] 联想记忆：awe(敬畏) + some(充满…的) → 使人敬畏的

spinning [ˈspɪnɪŋ] *a.* 旋转的(revolving) *n.* 纺纱

[记] 来自 spin(*v.* 旋转；纺纱)

liable [ˈlaɪəbl] *a.* 有责任的；易于…的

[记] 词根记忆：li(=lig 捆绑) + able(能…的) → 能被捆绑的 → 有责任的

verge [vɜːrdʒ] *vi.* 濒临 *n.* (路边的)草地

[搭] verge on 濒于

lower [ˈloʊər] *v.* 降低(reduce) *a.* 较低的；下级的，下等的(inferior)

faint [feɪnt] *a.* 暗淡的；模糊的；眩晕的(dizzy)

confine [kənˈfaɪn] *vt.* (to)限制(*restrict, *limit)

[记] 词根记忆：con(表加强) + fin(界限) + e → 限制

remarkable [rɪˈmɑːrkəbl] *a.* 显著的，值得注意的；非凡的(*extraordinary, incredible)

dubious [ˈduːbiəs] *a.* 可疑的(questionable)

[记] 词根记忆：dub(二，双) + ious → 前后两种态度的 → 可疑的

magnificent [mægˈnɪfɪsnt] *a.* 极好的(wonderful)；华丽的(gorgeous)；高尚的(lofty)

[记] 词根记忆：magn(大) + if(使) + icent → 华丽的；高尚的

irritable [ˈɪrɪtəbl] *a.* 急躁的，易怒的

[记] 词根记忆：ir(进入) + rit(擦) + able → 进入摩擦 → 急躁的，易怒的

advanced [ədˈvænst] *a.* 先进的(progressive)；高级的(exclusive)

obtain [əbˈteɪn] *vt.* 获得(*acquire, procure)

[记] 词根记忆：ob(表加强) + tain(拿住) → 用力拿住 → 获得

reinforce [ˌriːɪn'fɔːrs] *vt.* 加固，加强(strengthen)
[记] 联想记忆：re(再，又)+in(内)+force(力量)→再次输入力量→加固，加强

selective [sɪ'lektɪv] *a.* 选择的，选择性的；精挑细选的
[记] 词根记忆：se+lect(选择)+ive→选择的

application [ˌæplɪ'keɪʃn] *n.* 请求，申请(书、表)；应用，运用；施用，敷用；作用，影响
[记] 来自 apply(*v.* 申请；应用)
[搭] application for 申请…；application form 申请表；the application of …的申请

gorgeous ['gɔːrdʒəs] *a.* 漂亮的(beautiful)；令人愉快的
[记] 联想记忆：gorge(峡谷)+ous→春天到了，峡谷里开满花，很漂亮→漂亮的

differentiate [ˌdɪfə'renʃieɪt] *v.* (使)不同，区别(distinguish)
[记] 来自 different(*a.* 不同的)

blunt [blʌnt] *a.* 钝的；不敏感的；直率的
[记] 发音记忆："不拦的"→口无遮拦的→直率的；不敏感的

coarse [kɔːrs] *a.* 粗糙的(*rough)
[记] 联想记忆：coar(看做 coal，煤炭)+se→煤炭很粗糙→粗糙的

announce [ə'naʊns] *vt.* 宣布(*herald, declare, proclaim)；通告(notify)
[记] 词根记忆：an(=ad 向)+nounc(讲话)+e→向他人讲话→宣布；通告

principle ['prɪnsəpl] *n.* 原则(fundamental)；原理(theory)
[记] 词根记忆：prin(第一)+cip(取)+le→需第一位选取的→原则；原理

intrigue [ɪn'triːg] *v.* 密谋；迷住
['ɪntriːg] *n.* 阴谋，诡计

counteract [ˌkaʊntər'ækt] *vt.* 消除(clear up)；抵消(neutralize)
[记] 联想记忆：counter(反)+act(动作)→做相反的动作→消除；抵消

amid [ə'mɪd] *prep.* 在…中

[记] 词根记忆：a + mid(中间) → 在…中

decisive [dɪ'saɪsɪv] *a.* 决定性的(definitive)；果断的

spear [spɪr] *n.* 矛，枪；嫩叶 *v.* 刺，戳

imitate ['ɪmɪteɪt] *vt.* 模仿，效仿(*copy)

[记] 词根记忆：imit(模仿) + ate(动词后缀) → 模仿

embed [ɪm'bed] *vt.* 把…嵌入(或插入)；使深留脑中

[搭] be embedded in 植根于

comprehensive [ˌkɑːmprɪ'hensɪv] *a.* 全面的；综合的

[记] 词根记忆：com(共同) + prehens(抓住) + ive → 全部抓住 → 全面的；综合的

factual ['fæktʃuəl] *a.* 实际的；真实的

[记] 来自 fact(*n.* 事实，真相)

inevitably [ɪn'evɪtəbli] *ad.* 不可避免地，必然地(*unavoidably, necessarily)

[记] 来自 inevitable(*a.* 不可避免的)

rudimentary [ˌruːdɪ'mentri] *a.* 未充分发展的，原始的(*undeveloped)；基本的(fundamental)

[记] 词根记忆：rud(天然的) + iment + ary → 天然的状态 → 未充分发展的

compact ['kɑːmpækt] *a.* 紧凑的；简洁的(concise)

[kəm'pækt] *vt.* 压缩(compress)

[记] 词根记忆：com(表加强) + pact(系紧) → 紧凑的

[搭] the compact industrial city 工业密集型城市

expect [ɪk'spekt] *v.* 预期；期望，指望(anticipate)

giant ['dʒaɪənt] *a.* 巨大的(immense)；超群的(outstanding) *n.* 巨大的动物(或植物)

[记] 联想记忆：gi + ant(蚂蚁) → 蚂蚁虽小，但团结起来力量却是巨大的 → 巨大的

deny [dɪ'naɪ] *v.* 否认(negate)；拒绝(refuse)

[记] 发音记忆："抵赖" → 否认

formal ['fɔːrml] *a.* 正规的，正式的(normal)；形式的

impetus [ˈɪmpɪtəs] *n.* 促进，推动(impulse)

[记] 词根记忆：im(内) + pet(追求) + us → 内心的追求 → 促进

veil [veɪl] *vt.* 掩饰 *n.* 面纱(cover, hide)

[记] 联想记忆：邪恶的(evil)人总试图掩饰(veil)自己

[搭] draw a veil over sth. 遮盖住某物

intact [ɪnˈtækt] *a.* 无损伤的，完整的(undamaged)

[记] 词根记忆：in(不) + tact(接触) → 未接触过 → 完整的

pertinent [ˈpɜːrtnənt] *a.* 相关的(*relevant)

[记] 词根记忆：per(始终) + tin(拿住) + ent → 始终拿着 → 相关的

fundamental [ˌfʌndəˈmentl] *a.* 基础的，基本的(*integral, *basic, *essential, *primary)

[记] 来自 fundament(*n.* 基础)

limitation [ˌlɪmɪˈteɪʃn] *n.* 限制；局限性(limit)

mar [mɑːr] *vt./n.* 损坏，毁损

paramount [ˈpærəmaʊnt] *a.* 极为重要的(foremost)

[记] 联想记忆：par + amount(数量) → 在量上超过别人 → 极为重要的

notable [ˈnoʊtəbl] *a.* 值得注意的；显著的；著名的

[记] 词根记忆：not(知道) + able(能…的) → 能为人所知的 → 显著的

extinguish [ɪkˈstɪŋgwɪʃ] *vt.* 熄灭；消灭；使破灭

[记] 词根记忆：ex(没有) + ting(刺) + uish → 用针刺使没有 → 熄灭；消灭

impending [ɪmˈpendɪŋ] *a.* 即将发生的，迫近的

[记] 来自 impend(*vi.* 即将发生)

ordeal [ɔːrˈdiːl] *n.* 折磨；严峻考验

counter [ˈkaʊntər] *n.* 柜台；计数器 *a.* 相反的 *ad.* 相反地 *v.* 反对，反击

[记] 来自 count(*v.* 计算)

[搭] baggage counter 行李存放柜台

maintain [meɪn'teɪn] *vt.* 维持，保持(*keep, *preserve)；维修，保养；主张，坚持

[记] 词根记忆：main(手)+tain(拿)→用手牢牢拿住→维持，保持

span [spæn] *n.* 跨度；一段时间(period) *vt.* 跨越

[搭] life span 寿命

outcome ['aʊtkʌm] *n.* 结果，成果(consequence, effect)

[记] 来自词组 come out(结果是)

rip [rɪp] *v.* 扯破，撕坏 *n.* 裂口，裂缝

[搭] rip off sth. 盗取，偷窃

permanent ['pɜːrmənənt] *a.* 持久的(long-lasting)；固定不变的(stable)

[记] 词根记忆：per(贯穿)+man(停留)+ent(形容词后缀)→始终停留着的→持久的

[搭] permanent residence 固定住处

negate [nɪ'geɪt] *vt.* 取消；否定(deny)

[记] 词根记忆：neg(否定)+ate→取消；否定

impressive [ɪm'presɪv] *a.* 给人深刻印象的(*stunning)

[记] 来自 impress(*vt.* 给…以深刻印象)

flake [fleɪk] *n.* 薄片(slice) *v.* 使成薄片(chip)；雪片般落下

[记] 联想记忆：f(看做 fly，飞)+lake(湖)→飞向湖面的薄片→雪片般落下

precise [prɪ'saɪs] *a.* 准确的，精确的(*accurate, exact)

[搭] to be precise 准确地说

mottled ['mɑːtld] *a.* 有杂色的，斑驳的(spotted)

[记] 发音记忆："毛头的"→头发颜色多的→有杂色的

preeminent [ˌpriː'emɪnənt] *a.* 卓越的，杰出的

intricate ['ɪntrɪkət] *a.* 错综复杂的(*complex)

[记] 词根记忆：in(在…里面)+tric(小障碍物)+ate→里面有小障碍物的→错综复杂的

shred [ʃred] *n.* 碎片，破布；些许 *vt.* 切碎，撕碎

process [ˈprɑːses] *n.* 过程，进程（*circle）；程序，手续（procedure）*vt.* 处理（dispose）

[记] 词根记忆：pro（向前）+ cess（走）→ 向前走 → 过程

refute [rɪˈfjuːt] *vt.* 反驳，驳斥

[记] 词根记忆：re（向后）+ fut（倾泻）+ e → 向后倾泻 → 反驳

dissimulate [dɪˈsɪmjuleɪt] *v.* 掩饰，假装（dissemble）

rare [rer] *a.* 稀有的，罕见的（*infrequent）；（肉类）半熟的

[记] 联想记忆：稀有的（rare）东西要小心（care）对待

pertain [pərˈteɪn] *vi.* （to）存在；适用

[记] 词根记忆：per（始终）+ tain（拿住）→ 始终拿着 → 存在

crippling [ˈkrɪplɪŋ] *a.* 令人震惊的（surprising）；严重损害身体的

[记] 来自 cripple（*vt.* 使残废）

***N**ote*

Word List 10

rustic [ˈrʌstɪk] *a.* 乡村的；淳朴的；用粗糙木材制作的
[记] 词根记忆：rus（乡村）+ tic → 乡村的；用粗糙木材制作的

saturate [ˈsætʃəreɪt] *vt.* 使湿透（fill, soak）；使饱和
[记] 词根记忆：sat（充足）+ ur + ate（使…）→ 使足够 → 使饱和

ascertain [ˌæsərˈteɪn] *vt.* 弄清，查明；确定
[记] 词根记忆：as + cert（弄清）+ ain → 弄清，查明；确定

confusion [kənˈfjuːʒn] *n.* 困惑；混乱；混淆
[记] 来自 confuse（*vt.* 使困惑）
[搭] lead to confusion 导致混乱；in confusion 困惑地

smear [smɪr] *n.* 污迹；诽谤，诋毁 *v.* 胡乱涂抹；弄脏；诽谤，诋毁
[记] 联想记忆：遭到诽谤（smear），发誓（swear）要报复

blend [blend] *v./n.* 混合（mix, combine）
[记] 发音记忆："不论的" → 不论什么东西都放在一起 → 混合

remodel [ˌriːˈmɑːdl] *vt.* 重新塑造，改造（remake）

stack [stæk] *n.* 堆（pile, heap）*v.* 堆积（pile）
[记] 联想记忆：库存（stock）一堆（stack）商品
[搭] stack up 堆起

prerequisite [ˌpriːˈrekwəzɪt] *n.* 先决条件，前提（precondition）
[记] 联想记忆：pre（在…前面）+ requisite（必不可少的事物）→ 先决条件

mold [moʊld] *n.* 霉菌（fungus）；模型（type）*vt.* 塑造（shape, figure）

comprise [kəm'praɪz] *vt.* 包含，含有(include)；由…组成(*consist of)

[记] 词根记忆：com(共同) + pris(抓住) + e → 抓在一起 → 包含

substantive [səb'stæntɪv] *a.* 真实的，实质性的(actual, substantial)

tactic ['tæktɪk] *n.* 手段(means)；[常 *pl.*] 战术(strategy)

[记] 词根记忆：tact(接触) + ic → 通过手段来接触 → 手段

courageous [kə'reɪdʒəs] *a.* 勇敢的，有胆量的(brave)

[记] 来自 courage(*n.* 勇气)

tend [tend] *v.* 趋于(incline)；照料，看护

[记] 本身为词根，意为"伸展" → 趋于

[搭] tend to do 趋向做…

imperative [ɪm'perətɪv] *a.* 迫切的；紧急的(urgent)；必要的(necessary) *n.* 必要的事

[记] 词根记忆：im(在…里面) + per(排列) + ative → 排列在里面的 → 必要的

trial ['traɪəl] *n.* 审讯；试验，考验(test)

[记] 联想记忆：加紧审讯(trial)，进一步追查踪迹(trail)

unprecedented [ʌn'presɪdentɪd] *a.* 空前的(unexampled)

[记] 联想记忆：un(不) + precedent(先例) + ed → 空前的

weird [wɪrd] *a.* 怪异的，神秘的(strange, mysterious)

[记] 联想记忆：we(我们) + ird(看做 bird，鸟) → 如果我们都变成鸟该多怪异 → 怪异的

incredible [ɪn'kredəbl] *a.* 不可思议的，难以置信的(unbelievable)

[记] 词根记忆：in(不) + cred(相信) + ible(能…的) → 难以置信的

margin ['mɑːrdʒən] *n.* 边缘(*edge, rim)

fade [feɪd] *v.* 褪色；衰弱；凋谢(wither)；逐渐消失(*disappear from, vanish)

[搭] fade away 逐渐凋谢；慢慢减弱

progressive [prə'gresɪv] *a.* 进步的(ascensive)；逐步的，渐进的(gradual)
[记] 来自 progress(*n.* 进步)

marvel ['mɑːrvl] *n.* 奇异的事物；奇迹(wonder)
[记] 联想记忆：mar(毁坏) + vel(看做 well，好) → 遭到彻底的毁坏再重建好，真是奇迹 → 奇迹

convince [kən'vɪns] *vt.* 使确信，说服(persuade, assure)
[记] 词根记忆：con(表加强) + vinc(征服，克服) + e → 彻底征服对方 → 使确信

ooze [uːz] *v.* 渗出(leak, seep)；洋溢着 *n.* 泥浆
[记] 联想记忆：oo(形似泥浆冒的泡泡) + ze → 渗出；泥浆

perishable ['perɪʃəbl] *a.* 易腐的，易变质的
[记] 联想记忆：perish(毁灭；腐烂) + able(能…的) → 易腐的

multitude ['mʌltɪtuːd] *n.* 大量(a great number)；群众
[记] 词根记忆：multi(多) + (t)ude(表状态，名词后缀) → 多的状态 → 大量
[搭] a multitude of 大量，许多

conclusive [kən'kluːsɪv] *a.* 确定的，最后的(*definitive)

demanding [dɪ'mændɪŋ] *a.* 苛求的(rigorous)
[记] 来自 demand(*v.* 要求，需要)

pointed ['pɔɪntɪd] *a.* 尖的，尖角的(sharp-angled)
[记] 来自 point(*n.* 尖头)

renovate ['renəveɪt] *vt.* 修复(restore)
[记] 词根记忆：re(重新) + nov(新的) + ate → 修复

lay [leɪ] *v.* 下(蛋)；放置；铺设

rupture ['rʌptʃər] *v.* (使)破裂(*burst)
[记] 词根记忆：rupt(断裂) + ure → 破裂

shield [ʃiːld] *n.* 防护物(defense)；盾 *vt.* 保护(*protect, defend)

translucent [træns'luːsnt] *a.* 半透明的
[记] 词根记忆：trans(穿过) + luc(光) + ent → 光线能穿过的 → 半透明的

adventitious [ˌædvenˈtɪʃəs] *a.* 偶然的，偶发的

[记] 来自 advent(*n.* 出现，到来)

complement [ˈkɑːmplɪment] *vt.* 补充，使完善(*supplement, complete)；与…相配(match)

[记] 词根记忆：com(表加强)+ple(填满)+ment→补充，使完善

declare [dɪˈkler] *v.* 表明(announce)；断言，声称(assert)

[记] 词根记忆：de(表加强)+clar(清楚)+e→说清楚→表明；声称

stem [stem] *n.* 茎，干(trunk) *vt.* 阻止

[搭] stem from 源于

brilliant [ˈbrɪliənt] *a.* 闪耀的(bright)；出色的，杰出的(outstanding)

[记] 词根记忆：brilli(发光)+ant(形容词后缀)→发光的→闪耀的

impede [ɪmˈpiːd] *vt.* 妨碍，阻碍，阻止

[记] 词根记忆：im(在…中)+ped(脚)+e→在…中插一脚→妨碍

blaze [bleɪz] *n.* 火焰；光辉 *vi.* 燃烧；发光

[记] 联想记忆：上釉(glaze)靠火焰(blaze)

involve [ɪnˈvɑːlv] *vt.* 牵涉；包含(include)；使参与

[记] 词根记忆：in(进入)+volv(卷)+e→卷入→牵涉

prohibit [prəˈhɪbɪt] *v.* 禁止，阻止

[记] 词根记忆：pro(在…之前)+hibit(拿住)→提前拿住→禁止

recess [rɪˈses] *n.* 休会期；休庭；暂停；凹室，壁龛 *v.* 宣布暂停，休庭

[记] 词根记忆：re(反)+cess(行走)→反着走→暂停

settle [ˈsetl] *v.* 安定，安顿；停息；定居；解决，调停

[记] 联想记忆：set(放置)+tle→安定，安顿

[搭] settle down 平静下来；定居，过安定的生活

ablaze [əˈbleɪz] *a.* 着火的，燃烧的；闪耀的(burning; bright)

[记] 联想记忆：a + blaze(火焰) → 火焰般的 → 燃烧的

operant [ˈɑːpərænt] *a.* 运转中的；生效的；操作性的 *n.* 起作用的人

[记] 词根记忆：oper(工作；运转) + ant → 运转中的；操作性的

combine [kəmˈbaɪn] *v.* (使)联合，(使)结合(*fuse, unite)

[记] 词根记忆：com(共同) + bi(两个) + ne → 使两个在一起 → (使)结合

function [ˈfʌŋkʃn] *n.* 机能；功能；作用(*serve)

permeate [ˈpɜːrmieɪt] *v.* 弥漫(*spread through)；渗透(penetrate)

[记] 词根记忆：per(贯穿) + mea(经过，流过) + e → 全部流过 → 弥漫；渗透

pervasive [pərˈveɪsɪv] *a.* 普遍深入的

[记] 来自 pervade(*vt.* 弥漫；遍及)

converge [kənˈvɜːrdʒ] *vi.* 聚集(assemble, aggregate)

[记] 词根记忆：con(共同) + verg(转) + e → 转到一起 → 聚集

discrete [dɪˈskriːt] *a.* 分离的，个别的(*separate)

[记] 词根记忆：dis(分离) + cret(=cern 观察) + e → 分离的

flash [flæʃ] *n.* 闪光；闪现(flare, spark) *vi.* 闪光(flare, glare, sparkle)；反射

[记] 联想记忆：网络词汇"闪客"就是 flash

[搭] in a flash 转瞬间；flash by 一闪而过

glow [gloʊ] *vi.* 发光(*shine)

pierce [pɪrs] *v.* 刺穿，刺破(*puncture, penetrate)

[记] 联想记忆：r 从一片(piece)中穿过 → 刺穿

inherent [ɪnˈhɪrənt] *a.* 固有的；内在的

[记] 词根记忆：in(向内) + her(黏附) + ent → 黏附在内的 → 固有的

perpetual [pər'petʃuəl] *a.* 连续不断的；永久的

[记] 词根记忆：per(贯穿) + pet(追求) + ual → 始终追求的 → 连续不断的

lead [liːd] *v.* 领导，引导；领先，占首位；通向，导致，引起 *n.* 带领，引导

focal ['foʊkl] *a.* 焦点的；很重要的

[搭] focal point 焦点；集中点

seep [siːp] *v.* 漏出，渗漏(pass through slowly, ooze)

[记] 联想记忆：啤酒(beer)渗出(seep)发出哔哔声(beep)

internal [ɪn'tɜːrnl] *a.* 内在的，内部的(interior)

crawl [krɔːl] *v.* 缓慢行进；爬行(creep) *n.* 缓慢的速度

[记] 联想记忆：c + raw(生疏的) + l → 对地形生疏，车开慢点 → 缓慢行进

shed [ʃed] *vt.* 脱落(*discard, slough)；流出；散发 *n.* 小屋(hut, shanty)

[记] 联想记忆：she(她) + d → 女孩子容易流眼泪 → 流出

animate ['ænɪmət] *a.* 活的，有生命的

['ænɪmeɪt] *vt.* 赋予生命，使有活力

[记] 词根记忆：anim(生命；精神) + ate → 赋予生命

bacon ['beɪkən] *n.* 咸肉，熏肉

[搭] bring home the bacon 成功；赚钱糊口

plunge [plʌndʒ] *v.* 掉入(*drop, fall)；暴跌，突降

[记] 发音记忆："扑浪急" → 掉入海里，着急地扑打着浪花 → 掉入

somewhat ['sʌmwʌt] *ad.* 稍微，有点(*rather, slightly)

prolific [prə'lɪfɪk] *a.* 多产的(*productive, *fruitful)；富有创造力的

[记] 联想记忆：pro + lif(看做 life，生命) + ic → 产生生命的 → 多产的

cardinal ['kɑːrdɪnl] *a.* 主要的，最重要的(main, essential) *n.* 红衣凤头鸟

[记] 词根记忆：card(心) + inal → 心一样的 → 主要的，最重要的

prolonged [prəˈlɔːŋd] *a.* 延长的(*extended)
[记] 来自 prolong(*vt.* 延长)

regenerate [rɪˈdʒenəreɪt] *v.* 使恢复(restore); 再生
[记] 词根记忆: re(再, 又)+gen(产生)+erate → 使恢复; 再生

creep [kriːp] *vi.* 慢慢行进; 爬行(crawl)
[记] 联想记忆: 兔子偷懒睡觉(sleep)时乌龟缓慢地行进(creep)
[搭] creep along 沿着…爬; creep over 爬过

revitalize [ˌriːˈvaɪtəlaɪz] *vt.* 使恢复生机(*bring new life to)
[记] 联想记忆: re(再, 又) + vital(有活力的) + ize → 使恢复生机

curl [kɜːrl] *v.* (使)卷曲, 蜷缩(crouch) *n.* 卷发; 卷曲状; 卷曲物
[搭] curl up 卷起, 撅起; 蜷曲, 蜷缩

derive [dɪˈraɪv] *v.* (from)取得; 起源(originate)
[记] 联想记忆: de + rive(r) → 黄河是中华文明的发源地 → 源于

irrigate [ˈɪrɪgeɪt] *vt.* 灌溉
[记] 词根记忆: ir(进入) + rig(水) + ate → 把水引入 → 灌溉

salient [ˈseɪliənt] *a.* 显著的, 突出的(distinct, preeminent, outstanding)
[记] 词根记忆: sal(跳) + ient → 跳出来的 → 显著的, 突出的

Word List 11

rescue [ˈreskjuː] *vt./n.* 营救，搭救(save)

[记] 联想记忆：res(看做 rest，休息)+cue(线索)→放弃休息紧追线索，进行营救→营救

shirk [ʃɜːrk] *v.* 逃避，规避

lax [læks] *a.* 懒散的；松弛的

[记] 本身为词根，意为"松的"

diversify [daɪˈvɜːrsɪfaɪ] *v.* (使)多样化，使不同

erect [ɪˈrekt] *a.* 直立的(upright) *vt.* 建立(establish)

[记] 词根记忆：e(向上)+rect(直的)→直立的；建立

significant [sɪɡˈnɪfɪkənt] *a.* 有意义的；重要的，重大的(noteworthy, important)

[记] 词根记忆：sign(记号)+i+fic(做)+ant→值得做记号的→有意义的

[搭] significant difference 显著差异；significant change 重大转变

exhale [eksˈheɪl] *v.* 呼出(气)(breathe out)

[记] 词根记忆：ex(出)+hale(气)→呼出(气)

fierce [fɪrs] *a.* 凶猛的，残忍的(cruel)；狂热的，强烈的；激烈的，猛烈的(violent)

[记] 联想记忆：强迫(force)人大冷天光脚，真是残忍(fierce)

gallop [ˈɡæləp] *v.* 飞奔，疾驰

[记] 联想记忆：汽车加了一加仑(gallon)油，于是疾驰(gallop)而去

ridiculous [rɪˈdɪkjələs] *a.* 荒唐的，可笑的(absurd)

[记] 词根记忆：rid(笑)+icul+ous(形容词后缀)→被人嘲笑的→荒唐的，可笑的

strenuous [ˈstrenjuəs] *a.* 积极的；艰苦的

[记] 词根记忆：stren(=stern 僵硬的)+uous→身体累得僵硬→艰苦的

equal [ˈiːkwəl] *a.* 相同的(same) *vt.* 等于(amount)；相当于 *n.* 相等的人

groom [gruːm] *v.* (给…)梳理毛发；使做好准备，培养

[记] 联想记忆：在房间(room)里梳头(groom)

stun [stʌn] *vt.* 使晕倒，使震惊

[记] 联想记忆：太阳(sun)里面多了一个 t，使人震惊(stun)

hide [haɪd] *v.* 躲藏；掩藏(conceal)；掩盖(cover) *n.* 兽皮(skin)

suspend [səˈspend] *vt.* 吊，悬挂(*hang)；暂缓

[记] 词根记忆：sus(在…下面)+pend(悬挂)→悬挂在下面→暂缓

imitation [ˌɪmɪˈteɪʃn] *n.* 模仿，仿效(mock)；仿制；仿造品(fake)

[记] 来自 imitate(*vt.* 模仿，仿效)

[搭] in imitation of 为了仿效…；the illegal imitation 伪造

staggering [ˈstæɡərɪŋ] *a.* 巨大的；势不可挡的(*overwhelming)

graze [ɡreɪz] *v.* (牛、羊等)吃草；放牧；擦伤(皮肤等) *n.* 擦伤(处)

[记] 联想记忆：牧童注视着(gaze)牛吃草(graze)

languish [ˈlæŋɡwɪʃ] *vi.* 憔悴；枯萎；受煎熬

[记] 词根记忆：lang(虚弱)+uish→变虚弱→憔悴；枯萎

tread [tred] *v.* 踏，践踏(trample)

[搭] tread on sb.'s heels 步某人后尘

uncanny [ʌnˈkæni] *a.* 异乎寻常的

leap [liːp] *vi.* 跳跃(jump) *n.* 跳跃；骤变；激增

[搭] by leaps and bounds 飞跃地

vain [veɪn] *a.* 徒然的；自负的，虚荣的

[记] 联想记忆：自负(vain)没有收获(gain)

[搭] in vain 白费力气

migrate [ˈmaɪɡreɪt] *v.* 迁徙；移居(emigrate, transplant)

[记] 词根记忆：migr(移动) + ate → 迁徙；移居

smirk [smɜːrk] *vi.* 假笑，得意地笑

valid [ˈvælɪd] *a.* 有根据的(well-founded)；有效的(effective)

[记] 词根记忆：val(价值) + id → 有价值的 → 有效的

deem [diːm] *vt.* 认为，相信

phenomenon [fəˈnɑːmɪnən] *n.* 现象，迹象；非凡的人(或事物)

[记] 词根记忆：phen(出现) + omen(预兆) + on → 出现的预兆 → 现象，迹象

fatigue [fəˈtiːɡ] *n.* 劳累(tire)；(金属材料等)疲劳

adapt [əˈdæpt] *v.* 使适合(adjust)；调整(alter)

[记] 词根记忆：ad + apt(适合的) → 使适合

insult [ɪnˈsʌlt] *vt.* 侮辱，凌辱(*affront, humiliate)

[ˈɪnsʌlt] *n.* 侮辱，凌辱

[记] 联想记忆：in(在…里面) + sult(看做 salt，盐) → 灌盐水 → 侮辱

exclaim [ɪkˈskleɪm] *v.* 惊叫，呼喊

[记] 词根记忆：ex(外) + claim(叫喊) → 惊叫，呼喊

betray [bɪˈtreɪ] *vt.* 出卖，泄露(秘密等)；辜负；流露

[记] 发音记忆："被踹" → 被人暗地里踹了一脚 → 出卖

understate [ˌʌndərˈsteɪt] *vt.* 轻描淡写，避重就轻地说

[记] 联想记忆：under(在…下面) + state(声明) → 轻描淡写

degenerative [dɪˈdʒenərətɪv] *a.* 衰退的，堕落的；(疾病等)变性的

swing [swɪŋ] *v.* (使)摇荡; 转向(turn around) *n.* 摇摆
[记] 联想记忆: s + wing(翅膀) → 摇摆翅膀, 在风中盘旋 → 摇摆
[搭] swing music 摇摆舞音乐

grip [ɡrɪp] *v./n.* 控制(control, command)
[搭] in the grip of 在…的掌控下

induct [ɪnˈdʌkt] *vt.* 使正式就任; 使了解, 传授
[记] 词根记忆: in(内) + duct(拉) → 向里面拉 → 使正式就任

rampant [ˈræmpənt] *a.* 猖獗的, 肆虐的(excessive, wild, extravagant); 蔓生的
[记] 联想记忆: ramp(坡道) + ant → 坡道上长满草 → 蔓生的
[搭] rampant inflation 不能控制的通货膨胀

attribute [ˈætrɪbjuːt] *n.* 属性(*characteristic, trait)
[əˈtrɪbjuːt] *vt.* 把…归于(ascribe)
[记] 词根记忆: at + tribut(给予) + e → 把…归于

standard [ˈstændərd] *n.* 标准, 规格(model, rule) *a.* 标准的(*customary, normative)
[记] 联想记忆: stand(站立) + ard → 站立的规矩 → 标准
[搭] up to standard 合格

fatal [ˈfeɪtl] *a.* 致命的(*deadly); 灾难性的, 毁灭性的(destructive)
[记] 联想记忆: fat(看做 fate, 命运) + al(形容词后缀) → 致命的

indolent [ˈɪndələnt] *a.* 懒惰的, 懒散的

endure [ɪnˈdʊr] *vt.* 忍受, 忍耐(*tolerate, suffer)
[记] 联想记忆: end(结束) + ure → 坚持到结束 → 忍受, 忍耐

nude [nuːd] *a.* 裸体的

cherish [ˈtʃerɪʃ] *vt.* 珍爱; 抱有(希望等)
[记] 联想记忆: 对于生命, 要珍爱(cherish), 不要毁坏(perish)

allure [əˈlʊr] *n./v.* 诱惑，吸引

[记] 词根记忆：al(向)+lur(吸引)+e → 诱惑

disgust [dɪsˈɡʌst] *vt.* 厌恶，嫌恶(detest, loathe)

[记] 词根记忆：dis(不)+gust(味道) → 不喜欢这个味道 → 厌恶

formulate [ˈfɔːrmjuleɪt] *vt.* 阐明(clarify, illuminate)；规划

[记] 词根记忆：form(形式)+ul+ate(使…) → 使具有形式 → 阐明

participate [pɑːrˈtɪsɪpeɪt] *vi.* (in)参与，参加(take part in)

[记] 词根记忆：part(i)(部分)+cip(拿，取)+ate(动词后缀) → 拿住部分 → 参与

activate [ˈæktɪveɪt] *vt.* 刺激，使活动(stimulate)

[记] 联想记忆：activ(e)(活跃的)+ate(使…) → 使活跃 → 使活动

gnaw [nɔː] *vi.* 啃(nibble)；咬(bite)

haphazard [hæpˈhæzərd] *a.* 偶然的；无计划的

[记] 联想记忆：hap(运气)+hazard(冒险) → 运气加冒险，就能成功 → 偶然情况 → 偶然的

inquire [ɪnˈkwaɪər] *v.* 打听，询问(ask)

[记] 词根记忆：in(在…里面)+quir(追求)+e → 打听，询问

deport [dɪˈpɔːrt] *vt.* 驱逐出境

[记] 联想记忆：de(离开)+port(港口) → 驱逐出境

instill [ɪnˈstɪl] *vt.* 慢慢灌输；逐渐培养

[记] 词根记忆：in(进入)+still(掉) → 掉进去 → 慢慢灌输

vulnerable [ˈvʌlnərəbl] *a.* 易受攻击的，易受伤害的(*unprotected)

[记] 词根记忆：vuln(伤害)+er+able → 易受伤害的

interfere [ˌɪntərˈfɪr] *vi.* 干涉，妨碍(obstruct)

[记] 词根记忆：inter(在…之间)+fer(搬运)+e → 在中间搬弄是非 → 干涉

sponge [spʌndʒ] *n.* 海绵；寄生虫(parasite)

condole [kən'doʊl] *vi.* 向…吊唁；慰问

[记] 词根记忆：con + dol(伤心) + e → 表达伤心 → 慰问

demobilize [diː'moʊbəlaɪz] *vt.* 遣散；使复员

[记] 词根记忆：de(分离) + mob(移动) + ilize → 向不同的方向移动 → 遣散

fabricate ['fæbrɪkeɪt] *vt.* 编造(create)；制造(*construct, manufacture)

[记] 词根记忆：fabric(构造) + ate → 构造出来 → 编造；制造

apprehend [ˌæprɪ'hend] *vt.* 领会；逮捕

[记] 词根记忆：ap + prehend(抓住) → 逮捕

position [pə'zɪʃn] *n.* 位置(location)；职位(*job)；立场(*status) *vt.* 安置(install)

[记] 词根记忆：pos(放) + ition → 安置

[搭] close a position 平仓

compromise ['kɑːmprəmaɪz] *n./v.* 妥协，折中(yield)

[记] 联想记忆：com + promise(保证) → 相互保证 → 妥协

eschew [ɪs'tʃuː] *vt.* 避开，回避

[记] 联想记忆：es + chew(咀嚼) → 有意不咀嚼 → 回避

disconcert [ˌdɪskən'sɜːrt] *vt.* 使惊慌，使不安；使困惑(compound)

[记] 联想记忆：dis(不) + concert(一致) → 不一致 → 使惊慌

swoon [swuːn] *vi./n.* 昏厥，昏倒；痴迷

admire [əd'maɪər] *vt.* 钦佩；欣赏(appreciate)

[记] 词根记忆：ad(表加强) + mir(惊奇) + e → 让人很惊奇 → 钦佩；欣赏

suspect [səˈspekt] *v.* 怀疑，猜想(speculate)
[ˈsʌspekt] *a.* 可疑的(questionable)
[记] 词根记忆：su(s)(在…下面) + spect(看) → 在下面看一看 → 怀疑，猜想

indicate [ˈɪndɪkeɪt] *v.* 指出，表明(*evidence, point)
[记] 词根记忆：in + dic(说) + ate → 说出 → 指出，表明

discourage [dɪsˈkɜːrɪdʒ] *vt.* 使泄气，使灰心；阻止，劝阻
[记] 词根记忆：dis(不) + cour(精神) + age → 使没有精神 → 使泄气

complain [kəmˈpleɪn] *v.* 抱怨；申诉
[记] 联想记忆：com + plain(平淡的) → 太过平淡的生活让人抱怨 → 抱怨
[搭] complain to 向…抱怨

affirm [əˈfɜːrm] *v.* 断言，坚称(assert)
[记] 联想记忆：af + firm(坚定的) → 断言，坚称

esteem [ɪˈstiːm] *n./vt.* 尊重，敬重
[搭] have great esteem for 对…大为敬佩

slip [slɪp] *v.* 滑落；滑倒(slide) *n.* 纸片；滑倒；纰漏
[记] 联想记忆：s + lip(嘴唇) → 从唇边滑落 → 滑落

hover [ˈhʌvər] *vi.* 徘徊(wander)
[记] 联想记忆：在爱人(lover)身边徘徊(hover)

amplify [ˈæmplɪfaɪ] *vt.* 放大(声音等)；增强(strengthen)
[记] 词根记忆：ampl(大) + ify(使…) → 放大；增强

dissolute [ˈdɪsəluːt] *a.* 放荡的；无节制的
[记] 词根记忆：dis(分离) + solu(解开) + te → 完全解开 → 无节制的

Word List 12

halt [hɔːlt] *n./v.* 停止

[记] 联想记忆：h + alt(高) → 高处不胜寒，该停住了 → 停止

obscene [əbˈsiːn] *a.* 淫秽的，下流的；骇人听闻的

[记] 联想记忆：ob(反，逆) + scene(场合) → 跟这种高雅场合极为不符 → 下流的

elevate [ˈelɪveɪt] *vt.* 举起，抬高(lift, raise)；提升(某人的职位)，提拔，晋升

[记] 词根记忆：e(外) + lev(举起) + ate(使…) → 举起，抬高

prone [proʊn] *a.* 俯卧的；倾向于…的

[搭] be prone to 易于…，倾向于…

stash [stæʃ] *vt.* 隐藏，藏匿(conceal)

[记] 联想记忆：st + ash(灰) → 躲在灰里 → 藏匿

tempt [tempt] *vt.* 诱使(entice, allure)

[记] 本身为词根，意为"尝试" → 受到诱惑，要尝试 → 诱使

intervening [ˌɪntərˈviːnɪŋ] *a.* 介于中间的，发生于其间的

[记] 词根记忆：inter(在…之间) + ven(来) + ing → 来到中间的 → 介于中间的

dispose [dɪˈspoʊz] *v.* 安排，布置；使倾向于；(of)清除(get rid of)

tickle [ˈtɪkl] *v.* (使)发痒；使高兴，逗乐 *n.* 痒

[记] 联想记忆：买张电影票(ticket)让她高兴高兴(tickle)

solicit [səˈlɪsɪt] *v.* 恳请(entreat)；乞求(beg)

[记] 词根记忆：soli(=sole 唯一，全部) + cit(引出) → 引出某人做事 → 恳请；乞求

employ [ɪmˈplɔɪ] *vt.* 用，使用；雇用(hire)

transform [trænsˈfɔːrm] *vt.* 使变形(transfigure)；改造，改革(reform)；转换(convert)

[记] 词根记忆：trans(穿过)+form(形状)→使变形；转换

withstand [wɪðˈstænd] *vt.* 经受住，耐(*tolerate, endure)；抵挡

[记] 联想记忆：with(与…一起)+stand(站)→手牵手站在一起抵挡洪流→抵挡

contain [kənˈteɪn] *vt.* 包含(include)；控制(control)

[记] 词根记忆：con(共同)+tain(拿住)→全部拿住→包含；控制

transient [ˈtrænʃnt] *a.* 短暂的，转瞬即逝的；临时的

[记] 词根记忆：trans (穿过)+ient→时光穿梭→短暂的

undergo [ˌʌndərˈɡoʊ] *vt.* 经历(*experience)；遭受(suffer)

herald [ˈherəld] *n.* 信使(messenger) *vt.* 宣布，宣告(*announce)；预示(foreshadow)

[记] 联想记忆：he(他)+rald(看做 raid，突然袭击)→他带来敌人突然袭击的消息→信使

breach [briːtʃ] *n.* 违背；破裂 *vt.* 打破；违反

incessant [ɪnˈsesnt] *a.* 不断的，不停的(unceasing)

[记] 词根记忆：in(不)+cess(走)+ant→走个不停→不停的

dissuade [dɪˈsweɪd] *v.* 劝阻

chance [tʃæns] *n.* 机会(opportunity)

[搭] by any chance 可能，或许；by chance 偶然

negligible [ˈneɡlɪdʒəbl] *a.* 可以忽略的，微不足道的

objective [əbˈdʒektɪv] *n.* 目标，目的(target, aim) *a.* 客观的

[搭] achieve the objective 达到目的；objective reality 客观事实

sophisticated [səˈfɪstɪkeɪtɪd] *a.* 老练的(worldly-wise)；精密的(exact)；复杂的，先进的(complex, developed)

[记] 来自 sophisticat(e)(*n.* 久经世故的人)

abort [əˈbɔːrt] *v.* (使)夭折，中止(计划等)(cancel)
[记] 词根记忆：ab(相反) + ort(=ori 升起) → 还没开始就中止 → 中止

devise [dɪˈvaɪz] *vt.* 设计(contrive)；发明(invent)；想出(think out)

torpor [ˈtɔːrpər] *n.* 迟钝；死气沉沉(lethargy, inertia)

advance [ədˈvæns] *n./v.* 前进；进步
[搭] in advance 预先

endeavor [ɪnˈdevər] *vi./n.* 努力，尽力(strive; effort)
[记] 联想记忆：end(尽头) + eav(看做 eager，热情) + or(看做 our，我们的) → 用尽了我们的热情 → 努力，尽力

devote [dɪˈvoʊt] *vt.* (to)为…付出(时间、精力等)；献身于(dedicate)
[记] 联想记忆：de(表加强) + vote(投票) → 把票全给了那位献身于教育事业的老教师 → 献身于

ardent [ˈɑːrdnt] *a.* 热心的，热情洋溢的(enthusiastic, fervent)
[记] 词根记忆：ard(燃烧) + ent → 热心的

method [ˈmeθəd] *n.* 方法(*means)；秩序(system)

barn [bɑːrn] *n.* 谷仓；牲口棚
[记] 联想记忆：这个酒吧(bar)是由谷仓(barn)改建的

cancel [ˈkænsl] *v.* 取消，废除(abolish)；删去，删除(revoke, call off)；抵消
[记] 源自拉丁文 cancelli(斜条格钩)，据说古罗马书写员在抄写错误时会用斜条格钩来表明注销，后引入英语，作“取消”讲。
[搭] cancel out 抵偿，抵消

digest [daɪˈdʒest] *v.* 消化，吸收(absorb)
[记] 词根记忆：di(向下) + gest(搬运) → 运下去 → 消化

spearhead [ˈspɪrhed] *n.* 先锋 *vt.* 为…作先锋；带头做
[记] 组合词：spear(矛) + head(头) → 矛头 → 先锋

comply [kəmˈplaɪ] *vi.* 服从，遵守(conform, submit)
[记] 词根记忆：com(表加强)+ply(装满)→完全装满→服从

arable [ˈærəbl] *a.* 可耕作的，适于耕作的 *n.* 耕地

depend [dɪˈpend] *v.* (on)依靠，依赖(rely)；取决于(lie on)
[记] 词根记忆：de(在…下面)+pend(悬挂)→悬挂于之下→依靠，依赖

postpone [poʊˈspoʊn] *v.* 延期，推迟(delay)
[记] 词根记忆：post(在…后面)+pon(放)+e→放在后面→推迟

hoe [hoʊ] *vt.* 用锄头锄
[记] 联想记忆：用锄头(hoe)挖洞(hole)

diminution [ˌdɪmɪˈnuːʃn] *n.* 减少(量)，缩减(量)

balance [ˈbæləns] *vt.* 使平衡，使均衡(equilibrate) *n.* 天平，秤；平衡(equilibrium)；差额；余款
[记] 联想记忆：bal(看做 ball，球)+ance→球操选手需要很好的平衡力→平衡

compress [kəmˈpres] *v.* 压缩(condense)；缩短(shorten)
[记] 词根记忆：com(表加强)+press(压)→压缩；缩短

distribute [dɪˈstrɪbjuːt] *vt.* 分配，分发(parcel out)；散布(scatter, spread)
[记] 词根记忆：dis(分开)+tribut(给予)+e→分开给→分配，分发

feat [fiːt] *n.* 功绩，壮举(achievement, act, deed)
[记] 联想记忆：f+eat(吃)→取得了功绩，好好吃一顿犒劳一下→功绩

effective [ɪˈfektɪv] *a.* 有效的，生效的；给人深刻印象的，显著的
[记] 来自 effect(*n.* 影响，效果)
[搭] effective measures 有效措施

attempt [əˈtempt] *n./vi.* 尝试(try)；努力(strive)
[记] 词根记忆：at(表加强)+tempt(诱惑)→尝试；努力

generic [dʒəˈnerɪk] *a.* 一般的，普通的

posit [ˈpɑːzɪt] *v.* 安排(arrange)；假定(assume)

[记] 联想记忆：po + sit(坐) → 坐下来 → 安排

compressible [kəmˈpresəbl] *a.* 可压缩的；可压榨的

engage [ɪnˈɡeɪdʒ] *v.* (使)从事于，(使)忙于；吸引；(使)订婚；聘用(employ)

[搭] engage in (doing) sth. 从事于…

annex [əˈneks] *vt.* 兼并；附加(append, add)

[记] 词根记忆：an(近) + nex(捆绑) → 绑在一起 → 附加

offer [ˈɔːfər] *v.* 提供(provide, supply)

[搭] offer sth. to sb. 向某人提供某物

façade [fəˈsɑːd] *n.* 正面(front, face)；表面(surface)

[记] 联想记忆：faç(看做 face，正面) + ade → 正面；表面

depart [dɪˈpɑːrt] *vi.* 离开(leave, exit)；背离(deviate)

[记] 词根记忆：de(去掉，离开) + part(离开) → 离开；背离

frivolous [ˈfrɪvələs] *a.* 愚蠢的；无聊的；轻佻的

cram [kræm] *v.* 填塞(pack)；匆忙准备

handle [ˈhændl] *v.* 处理(deal)；对待(treat)；操纵；触，摸 *n.* 柄，把手，拉手

[记] 联想记忆：hand(手) + le → 方便手操作的东西 → 柄，把手

thereby [ˌðerˈbaɪ] *ad.* 因此，从而

insistence [ɪnˈsɪstəns] *n.* 坚持(adherence)

[记] 来自 insist(*v.* 坚持)

laborious [ləˈbɔːriəs] *a.* (工作等)艰苦的，费力的；(人)勤劳的

henceforth [ˌhensˈfɔːrθ] *ad.* 从此以后(*from that time on)

[记] 组合词：hence(因此) + forth(往前) → 从此以后

particular [pərˈtɪkjələr] *a.* 特定的(selected)；独特的(*unique)；详细的；挑剔的

[记] 词根记忆：part(部分) + icular(属于…的) → 只属于部分的 → 特定的

artifice [ˈɑːrtɪfɪs] *n.* 诡计，奸计

[记] 词根记忆：arti(技巧)+fic(做)+e→用技巧做出来的→诡计

designate [ˈdezɪɡneɪt] *vt.* 命名(name)；任命(appoint, nominate)

[记] 词根记忆：de+sign(标志)+ate→给出标志→命名

noteworthy [ˈnoʊtwɜːrði] *a.* 显著的，值得注目的

lengthen [ˈleŋθən] *vt.* 延长，使变长(extend, elongate)

[记] 来自 length(*n.* 长度)

manifestation [ˌmænɪfeˈsteɪʃn] *n.* 显示，表明(indication)；[常 *pl.*]清楚表明某事的言行；(鬼魂等的)显灵

[记] 词根记忆：mani(手)+fest(打)+ation→用手打人，怒意很明显→表明

[搭] manifestation of …的表现形式

conduct [ˈkɑːndʌkt] *n.* 行为(behavior) [kənˈdʌkt] *v.* 引导(guide)；传导(transmit)；进行(progress)

[记] 词根记忆：con(表加强)+duct(拉)→用力拉→引导

wear [wer] *v./n.* 穿戴

arrange [əˈreɪndʒ] *v.* 布置；安排(plan)；筹备(prepare)

[记] 联想记忆：ar(表加强)+range(排列)→有序地排列→布置；安排

promising [ˈprɑːmɪsɪŋ] *a.* 有希望的(hopeful)；有前途的

[记] 来自 promise(*v.* 承诺)

firm [fɜːrm] *n.* 公司(corporation) *a.* 结实的(*hard, fixed)；坚定的(steadfast)

obedience [əˈbiːdiəns] *n.* 服从，顺从(submissiveness, compliance)

[记] 来自 obey(*v.* 服从，顺从)

incorporate [ɪnˈkɔːrpəreɪt] *vt.* 纳入，合并(combine)；吸收

[记] 词根记忆：in(进入)+corp(身体)+or+ate→进入身体成为一部分→纳入；吸收

removal [rɪˈmuːvl] *n.* 除去(elimination)；移动

noted [ˈnoʊtɪd] *a.* 著名的(famous)

Word List 13

specific [spəˈsɪfɪk] *a.* 明确的，具体的；特定的，特有的
[记] 词根记忆：spec(看)+(i)fic(做)→按照要求看着做→特定的，特有的

reflection [rɪˈflekʃn] *n.* 反映(expression)；思考，想法
[搭] without reflection 轻率地；on reflection 经再三思考

preoccupation [priˌɑːkjuˈpeɪʃn] *n.* 主要考虑因素；全神贯注(concern, involvement)
[记] 来自 preoccup(y)(*vt.* 使忧心忡忡)

highlight [ˈhaɪlaɪt] *vt.* 突出(stand out)；以强烈光线照射 *n.* 最精彩部分
[记] 组合词：high(高的)+light(发光)→突出；最精彩部分

obsolete [ˌɑːbsəˈliːt] *a.* 过时的(old-fashioned)

mundane [mʌnˈdeɪn] *a.* 世俗的(earthly, profane)；平凡的(*ordinary)
[记] 词根记忆：mund(世界)+ane→关于世界的→世俗的；平凡的

thrust [θrʌst] *v.* 挤，插；戳 *n.* 戳，刺；要旨；驱动力

confront [kənˈfrʌnt] *vt.* 使面临(face, encounter)；对抗(oppose)
[记] 词根记忆：con(共同)+front(额头，脸)→对顶额头→使面临；对抗

specify [ˈspesɪfaɪ] *vt.* 使具体化；指定；详细说明

pursue [pərˈsuː] *v.* 继续(hold on)；从事于(engage)；追击，追踪(*chase, trace)
[记] 联想记忆：钱包(purse)被偷走了，赶忙去追踪(pursue)

rigor [ˈrɪgər] *n.* 严格(strictness)

shortly ['ʃɔːrtli] *ad.* 不久(soon); 简要地(briefly)

fraction ['frækʃn] *n.* 小部分(portion, segment)

[记] 词根记忆: fract(破碎) + ion → 小部分

conscientious [ˌkɑːnʃi'enʃəs] *a.* 凭良心的; 认真谨慎的

elaborate [ɪ'læbərət] *a.* 精心制作的(*detailed); 复杂精美的(*ornate, complex) [ɪ'læbəreɪt] *vi.* 详述

[记] 联想记忆: e(出) + labor(劳动) + ate → 辛苦劳动做出来 → 精心制作的

flexibility [ˌfleksə'bɪləti] *n.* 灵活性

stipulate ['stɪpjuleɪt] *v.* 规定, 明确要求; (以…为条件)约定

[记] 词根记忆: stip(压) + ul + ate(使…) → 使一起按压 → 规定

constricted [kən'strɪktɪd] *a.* 狭窄的(confined); 收缩(性)的(contractive)

[记] 来自 constrict(*v.* 紧缩, 压缩)

subtle ['sʌtl] *a.* 细微的, 微妙的(*slight)

[记] 词根记忆: sub(在…下面) + tle → 暗藏于下面 → 微妙的

target ['tɑːrgɪt] *n.* 目标, 对象(aim); 靶子 *vt.* 把…作为目标

[记] 发音记忆: "他击的" → 是他击中了目标 → 目标

[搭] target sth. at/on sb./sth. 把…作为…的目标

consistent [kən'sɪstənt] *a.* 一致的(coherent); 稳定的(sustained); 调和的(compatible); 始终如一的(*constant)

glossy ['glɑːsi] *a.* 光滑的(slick); 光彩夺目的

[记] 来自 gloss(*n.* 光泽, 光亮)

transcendent [træn'sendənt] *a.* 卓越的, 出众的

[记] 来自 transcend(*vt.* 超越, 胜过)

dominant ['dɑːmɪnənt] *a.* 支配的, 统治的, 占优势的(important, outweighing, predominant)

[记] 词根记忆: domin(统治) + ant(形容词后缀) → 统治的, 支配的

lumber [ˈlʌmbər] *n.* 木材，木料(timber)

unequal [ʌnˈiːkwəl] *a.* (在大小、数量等方面)不同的，不相等的(disproportionate)；(力量、能力等)不平等的，不相称的；不胜任的

visualize [ˈvɪʒuəlaɪz] *v.* 想象，使形象化；构思

[记] 词根记忆：vis(看) + ual + ize → 使…看见 → 想象

[搭] visualize sb. doing sth. 设想某人做某事

wary [ˈweri] *a.* 小心翼翼的(*cautious)；机警的(alert)

accident [ˈæksɪdənt] *n.* 意外事件，事故

[记] 词根记忆：ac(向) + cid(落，掉) + ent → 东西从天而降，落向某人 → 意外事件

avenue [ˈævənuː] *n.* 途径(approach)；大街

casualty [ˈkæʒuəlti] *n.* 伤亡事故；伤亡(人员)

[记] 词根记忆：cas(落，掉) + ualty → 掉落下来，造成事故 → 伤亡事故

haul [hɔːl] *v.* (用力)拖，拖运(pull, drag)

[记] 联想记忆：用力拖(haul)个大箱子，不时停下来(halt)休息下

fume [fjuːm] *n.* 烟；怒气 *vi.* 冒烟；(对…)大为恼火

[记] 词根记忆：fum(烟) + e → 烟

citadel [ˈsɪtədəl] *n.* 堡垒，要塞(fort, fortress)

incline [ɪnˈklaɪn] *v.* (使)倾斜；(使)倾向于

[ˈɪnklaɪn] *n.* 斜坡，斜面

[记] 词根记忆：in(向内) + clin(倾斜) + e → 向内斜 → (使)倾斜

luster [ˈlʌstər] *n.* 光亮，光泽(gloss)；荣耀

[记] 词根记忆：lus(光) + ter → 光泽

abound [əˈbaʊnd] *vi.* (in)富于(flourish)；大量存在(teem)；充满(overflow)

[记] 联想记忆：a + bound(边界) → 没有边界 → 大量存在；充满

crush [krʌʃ] *vt.* 碾碎(grind)；使变形

[记] 联想记忆：碰撞(crash)后被碾碎(crush)

embargo [ɪmˈbɑːrgoʊ] *vt.* 禁止(船只等)出入港口，禁运

packed [pækt] *a.* 拥挤的(congested, crowded)；压紧的(compressed)

accessible [əkˈsesəbl] *a.* 易接近的；可得到的(*available)；可进入的

slog [slɑːg] *vi.* 艰难行进(tramp)

[记] 联想记忆：扛着木头(log)艰难行进(slog)

terminate [ˈtɜːrmɪneɪt] *v.* (使)停止，结束(stop, end)

[记] 词根记忆：termin(边界) + ate → 结束

zigzag [ˈzɪgzæg] *a.* 之字形的，弯弯曲曲的 *n.* 之字形 *vi.* 曲折行进

[记] 组合词：zig(急转弯) + zag(急转弯) → 一路上都是急转弯 → 弯弯曲曲的

transit [ˈtrænzɪt] *n.* 运输(transport)；转变

[记] 词根记忆：trans(穿过) + it(走) → 在两地间穿行 → 运输

[搭] mass transit 公共交通

pave [peɪv] *v.* 铺(cover)；密布(densely cover)

abate [əˈbeɪt] *v.* 减少；减轻；降价

[记] 联想记忆：a + bate(减少) → 减少；减轻

traverse [trəˈvɜːrs] *vt.* 横穿，横渡

[记] 词根记忆：tra(穿过) + vers(转) + e → 横穿，横渡

rush [rʌʃ] *v.* (使)冲，(使)突进；奔，急速流动 *n.* 冲，急速行进 *a.* (交通)繁忙的

[搭] rush hour 高峰期；rush out of 快速从…中出来

abiding [əˈbaɪdɪŋ] *a.* 持久的(enduring, permanent)

[记] 来自 abide(*v.* 停留；容忍)

[搭] abiding friendship 持久的友谊

prior [ˈpraɪər] *a.* (to)在…前的(*preceding, former)；优先的(taking precedence)

[记] 词根记忆：pri(=prim 第一的，首要的) + or → 优先的

besides [bɪˈsaɪdz] *prep.* 除…之外 *ad.* 而且，还有

consecutive [kənˈsekjətɪv] *a.* 连续不断的

[记] 词根记忆：con(共同) + secut(跟随) + ive → 一个接一个的 → 连续不断的

along [əˈlɔːŋ] *ad.* 向前地；一起 *prep.* 沿着

[搭] come along 与…一起

ignite [ɪgˈnaɪt] *v.* 点燃，着火

[记] 词根记忆：ign(火) + ite → 点燃

relevant [ˈreləvənt] *a.* 相关的，有关的(relative)；中肯的

[记] 词根记忆：re(再，又) + lev(举) + ant → 一再举起的 → 相关的

already [ɔːlˈredi] *ad.* 已，已经

enthusiasm [ɪnˈθuːziæzəm] *n.* 热情(passion, zeal)；积极性(positivity)

attentive [əˈtentɪv] *a.* 注意的，专心的；关心的

chunk [tʃʌŋk] *n.* 厚片，大块(lump)；相当大的部分(或数量)；矮胖的人(或物)

[记] 发音记忆："常客" → 饭馆的常客占客人的很大一部分 → 相当大的部分

[搭] a chunk of 一大块

bequeath [bɪˈkwiːð] *v.* 遗赠；流传

positive [ˈpɑːzətɪv] *a.* 肯定的(affirmative, confirmative)；积极的(active)；实际的(actual)；【电】正的

[记] 联想记忆：posit(断定) + ive → 可以断定的 → 肯定的；积极的

[搭] positive charge 正电荷

gleam [gliːm] *n.* 微光 *vi.* 闪光，闪烁(glitter)

bolt [boʊlt] *v.* 逃跑；闩上 *n.* 插销，门闩；闪电

[搭] a bolt from the blue 晴天霹雳

meantime [ˈmiːntaɪm] *ad./n.* 其时，同时(meanwhile)

bundle [ˈbʌndl] *n.* 捆，束(package, bale) *vt.* 捆

[记] 发音记忆："绑到" → 把散的东西捆到一起 → 捆，束

magnify [ˈmæɡnɪfaɪ] *vt.* 放大，扩大(*increase, augment)；夸大(exaggerate)

[记] 词根记忆：magn(大)+ify(使…)→使…大→放大，扩大

alike [əˈlaɪk] *a.* 相同的，相似的(same, similar)

[记] 联想记忆：a+like(相似的)→相似的

[搭] look alike 看起来像

concomitant [kənˈkɑːmɪtənt] *a.* 伴随的 *n.* 伴随物

[记] 联想记忆：con(共同)+com(看做come，来)+itant→一起来→伴随的

mingle [ˈmɪŋɡl] *v.* (使)混合

[记] 联想记忆：铃声(jingle)混合(mingle)

cumbersome [ˈkʌmbərsəm] *a.* 笨重的(awkward)；麻烦的(troublesome)

[记] 联想记忆：cumber(阻碍)+some→受到阻碍的→笨重的

quench [kwentʃ] *vt.* 扑灭，熄灭(extinguish, put out)；解(渴)(slake, satisfy one's thirst)

[记] 联想记忆：quen(看做queen，女王)+ch→扑灭女王的嚣张气焰→扑灭，熄灭

[搭] quench one's thirst 解渴；quench a fire/flames 灭火

dent [dent] *n.* 缺口，凹痕(cavity) *vt.* 使凹下；损害，挫伤(信心、名誉等)

incoming [ˈɪnkʌmɪŋ] *a.* 引入的；新任的

overload [ˌoʊvərˈloʊd] *vt.* 使超载，使过载；使(电路等)超负荷；给…增加负担 [ˈoʊvərloʊd] *n.* 超载(量)；超负荷

revert [rɪˈvɜːrt] *v.* 恢复(原状)

[记] 词根记忆：re(反)+vert(转)→反转→恢复

[搭] revert to 恢复；重提；归还

approach [əˈproʊtʃ] *v.* 接近(approximate, near)；处理 *n.* 方法，手段(measure, way)

[搭] approach to 接近；类似

gloomy [ˈgluːmi] *a.* 令人沮丧的；阴沉的

maximum [ˈmæksɪməm] *a.* 最大(或高、多)的，最大限度的(*peak, highest) *n.* 最大量，极限(an upper limit)

[记] 词根记忆：max(大，高)+imum → 最大的，最大限度的

oblivious [əˈblɪviəs] *a.* 遗忘的(forgetful)

[记] 词根记忆：ob(反，逆)+liv(活)+ious → 不再活的 → 不再活着的东西渐渐被人遗忘 → 遗忘的

disproportionate [ˌdɪsprəˈpɔːrʃənət] *a.* 不成比例的

handy [ˈhændi] *a.* 可用的(available)；手边的

[搭] come in handy 迟早有用

Note

Word List 14

resist [rɪˈzɪst] *v.* 抵抗(withstand); 耐(热等)

[记] 词根记忆: re(反) + sist(站立) → 反着站 → 抵抗

bunch [bʌntʃ] *n.* 簇, 束, 捆, 串; 帮, 伙(gang) *v.* 捆成一束; 聚集(pack; crowd)

[记] 联想记忆: 人们聚集(bunch)在一起吃午餐(lunch)

shade [ʃeɪd] *n.* 阴凉处, 遮光物(shelter); 阴暗处, 阴影(shadow)

alert [əˈlɜːrt] *a.* 机警的(*vigilant, watchful) *vt.* 警告, 提醒(*ware, remind)

[记] 联想记忆: *Red Alert*《红色警戒》, 20 世纪 90 年代风靡全球的电脑游戏

equivalent [ɪˈkwɪvələnt] *a.* 相同的(identical); 相当的(*interchangeable) *n.* 对等物(equal)

[记] 词根记忆: equi(相等) + val(力量) + ent → 力量相等的 → 相同的

terrific [təˈrɪfɪk] *a.* 极好的(wonderful); 非常的, 极度的

[记] 词根记忆: terr(使惊吓) + (i)fic(做) → 做得吓人 → 非常的

fabulous [ˈfæbjələs] *a.* 寓言似的; 难以置信的; 极好的

[记] 词根记忆: fa(说) + bul + ous → 代代相传, 变成寓言 → 寓言似的

roll [roʊl] *v.* (使)滚动, 转动 *n.* (一)卷; 卷形物

intent [ɪnˈtent] *n.* 意图, 目的(*purpose, *goal)

[记] 联想记忆: in(进入) + tent(帐篷) → 深夜摸进帐篷, 有何图谋 → 意图, 目的

gilding [ˈɡɪldɪŋ] *n.* 贴金箔, 镀金层

obligate [ˈɑːblɪgeɪt] *vt.* 使负义务

[记] 词根记忆：ob(表加强) + lig(捆绑) + ate → 用力捆绑 → 使负义务

handful [ˈhændfʊl] *n.* 一把，少数

separate [ˈseprət] *a.* 分离的；个别的(*discrete, *distinct)

[ˈsepəreɪt] *v.* 分离(*split, *unravel)；划分；区别(*sort out)

[记] 词根记忆：se(分开) + par(相等) + ate → (使)分成相等的部分 → 分离；划分

evade [ɪˈveɪd] *v.* 逃避，回避

[记] 词根记忆：e(出，外) + vad(走) + e → 向外走 → 逃避

absolute [ˈæbsəluːt] *a.* 完全的，绝对的

[记] 词根记忆：ab(表加强) + solu(松开) + te → 完全松开 → 完全的

[搭] absolute zero 绝对零度；with absolute certainty 绝对肯定地

hind [haɪnd] *a.* 后面的，在后的(back)

[记] 联想记忆：在后面的(hind)后面(behind)

split [splɪt] *v.* 分开，分裂(divide, separate) *n.* 裂口；分化

[记] 发音记忆："死劈了它" → 劈开 → 分开

immediate [ɪˈmiːdiət] *a.* 即刻的(instant, direct)；最接近的(proximal)

[记] 联想记忆：im(不，无) + mediate(居中的) → 省去中间过程 → 即刻的

abreast [əˈbrest] *ad.* 并列地，并排地(side by side)

[记] 联想记忆：a + breast(胸) → 胸和胸并排 → 并列地，并排地

incessantly [ɪnˈsesntli] *ad.* 不断地(continually)

abrupt [əˈbrʌpt] *a.* 突然的，意外的(unexpected)

[记] 词根记忆：ab(离去) + rupt(断裂) → 突然的，意外的

hustle [ˈhʌsl] *vt.* 猛推；催促 *n.* 忙碌

[搭] hustle and bustle 熙熙攘攘

utmost [ˈʌtmoʊst] *a.* 最大限度的(extreme) *n.* 最大限度；最大量

[记] 联想记忆：ut(看做 at) + most(最多) → 到达最多 → 最大限度的

instance [ˈɪnstəns] *n.* 例子，事例(*case)

[记] 联想记忆：in + stance(看做 stand，站立) → 模特站在那就是最好的例子 → 例子

portion [ˈpɔːrʃn] *n.* 部分(part, share)

[记] 联想记忆：port(看做 part，部分)+ion→部分

instantaneous [ˌɪnstənˈteɪniəs] *a.* 瞬间的，即刻的

concentrate [ˈkɑːnsntreɪt] *v.* 集中，专心(focus)；浓缩 *n.* 浓缩物

[记] 词根记忆：con(共同) + centr(中心) + ate → 聚集在一个中心 → 集中

[搭] concentrate on 集中，全神贯注于

recognize [ˈrekəgnaɪz] *vt.* 认出，识别 (identify)；认可(acknowledge)

[记] 词根记忆：re(再，又) + co(=com 共同) + gn(知道) + ize → 再次让大家都知道 → 认出，识别；认可

intentionally [ɪnˈtenʃənəli] *ad.* 有意地，特意地

jolt [dʒoʊlt] *v.* (使)震动，颠簸；使震惊(*shock) *n.* 震动(shake)

[记] 联想记忆：为防止颠簸(jolt)，用门闩(bolt)来固定

lessen [ˈlesn] *v.* (使)变小，变少，减轻

relevance [ˈreləvəns] *n.* 有关，相关(性)；中肯，适当

[记] 词根记忆：re(再，又) + lev(举) + ance → 一再举起 → 相关(性)

malicious [məˈlɪʃəs] *a.* 怀有恶意的，恶毒的

[记] 来自 malice(*n.* 恶意)

implicit [ɪmˈplɪsɪt] *a.* 含蓄的，暗指的(implied)；绝对的(absolute)

[记] 词根记忆：im(在…里面) + plic(重叠) + it → (意义)叠在里面 → 含蓄的

nevertheless [ˌnevərðəˈles] *ad./conj.* 然而，不过(*however, still)

outgas [ˌautˈgæs] *vt.* 除去(固体中的)气

retrieve [rɪˈtriːv] *vt.* 取回，索回，挽回(regain)

[记] 词根记忆：re(再，又)+triev(找到)+e→再次找到原本丢失的东西→取回

partial [ˈpɑːrʃl] *a.* 不完全的(incomplete)

[记] 来自 part(*n.* 部分)

likewise [ˈlaɪkwaɪz] *ad.* 同样地，也(similarly)

consolidate [kənˈsɑːlɪdeɪt] *v.* 巩固；(使)合并

[记] 词根记忆：con(共同)+solid(结实的)+ate→联合在一起使更加结实→(使)合并

inconspicuous [ˌɪnkənˈspɪkjuəs] *a.* 不引人瞩目的，不显眼的(unapparent)

notwithstanding [ˌnɑːtwɪθˈstændɪŋ] *ad./prep.* 虽然，尽管如此(despite)

protrude [proʊˈtruːd] *v.* (使)突出

[记] 词根记忆：pro(向前)+trud(伸出)+e→向前伸出→(使)突出

regardless [rɪˈgɑːrdləs] *ad.* (of)不顾，不加理会(no matter what)

[记] 联想记忆：regard(关心)+less(无)→不关心的→不顾，不加理会

otherwise [ˈʌðərwaɪz] *ad.* 另样，用别的方法；在其他方面 *conj.* 要不然，否则

[记] 联想记忆：other(其他的)+wise(方面)→在其他方面

deceptive [dɪˈseptɪv] *a.* 欺骗性的(fraudulent)

[记] 来自 deceive(*v.* 欺骗)

replicate [ˈreplɪkeɪt] *vt.* 复制(duplicate)

[记] 词根记忆：re(再，又)+plic(重叠)+ate→一再重叠→复制

predict [prɪˈdɪkt] *v.* 预言，预测(expect, foretell)

[记] 词根记忆：pre(在…前面)+dict(说)→预言，预测

marked [mɑːrkt] *a.* 显著的(*noticeable, pronounced); 有记号的

therefore [ˈðerfɔːr] *ad.* 因此(accordingly, consequently) *conj.* 因此

clutch [klʌtʃ] *n.* 一次所孵的卵(或蛋) *v.* 企图抓住，抓紧(take, clench)

[记] 联想记忆：clu(看做 clue，线索) + tch → 抓住线索 → 抓紧

strap [stræp] *n.* 带(strip) *vt.* 用带捆扎

[记] 联想记忆：用皮带(strap)拍打(rap)

raven [ˈreɪvn] *n.* 大乌鸦；掠夺 *v.* 掠夺

permission [pərˈmɪʃn] *n.* 允许，同意(consent)

[记] 词根记忆：per(贯穿，自始至终) + miss(送) + ion → 自始至终都发送 → 允许

[搭] special permission 特许；permission slip 请假条

tantalizing [ˈtæntəlaɪzɪŋ] *a.* 诱人的

unparalleled [ʌnˈpærəleld] *a.* 空前的，无比的(unequalled, matchless)

[记] 联想记忆：un(无) + parallel(平行) + ed → 没有东西可以与之平行的 → 无比的

pest [pest] *n.* 害虫；令人讨厌的人(或物)(nuisance)

[记] 发音记忆："拍死它" → 见到害虫就拍死它 → 害虫

congest [kənˈdʒest] *vt.* 使充满，使拥塞

[记] 词根记忆：con(共同) + gest(搬运) → 搬运到一起 → 使充满

tremulous [ˈtremjələs] *a.* 发抖的，颤抖的；害怕的

[记] 词根记忆：trem(发抖) + ul + ous → 发抖的；害怕的

average [ˈævərɪdʒ] *a.* 平均的；一般的；平庸的 *n.* 平均水平；平均数 *v.* 平均为

[搭] average person 常人；on average 平均起来

tug [tʌg] *v.* (用力地)拖，拉 *n.* 牵引(pull)；猛拉
[记] 联想记忆：蚂蚁拖着(tug)虫子(bug)的尸体艰难地行进

disintegrate [dɪsˈɪntɪgreɪt] *v.* (使)瓦解(collapse)；(使)碎裂(smash)
[记] 联想记忆：dis(不)+integrate(一体化，使完整)→(使)瓦解

underneath [ˌʌndərˈniːθ] *prep.* 在…下面(beneath) *ad.* 在下面(below)

transparent [trænsˈpærənt] *a.* 透明的
[记] 词根记忆：trans(穿过)+par(平等，相等)+ent→(光)均匀地穿过→透明的

radical [ˈrædɪkl] *n.* 根；基 *a.* 根本的(fundamental)；激进的(drastic)
[记] 词根记忆：radic(根)+al→根本的
[搭] free radical 自由基，游离基

indispensable [ˌɪndɪˈspensəbl] *a.* 必不可少的(necessary)
[记] 联想记忆：in(不)+dispensable(可有可无的)→不是可有可无的→必不可少的

utter [ˈʌtər] *vt.* 出声；说(speak, express) *a.* 完全的(absolute)

sluggish [ˈslʌgɪʃ] *a.* 行动迟缓的(slow)；不活泼的(torpid, lethargic, inactive)
[记] 词根记忆：slugg(=slug 懒散的)+ish→懒散的→行动迟缓的
[搭] a sluggish market 不景气的市场

soft [sɔːft] *a.* 柔软的(delicate, limp)；柔和的(mild, gentle)；不强烈的；软性的
[搭] soft drink 软饮料

whereby [werˈbaɪ] *ad./conj.* 借以，凭

hay [heɪ] *n.* 干草(stover)
[搭] hay stack 干草堆

mellow [ˈmeloʊ] *v.* 使醇香；(使)柔和；(使)成熟 *a.* 醇香的；柔和的；成熟的
[搭] mellow out 怡然自得

tenuous [ˈtenjuəs] *a.* 纤细的(slender)

[记] 词根记忆：ten(伸展) + uous → 无限伸展的 → 纤细的

wanna [ˈwɔːnə] *v.* (=want to)想要

chain [tʃeɪn] *n.* 链(条)；[*pl.*] 镣铐；一连串，一系列(serial)；连锁店 *vt.* 用链条拴住

[搭] food chain 食物链

grain [greɪn] *n.* 谷物；颗粒(particle)；(木、织物等的)纹理；少量(a little)

[记] 联想记忆：食用谷物(grain)对大脑(brain)的发育十分有益

[搭] be/go against the grain 违反常理；与…格格不入

facial [ˈfeɪʃl] *a.* 面部的

appease [əˈpiːz] *vt.* 平息；安抚，抚慰；绥靖

[记] 联想记忆：ap + pease(看做 peace，平静) → 使得到平静 → 平息

horn [hɔːrn] *n.* (牛、羊、鹿等动物的)角；号角，喇叭(speaker, trumpet)

[记] 联想记忆：牛、羊、鹿等天生(born)就有角(horn)

reverse [rɪˈvɜːrs] *vt.* 使反转；彻底转变 *n.* 反面 *a.* 相反的(opposite)

[记] 词根记忆：re(反) + vers(转) + e → 使反转；彻底转变

Word List 15

naked [ˈneɪkɪd] *a.* 裸露的，无遮盖的(bare)
[搭] naked eye 肉眼

sunlit [ˈsʌnlɪt] *a.* 阳光照射的
[记] 联想记忆：sun(太阳) + lit(light 的过去分词，照亮) → 阳光照射的

lush [lʌʃ] *a.* 茂盛的(flourishing)

mammoth [ˈmæməθ] *n.* 猛犸象 *a.* 巨大的(enormous, huge)

nail [neɪl] *n.* 指甲，爪；钉 *vt.* 将…钉牢，钉住
[搭] as hard/tough as nails 像钉子一样硬，坚强

preponderance [prɪˈpɑːndərəns] *n.* 优势(superiority, predominance)
[记] 来自 preponderant(*a.* 占优势的)

groove [gruːv] *n.* 沟；槽；唱片上的纹路
[搭] be stuck in a groove 墨守成规

ripen [ˈraɪpən] *v.* (使)成熟
[记] 来自 ripe(*a.* 熟的；成熟的)

strive [straɪv] *vi.* 奋斗，努力(struggle)；力求
[记] 联想记忆：s + trive(看做 drive，动力) → 奋斗需要动力 → 奋斗
[搭] strive for 奋斗，争取

hitherto [ˌhɪðərˈtuː] *ad.* 迄今，至今

stress [stres] *n.* 压力(pressure)；强调(emphasis) *vt.* 强调(*emphasize)
[搭] stress management 压力管理

benevolent [bəˈnevələnt] *a.* 慈善的；善心的
[记] 词根记忆：bene(善，好) + vol(意志) + ent → 好意的 → 慈善的；善心的

replenish [rɪˈplenɪʃ] *vt.* 添加，补充(supplement)
[记] 词根记忆：re(再，又) + plen(填满) + ish → 添加，补充

thorn [θɔːrn] *n.* 刺，荆棘

[记] 联想记忆：t + horn(角) → 尖尖的角 → 刺，荆棘

invert [ɪnˈvɜːrt] *vt.* 使倒转，使倒置

[记] 词根记忆：in(反) + vert(转) → 反转 → 使倒转，使倒置

assess [əˈses] *vt.* 估价；评定

scarce [skers] *a.* 缺乏的，稀有的(*rare, lacking)

[记] 联想记忆：scar(伤疤) + ce → 有伤疤，不完整的 → 缺乏的

nourish [ˈnɜːrɪʃ] *vt.* 滋养，养育(rear)

[记] 词根记忆：nouri(=nutri 滋养；孕育) + (i)sh → 滋养；养育

overrun [ˌoʊvəˈrʌn] *v.* 超过；泛滥

[记] 联想记忆：over(过度) + run(跑) → 跑过了头 → 超过

peculiar [pɪˈkjuːliər] *a.* 独特的(*distinctive, particular)；罕见的(unusual)

verify [ˈverɪfaɪ] *v.* 检验，核实(check)

[记] 词根记忆：ver(真实的) + ify(使…) → 使…真实 → 核实

nurture [ˈnɜːrtʃər] *vt.* 滋养；扶植，支持(support)

[记] 联想记忆：大自然(nature)像母亲一样滋养(nurture)着人类

disguise [dɪsˈɡaɪz] *vt./n.* 掩饰(mask)；伪装(pretend)

[记] 联想记忆：dis(分离) + guise(外表) → 使看不到真实的外表 → 掩饰；伪装

puff [pʌf] *v.* 喘气，喘息；使喷出(烟等) *n.* 吸；(烟等的)一缕；喘息

[搭] out of puff 气喘吁吁

scale [skeɪl] *n.* 鳞；规模；比例(proportion)；刻度 *vt.* 攀登(*climb)

[搭] on a large scale 大规模地；in scale 成比例，相称

vulgar [ˈvʌlɡər] *a.* 粗俗的，庸俗的；通俗的

[记] 词根记忆：vulg(大众) + ar → 通俗的

seal [siːl] *n.* 海豹 *vt.* 密封(fasten, close)

[记] 联想记忆：sea(海洋) + l(看做 love，爱) → 喜欢海洋的动物 → 海豹

rehabilitate [ˌriːəˈbɪlɪteɪt] *vt.* 使恢复原状，修复(restore)

[记] 词根记忆：re + hab（拥有）+ ilit + ate → 重新拥有 → 使恢复原状，修复

awareness [əˈwernəs] *n.* 知道；意识(*realization)

[记] 来自 aware(*a.* 知道的；意识到的)

[搭] self awareness 自我意识；public awareness 公共意识

weave [wiːv] *v.* 迂回行进(swing)；编织(knit, interlace)

[记] 联想记忆：老板希望工人织(weave)好布赶快走(leave)人

[搭] weave sth. together 将某物结合在一起

spiral [ˈspaɪrəl] *a.* 螺旋形的(helical) *vi.* 盘旋(coil, twist)

[记] 来自 spir(e)(*n.* 螺旋)

[搭] spiral galaxy 旋涡星系；spiral thread 螺旋丝

adequate [ˈædɪkwət] *a.* 适当的(proper, suitable)；足够的(*sufficient)

[记] 词根记忆：ad(表加强) + equ(平等) + ate(形容词后缀) → 比平等多的 → 足够的

stampede [stæmˈpiːd] *v.*（使）狂奔，涌向；使仓促行事 *n.* 逃窜，狂奔

[记] 联想记忆：为买张纪念邮票(stamp)到处狂奔(stampede)

hospitable [hɑːˈspɪtəbl] *a.*（环境等）宜人的(pleasant)；好客的，殷勤的；开通的

[记] 词根记忆：hosp(=host 主人) + it + able(能…的) → 能胜任主人一职的 → 好客的

promote [prəˈmoʊt] *vt.* 促进(boost, advance)；提升；宣传(advertise)

[记] 词根记忆：pro(向前) + mot(动) + e → 向前动 → 促进

conciliate [kənˈsɪlieɪt] *vt.* 安抚，抚慰(reconcile, pacify)

distinctive [dɪˈstɪŋktɪv] *a.* 出众的，有特色的(unique)
[记] 来自 distinct(*a.* 明显的)
[搭] distinctive feature 特色

sterile [ˈsterəl] *a.* 不育的(infertile)；贫瘠的(barren)；无菌的(germfree)

interrelate [ˌɪntərɪˈleɪt] *v.* (使)相互关联，紧密联系

sticky [ˈstɪki] *a.* 黏的，黏性的
[记] 来自 stick(*v.* 黏，黏住)

donate [ˈdoʊneɪt] *vt.* 捐赠(contribute)；赠送(present)
[记] 词根记忆：don(给予)+ate → 捐赠；赠送

centric [ˈsentrɪk] *a.* 中心的，中央的
[搭] ego centric 以自我为中心的

swift [swɪft] *a.* 敏捷的，快的(rapid) *n.* 雨燕
[记] 联想记忆：电梯(lift)速度很快(swift)

meager [ˈmiːgər] *a.* 不足的，贫乏的(deficient, scanty)
[记] 联想记忆：m+eager(热心的) → 光靠热心是不够的 → 不足的

extend [ɪkˈstend] *v.* 延长，延伸(*stretch, *increase)
[记] 词根记忆：ex(出)+tend(伸展) → 延长，延伸

thrive [θraɪv] *vi.* 茂盛(flourish, prosper)；茁壮成长(grow vigorously)
[记] 联想记忆：th+rive(看做 river，河) → 古时大河都是文明的发源地 → 茂盛

impenetrable [ɪmˈpenɪtrəbl] *a.* 不能穿透的；不可理解的，高深莫测的

advantageous [ˌædvənˈteɪdʒəs] *a.* 有利的

rear [rɪr] *n.* 后部；臀部 *vt.* 养育；饲养(*raise)

staple [ˈsteɪpl] *n.* 主要产品；原材料(*basic element)；主食 *vt.* 把…订起来(fasten) *a.* 主要的(*important)
[记] 联想记忆：主产品(staple)收成好，国家稳定(stable)
[搭] staple cotton 原棉

tile [taɪl] *vt.* 铺瓦；铺地砖 *n.* 瓦片；地砖
[搭] tile fish 方头鱼

vanish [ˈvænɪʃ] *vi.* 消失(disappear, fade); 灭绝(die out)
[记] 词根记忆: van(空) + ish → 消失; 灭绝

swallow [ˈswɑːloʊ] *n.* 燕子 *v.* 吞, 咽
[记] 联想记忆: s + wall(墙) + ow → 燕子在墙角垒窝 → 燕子

revere [rɪˈvɪr] *vt.* 尊敬, 敬畏(*respect)
[记] 联想记忆: 我们都很敬畏(revere)这位严厉的(severe)老师

multiply [ˈmʌltɪplaɪ] *v.* (使)繁殖(breed); 成倍增加(increase); 乘
[记] 词根记忆: multi(多的) + ply(重叠) → 多重 → (使)繁殖; 成倍增加

aberrant [æˈberənt] *a.* 越轨的; 异常的
[记] 词根记忆: ab(离开) + err(徘徊) + ant → 脱离某物徘徊的 → 越轨的

overlap [ˌoʊvərˈlæp] *v.* (使)交叠, 部分重叠

stir [stɜːr] *v.* 搅拌; 煽动, 刺激(provoke)
[记] 本身是词根, 意为"刺激"
[搭] stir up 激起, 鼓动, 煽动

abortive [əˈbɔːrtɪv] *a.* 落空的, 失败的
[记] 词根记忆: ab(离开) + ort(=ori 产生) + ive → 离开产生的地方 → 落空的

tolerate [ˈtɑːləreɪt] *vt.* 忍受(*endure, withstand)

afflict [əˈflɪkt] *vt.* 使苦恼, 折磨(torment, torture)
[记] 词根记忆: af(向) + flict(打, 击) → 向某人发出攻击 → 使苦恼, 折磨

unity [ˈjuːnəti] *n.* 统一, 联合, 一致(unification, union, combination)
[记] 词根记忆: uni(单一) + ty → 统一, 联合

suspension [səˈspenʃn] *n.* 悬架; 暂停(pause)
[搭] suspension bridge 吊桥

anxious [ˈæŋkʃəs] *a.* 渴望的(eager, keen); 担忧的(worried)

hint [hɪnt] *n.* 提示(cue);[常 *pl.*]忠告(advice)

[记] 联想记忆:hi(嗨)+nt→向你打招呼,给你提示→提示

consequence [ˈkɑːnsəkwens] *n.* 结果(outcome, result);影响(influence);推理(inference)

[记] 词根记忆:con+sequ(跟随)+ence→跟随其后→结果;影响

[搭] in consequence of 由于…的缘故

wither [ˈwɪðər] *v.* (使)枯萎(fade, perish);衰退(wane, decline)

[记] 联想记忆:慢慢变冷的天气(weather)使花都枯萎(wither)了

appreciate [əˈpriːʃieɪt] *vt.* 赏识(*recognize);鉴赏;感激

bias [ˈbaɪəs] *n.* 偏见(*prejudice)

[记] 词根记忆:bi(两)+as→两者只取其一→偏见

hurl [hɜːrl] *vt.* 猛投(fling);大声斥责

[记] 联想记忆:不要大声斥责(hurl)孩子,以免伤害(hurt)他

suspense [səˈspens] *n.* 焦虑;悬念

[搭] keep...in suspense 保持悬念

audible [ˈɔːdəbl] *a.* 听得见的

[记] 词根记忆:aud(听)+ible(能…的)→听得见的

slender [ˈslendər] *a.* 细长的(thin);纤弱的

[记] 联想记忆:温柔(tender)和纤弱(slender)都是用来形容女孩子的

camouflage [ˈkæməflɑːʒ] *n./vt.* 掩饰,伪装(hide, disguise)

avert [əˈvɜːrt] *vt.* 避免,规避(avoid)

[记] 词根记忆:a+vert(转)→转开→避免,规避

swoop [swuːp] *vi.* 猛扑;突然袭击

mature [məˈtʃʊr] *a.* 成熟的(ripe);老练的(mellow) *v.* (使)成熟(ripen)

[记] 联想记忆:自然(nature)中的n更换成m,万物都成熟(mature)了

boast [boʊst] *v./n.* 自我夸耀(brag)

[记] 联想记忆：面包师傅夸耀(boast)他自己的面包烤(roast)得好

calm [kɑːm] *a.* (天气、海洋等)平静的；镇静的，沉着的(tranquil; cool, composed) *vt.* 使平静，使镇定，平息(tranquilize, soothe)

[记] 联想记忆：她手(palm)心出汗，内心很不平静(calm)

withhold [wɪð'hoʊld] *vt.* 拒绝给，不给

[记] 联想记忆：with(有)+hold(拿着)→自己拿着，就是不给→拒绝给，不给

attach [ə'tætʃ] *vt.* 连接(fix, connect)；依附于(affix)

[记] 词根记忆：at+tach(接触)→接触上→连接；依附于

confidence ['kɑːnfɪdəns] *n.* 信心(faith, belief)

[记] 词根记忆：con(表加强)+fid(相信)+ence→信心

surmise ['sɜːrmaɪz] *n.* 推测，猜测

[sər'maɪz] *v.* 推测，猜测

[记] 词根记忆：sur(在…之上)+mis(放)+e→放在事情之上→推测

permanence ['pɜːrmənəns] *n.* 永久，持久(durability)

belie [bɪ'laɪ] *vt.* 给人以错觉(misrepresent)；掩饰(disguise)

[记] 联想记忆：be+lie(谎言)→使…成谎言→给人以错觉

venture ['ventʃər] *n.* 冒险，投机(gamble) *v.* 冒险(risk)

[记] 发音记忆："玩车"→玩车一族追求的就是冒险→冒险

identify [aɪ'dentɪfaɪ] *vt.* 识别(*spot, recognize)；鉴定(judge)

[搭] identify with sb. 与某人产生共鸣

distract [dɪ'strækt] *vt.* 分散注意力，使分心

[记] 词根记忆：dis(分开)+tract(拉)→(注意力)被拉开→使分心

Word List 16

drawback [ˈdrɔːbæk] *n.* 缺点，障碍(disadvantage, shortcoming)

[记] 组合词：draw(拉) + back(向后) → 拖后腿 → 缺点

feasible [ˈfiːzəbl] *a.* 可行的(practical, workable)

[记] 词根记忆：feas(=fac 做) + ible(能…的) → 能做的 → 可行的

identification [aɪˌdentɪfɪˈkeɪʃn] *n.* 身份证明；辨认，鉴定

[记] 来自 identify(*v.* 识别；鉴定)

chaotic [keɪˈɑːtɪk] *a.* 混乱的，无秩序的

incur [ɪnˈkɜːr] *vt.* 招致，招惹，遭受

[记] 词根记忆：in(在…里面) + cur(跑) → 在里面跑 → 招致

systematic [ˌsɪstəˈmætɪk] *a.* 系统的，体系的(methodic)

[记] 来自 system(*n.* 系统)

distinct [dɪˈstɪŋkt] *a.* 明显的(*visible)；明确的；不同的(*separate, *different)

[记] 词根记忆：di(分开) + stinct(刺) → 用刺分开 → 明显的

reiterate [riˈɪtəreɪt] *vt.* 反复说，重申

[记] 联想记忆：re(再，又) + it(走) + erate → 反复走 → 重申

isolate [ˈaɪsəleɪt] *vt.* 使隔离，使孤立(separate)

[记] 词根记忆：isol(=insul 岛屿) + ate(使…) → 使成孤岛 → 使隔离，使孤立

[搭] isolate from 与…隔离

signify [ˈsɪɡnɪfaɪ] *v.* 意味(mean)

[记] 词根记忆：sign(标记) + ify → 加上标记 → 意味

bedrock [ˈbedrɑːk] *n.* 基础，根基(foundation, base, basis); 基岩

linger [ˈlɪŋgər] *vi.* 徘徊(hover)

[记] 联想记忆：那位歌手(singer)徘徊(linger)于曾经的舞台

distort [dɪˈstɔːrt] *vt.* 弄歪(形状等)(twist); 扭曲，歪曲(misrepresent)

[记] 词根记忆：dis(分开) + tort(卷缠) → 把原本缠在一起的分开 → 歪曲

maturity [məˈtʃʊrəti] *n.* 成熟; 完备(full development)

[搭] at maturity 成熟

lure [lʊr] *vt.* 吸引，诱惑(*attract, tempt) *n.* 诱惑力

[记] 联想记忆：纯(pure)属诱惑(lure)

contradictory [ˌkɑːntrəˈdɪktəri] *a.* 对立的，矛盾的

[记] 词根记忆：contra(反) + dict(说话；断言) + ory(形容词后缀) → 说反话的 → 对立的

intermediate [ˌɪntərˈmiːdiət] *a.* 中间的; 中级的 *n.* 中间人

[记] 词根记忆：inter(在…之间) + medi(中间) + ate → 中间的

shatter [ˈʃætər] *v.* (使)粉碎，破碎(destroy, smash)

[记] 发音记忆："筛它" → (使)粉碎，破碎

mental [ˈmentl] *a.* 精神的(psychical, spiritual); 智力的(intellectual)

[记] 词根记忆：ment(思想，心智) + al(形容词后缀) → 精神的；智力的

lethargy [ˈleθərdʒi] *n.* 死气沉沉; 无精打采

[记] 词根记忆：leth(死) + argy → 像死了一样 → 死气沉沉

prevail [prɪˈveɪl] *vi.* 居主导地位(predominate); 流行(fashion)

[记] 词根记忆：pre(在…前面) + vail(=val 力量) → 在力量上领先 → 居主导地位

simultaneous [ˌsaɪmlˈteɪniəs] *a.* 同时的(concurrent, synchronous)

[记] 词根记忆：simul(相同) + taneous → 时间相同的 → 同时的

meticulous [məˈtɪkjələs] *a.* 细心的，小心翼翼的(*careful)
[记] 词根记忆：metic(害怕)+ul+ous(多…的)→非常害怕的→细心的

recall [rɪˈkɔːl] *v.* 回忆起，回想起(recollect) *n.* 记忆力，记性
[记] 联想记忆：re(再，又)+call(叫喊)→再次喊起旧日的小名→记忆力

motivate [ˈmoʊtɪveɪt] *vt.* 激励(*stimulate, impel)；激发(inspire)
[记] 词根记忆：mot(移动)+iv+ate(使…)→激励；激发

outlive [ˌaʊtˈlɪv] *vt.* 比…长命；比…耐久

aware [əˈwer] *a.* 知道的(perceptible)；意识到的
[搭] be aware of 意识到

intense [ɪnˈtens] *a.* 强烈的(*extreme)；热切的(*acute)；紧张的

overcome [ˌoʊvərˈkʌm] *vt.* 战胜，克服(conquer, defeat)
[记] 来自词组 come over(战胜，克服)

tout [taʊt] *v.* 吹捧

perceptive [pərˈseptɪv] *a.* 感知的；有洞察力的

shrink [ʃrɪŋk] *v.* (使)收缩，缩小(dwindle)
[记] 联想记忆：童话故事里，喝(drink)了巫婆的药水就能收缩(shrink)身体

rebellious [rɪˈbeljəs] *a.* 反叛的，叛逆的；叛乱的
[记] 来自 rebel(*v.* 反叛)

bare [ber] *a.* 赤裸的(naked, bald)

reject [rɪːˈdʒekt] *vt.* 拒绝，抵制(exclude)
[记] 词根记忆：re(反)+ject(扔)→被扔回来→拒绝

maze [meɪz] *n.* 迷宫；复杂难懂的细节

sense [sens] *n.* 感官，官能；感觉；判断力；意义，意思(meaning) *v.* 觉得；意识到

absorption [əbˈsɔːrpʃn] *n.* 吸收(assimilation, reception)

distress [dɪˈstres] *n.* 痛苦，忧伤(pain, grief)；贫困

[记] 联想记忆：dis(分开)＋tress(看做 dress，衣服)→分开后，看到衣服睹物思人，悲从中来→痛苦，忧伤

visible [ˈvɪzəbl] *a.* 可见的，明显的(evident, patent, observable, noticeable)

[记] 词根记忆：vis(看)＋ible(能…的)→可见的，明显的

frail [freɪl] *a.* 体弱的；易碎的

[记] 联想记忆：身体太弱(frail)，未能通过(fail)体育考试

pliant [ˈplaɪənt] *a.* 柔软的；温顺的

[记] 词根记忆：pli(=ply 重叠)＋ant→能重叠的→柔软的

insert [ɪnˈsɜːrt] *vt.* 插入

[记] 词根记忆：in(在…里面)＋sert(放置)→放在里面→插入

contributory [kənˈtrɪbjətɔːri] *a.* 贡献的；捐助的；促进的

[记] 词根记忆：con(完全)＋tribut(给予)＋ory→无偿给予→贡献的；促进的

pivot [ˈpɪvət] *n.* 枢轴；中心点；核心

switch [swɪtʃ] *n.* 开关 *v.* 转换(transform)

[搭] switch off 切断；switch to 转到，转变成

tentative [ˈtentətɪv] *a.* 试验性的，试探的(experimental)；不确定的；犹豫的(hesitant)

pale [peɪl] *a.* 苍白的；淡的

trivialize [ˈtrɪviəlaɪz] *vt.* 使显得琐碎；轻视

[记] 来自 trivial(*a.* 琐屑的；平庸的)

visual [ˈvɪʒuəl] *a.* 视觉的

[记] 词根记忆：vis(看)＋ual→视觉的

[搭] visual arts 视觉艺术；visual image 可视图像

absorb [əbˈsɔːrb] *vt.* 吸收(take in, engage)

[记] 词根记忆：ab(离去)＋sorb(吸收)→吸收

renown [rɪˈnaʊn] *n.* 名望，声誉（reputation）
[记] 词根记忆：re（再，又）+ nown（=nom 名字）→ 名字被一再提及 → 名望

contrast [ˈkɑːntræst] *n.* 对比，对照（compare, balance）
[kənˈtræst] *v.* 对比，对照
[搭] by contrast 对比之下；（与…）相对照

speculate [ˈspekjuleɪt] *v.* 推测（*hypothesize）
[记] 词根记忆：spec（看）+ ulate → 看了然后再推测 → 推测

descend [dɪˈsend] *v.* 遗传（inherit）；下降（fall）
[记] 词根记忆：de（向下）+ scend（爬）→ 向下爬 → 下降
[搭] be descended from 是…的后裔

beneficial [ˌbenɪˈfɪʃl] *a.* 有益的，有利的（advantageous）
[搭] be beneficial to 对…有益、有利

fracture [ˈfræktʃər] *v.* （使）断裂（*crack）*n.* 断裂
[记] 词根记忆：fract（打碎）+ ure →（使）断裂

scrupulous [ˈskruːpjələs] *a.* 多顾虑的，谨慎的；一丝不苟的，严谨的

disposal [dɪˈspoʊzl] *n.* 清除；处置（getting rid of）
[搭] garbage disposal 垃圾处理；at one's disposal 任由某人处理

fragile [ˈfrædʒl] *a.* 易碎的（brittle）；脆弱的（delicate, frail）
[记] 词根记忆：frag（打碎）+ ile → 容易被打碎的 → 易碎的

insulate [ˈɪnsəleɪt] *vt.* 使隔离，使隔绝（isolate）
[记] 词根记忆：insul（岛屿）+ ate（使…）→ 使成为孤岛 → 使隔绝

knit [nɪt] *v.* 编织；（使）紧密结合；（使折骨）愈合

miracle [ˈmɪrəkl] *n.* 奇事，奇迹（wonder）
[记] 词根记忆：mir（惊奇）+ acle（表物）→ 奇事

operate [ˈɑːpəreɪt] *v.* 运转，工作（function）；动手术；经营（run）；操作
[记] 词根记忆：oper（运转，工作）+ ate → 运转，工作
[搭] operate the machine 操作机器

outweigh [ˌaʊt ˈweɪ] *vt.* (在重量、价值等上)超过

arouse [əˈraʊz] *vt.* 唤醒，唤起(awake)；激起，引起(evoke)

[记] 联想记忆：a + rouse(唤醒；激起) → 唤醒；激起

[搭] arouse one's anxiety/curiosity/interest 引起某人的不安/好奇/兴趣

peripheral [pəˈrɪfərəl] *a.* 不重要的(unimportant)；外围的

[记] 词根记忆：peri(周围的) + pher(带来) + al → 外围的

[搭] peripheral nerves 末梢神经

suspicious [səˈspɪʃəs] *a.* 可疑的，令人怀疑的；不信任的

[搭] be suspicious of 对…起疑

interact [ˌɪntərˈækt] *vi.* 相互作用；互相配合

[记] 词根记忆：inter(在…之间) + act(行动) → 互动 → 相互作用

prescribe [prɪˈskraɪb] *v.* 开处方；规定，指示(assign)

[记] 词根记忆：pre(在…前面) + scrib(写) + e → 预先写好 → 规定

recover [rɪˈkʌvər] *v.* 复原，恢复(renew)；重新获得

[记] 联想记忆：re(再，又) + cover(包括) → 重新获得

alternative [ɔːlˈtɜːrnətɪv] *n.* 可供选择的事物(*option) *a.* 可供替代的；非传统的

[搭] alternative energy 替代能源

defense [dɪˈfens] *n.* 防御，防卫(protection)

[记] 来自 defend(*v.* 防护)

[搭] defense mechanism 防卫机制；defense against 对…的防御

gouge [gaʊdʒ] *n.* 凿子 *vt.* 挖出；敲竹杠

[记] 联想记忆：挖出(gouge)峡谷(gorge)

resolve [rɪˈzɔːlv] *v.* 解决(*find a solution for, solve)；决定(determine)

[记] 词根记忆：re(完全) + solv(解开) + e → 完全解开 → 解决

swear [swer] *v.* 诅咒(curse)；宣誓

allay [əˈleɪ] *vt.* 减轻，减少(*reduce, alleviate)

deplete [dɪˈpliːt] *vt.* 使枯竭，耗尽(use up, exhaust)

[记] 词根记忆：de + plet(填满) + e → 不满 → 倒空 → 使枯竭

relative [ˈrelətɪv] *a.* 相对的；有关的(related) *n.* 亲属

Note

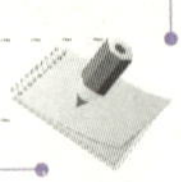

Word List 17

smother [ˈsmʌðər] *vt.* 使窒息；抑制

[记] 联想记忆：s(看做 she，她) + mother(母亲) → 她快被母亲的爱弄得窒息 → 使窒息

grind [graɪnd] *v.* 打磨(polish)；磨碎，碾碎(*crush)

[记] 联想记忆：将大(grand)石头磨碎(grind)

waste [weɪst] *v.* 浪费，消耗 *a.* 无用的，废弃的；荒芜的 *n.* 浪费；废物

vital [ˈvaɪtl] *a.* 生死攸关的(mortal)；至关重要的(of the utmost importance)

[记] 词根记忆：vit(生命) + al → 有关生命的 → 生死攸关的

abut [əˈbʌt] *vi.* 邻接，毗邻(adjoin, border on)

[记] 联想记忆：a(无) + but(但是) → 没有转折 → 不需要绕弯就能直接到达 → 邻接，毗邻

[搭] abut against 紧靠；abut on 接连，邻接

range [reɪndʒ] *n.* 范围(extent)；山脉(mountain) *vi.* (在某范围内)变动

[搭] range from 延伸；(在一定范围内)变化

advocate [ˈædvəkeɪt] *vt.* 提倡(recommend publicly)

[ˈædvəkət] *n.* 倡导者(*proponent)

[记] 词根记忆：ad(表加强) + voc(叫喊) + ate → 大声呼喊 → 提倡

superficial [ˌsuːpərˈfɪʃl] *a.* 肤浅的，表面的(surface)

[记] 词根记忆：super(在…上面) + fic(做) + ial → 只在上面做 → 表面的

dissipate [ˈdɪsɪpeɪt] *v.* (使)消散，(使)消失；挥霍，浪费(时间、金钱等)

[记] 词根记忆：dis(分离) + sip(扔) + ate → 扔出去 → (使)消散

alter [ˈɔːltər] *vt.* 改变(*change, vary)
[记] 本身是词根，意为"改变状态"

sweeping [ˈswiːpɪŋ] *a.* 彻底的；广泛的(extensive)

deficient [dɪˈfɪʃnt] *a.* 不足的，缺乏的(*inadequate)
[记] 词根记忆：de(分离) + fic(做) + ient → 做得不好的 → 不足的，缺乏的

premature [ˌpriːməˈtʃʊr] *a.* 早熟的；过早的 *n.* 早产儿
[记] 联想记忆：pre(在…前面) + mature(成熟的) → 没有成熟的 → 早熟的

supplant [səˈplænt] *vt.* 取代，代替(*replace)
[记] 联想记忆：sup(在…下面) + plant(种植) → 在下面种植 → 取代，代替

expel [ɪkˈspel] *vt.* 开除；驱逐；排出(discharge)
[记] 词根记忆：ex(出) + pel(推) → 推出去 → 开除；排出

urge [ɜːrdʒ] *v.* 促进，力劝(impel) *n.* 迫切要求

brittle [ˈbrɪtl] *a.* 易碎的(*easily broken, delicate, fragile)；冷淡的

awake [əˈweɪk] *a.* 醒着的；警觉的 *v.* 唤醒，唤起；醒(wake)；觉醒，醒悟
[记] 联想记忆：a + wake(醒) → 醒过来 → 醒着的；唤醒
[搭] stay awake 保持清醒；awake to sth. 察觉到，意识到

pound [paʊnd] *v.* 猛击(strike)；捣碎(mash) *n.* 磅；英镑
[记] 发音记忆："胖的" → 重达几百磅 → 磅

collapse [kəˈlæps] *v./n.* 崩溃，倒塌(crash)
[记] 联想记忆：col + lapse(滑倒) → 一出门就滑倒，真让人崩溃 → 崩溃

imprint [ɪmˈprɪnt] *vt.* 使铭记，使牢记(engrave) *n.* 印记，印痕(*trace)
[记] 联想记忆：im(进入) + print(印) → 印在内心深处 → 使铭记

underlying [ˌʌndər ˈlaɪɪŋ] *a.* 潜在的(latent); 基础的(basal)
[记] 联想记忆: under(在…下面) + lying(躺着的) → 在下面躺着的 → 潜在的

wrap [ræp] *vt.* 包装; 裹(enfold, pack)
[搭] wrap up 顺利完成

survive [sər ˈvaɪv] *vi.* 生存; 幸免, 幸存
[记] 词根记忆: sur + viv(生活) + e → 活下来 → 生存; 幸存

accumulate [əˈkjuːmjəleɪt] *v.* 积累, 积聚, 堆积(*build up, *collect)
[记] 词根记忆: ac(表加强) + cumul(堆积) + ate → 堆积; 积累

mismanage [ˌmɪs ˈmænɪdʒ] *vt.* 对…管理不善, 处理不当(mishandle)

wane [weɪn] *vi./n.* 衰退(decline)
[记] 联想记忆: 天鹅(swan)的数量逐渐减少(wane)
[搭] on the wane 衰弱, 减弱

boost [buːst] *vt.* 提高, 推进(*raise, push)
[记] 联想记忆: boo(看做 boot, 靴子) + st → 穿上靴子往高处走 → 提高

compensate [ˈkɑːmpenseɪt] *v.* 赔偿, 弥补(pay for, make up)
[记] 词根记忆: com + pens(悬挂; 花费) + ate → 全部给予花费 → 赔偿

urgent [ˈɜːrdʒənt] *a.* 急迫的, 紧迫的
[记] 词根记忆: urg(驱使) + ent(形容词后缀) → 不断驱使的 → 急迫的

categorize [ˈkætəgəraɪz] *vt.* 将…分类, 把…加以分类

invade [ɪn ˈveɪd] *v.* 侵入, 侵略(*move into, intrude); 侵扰, 打扰
[记] 词根记忆: in(进入) + vad(走) + e → 未经允许走进来 → 侵入

subsequent [ˈsʌbsɪkwənt] *a.* 随后的(*later, following); 并发的(successive)
[记] 词根记忆: sub(在…下面) + sequ(跟随) + ent → 随后的

ensconce [ɪnˈskɑːns] *vt.* 使安顿，安置

constant [ˈkɑːnstənt] *a.* 坚定的；稳定的(stable)；不变的，持续的(*consistent, continued, continuous)

[记] 词根记忆：con(共同) + stant(站立) → 站在一起 → 坚定的；不变的

[搭] constant temperature 恒温

dwarf [dwɔːrf] *n.* 侏儒，矮人 *vt.* 使显得矮小，使相形见绌(outshine) *a.* 矮小的

[搭] dwarf star 矮星

encroach [ɪnˈkroʊtʃ] *vi.* 侵占；侵蚀，蚕食(土地)

[记] 词根记忆：en(进入) + croach(=croch 钩子) → 使进入自己的钩子 → 侵占

stationary [ˈsteɪʃəneri] *a.* 静止的(immobile, still)；固定的(*fixed, immovable)

[记] 联想记忆：station(位置) + ary → 总在同一个位置的 → 静止的

leftover [ˈleftoʊvər] *n.* [常 *pl.*] 残留物；吃剩的食物

disaster [dɪˈzæstər] *n.* 灾难(*catastrophe)；彻底的失败

[记] 词根记忆：dis(离开) + aster(星星) → 星位不正，预示有灾难 → 灾难

miserable [ˈmɪzrəbl] *a.* 痛苦的(tearing, uncomfortable)；可怜的(wretched)

[记] 词根记忆：miser(同情) + able(能…的) → 能令人同情的 → 可怜的

evaluate [ɪˈvæljueɪt] *vt.* 评价，估计(assess, estimate)

[记] 词根记忆：e(出) + val(价值) + uate → 给出价值 → 评价，估计

fitness [ˈfɪtnəs] *n.* 健康

cramped [kræmpt] *a.* (空间)狭小的，狭窄的(limited)

[记] 联想记忆：在狭窄的(cramped)纸上写字显得密密麻麻的(crammed)

dump [dʌmp] *vt.* 丢弃，倾倒；抛弃；倾销

[记] 发音记忆："当铺" → 到当铺去倾销 → 倾销

eject [iˈdʒekt] *v.* 逐出(expel); 喷出(erupt)
[记] 词根记忆: e(出, 外) + ject(扔) → 扔出来 → 逐出; 喷出

reserve [rɪˈzɜːrv] *n.* 储备(物); 自然保护区 *vt.* 保留(save); 预订(book)
[记] 词根记忆: re(再, 又) + serv(保持) + e → 保留

eligible [ˈelɪdʒəbl] *a.* 符合条件的, 合格的(qualified)
[记] 词根记忆: e(出) + lig(=lect 选择) + ible(能…的) → 能被选出来的 → 合格的

ambient [ˈæmbiənt] *a.* 周围的, 周围环境的; (音乐)产生轻松氛围的
[记] 词根记忆: amb(周围) + ient → 周围的

entourage [ˈɑːnturɑːʒ] *n.* 〈总称〉随从
[记] 联想记忆: en(进入) + tour(游行) + age(集体名词后缀) → 一起游行的人 → 随从

outcry [ˈaʊtkraɪ] *n.* 大声疾呼, 强烈的抗议(protest, shout)
[记] 来自词组 cry out(大声呼喊; 强烈抗议)
[搭] outcry against/about/over 反对…

deceitful [dɪˈsiːtfl] *a.* 欺诈的

substitute [ˈsʌbstɪtuːt] *n.* 代替者, 代替品(replacement) *v.* 代替(replace)
[记] 词根记忆: sub(在…下面) + stit(站) + ute → 站在下面 → 代替

exploit [ɪkˈsplɔɪt] *vt.* 开发(tap); 利用(make use of)
[记] 词根记忆: ex(出) + plo(折叠) + it → 向外折 → 开发; 利用

associate [əˈsoʊʃieɪt] *v.* 关联(relate); 结交(*consort)
[əˈsoʊʃiət] *a.* 副的; 合伙的 *n.* 伙伴(companion, partner)
[记] 词根记忆: as(表加强) + soci(结交; 同伴) + ate → 关联; 伙伴

extent [ɪkˈstent] *n.* 程度, 范围(*magnitude, *scale, *scope)

foul [faʊl] *a.* 污秽的，肮脏的(disgusting, filthy)

[记] 联想记忆：邪恶的(foul)心灵(soul)

steady [ˈstedi] *a.* 牢固的(firm)；稳定的(constant, fixed)

[记] 联想记忆：st + eady(看做 ready，有准备的)→事先有准备，心里就有底→稳定的

fulfill [fʊlˈfɪl] *vt.* 履行，执行(perform, execute)；实现(achieve)

[记] 联想记忆：ful(看做 full，充满的) + fill(装满)→做得圆满，实现了梦想→履行；实现

primal [ˈpraɪml] *a.* 最初的(original)；主要的(chief)

[记] 词根记忆：prim(第一) + al→最初的

rouse [raʊz] *vt.* 唤起，唤醒；激起；激怒

grading [ˈɡreɪdɪŋ] *n.* 评分；等级(rank)

[记] 词根记忆：grad(步，级) + ing→评分；等级

complacence [kəmˈpleɪsəns] *n.* 自满，满足(satisfaction)

fumigate [ˈfjuːmɪɡeɪt] *vt.* 烟熏；用香熏

[记] 词根记忆：fum(烟) + ig(开动) + ate→烟熏；用香熏

occupy [ˈɑːkjupaɪ] *vt.* 占用；占据，占领(take up)

[记] 联想记忆：发生(occur)大事了，敌人占领(occupy)了该市

reveal [rɪˈviːl] *vt.* 暴露，揭露(disclose)；展现(*show)

[记] 联想记忆：re(相反) + veal(看做 veil，面纱)→除去面纱→暴露，揭露

grazing [ˈɡreɪzɪŋ] *n.* 放牧；牧场(pasture)

lasting [ˈlæstɪŋ] *a.* 持久的，永久的(permanent)

harsh [hɑːrʃ] *a.* 恶劣的(severe)；刺耳的(raspy)

[记] 联想记忆：har(看做 hard，坚硬的) + sh→态度强硬→恶劣的

outrageously [aʊtˈreɪdʒəsli] *ad.* 令人不能容忍地；肆无忌惮地

insufficient [ˌɪnsəˈfɪʃnt] *a.* 不足的，不够的(deficient)

[记] 联想记忆：in(不) + sufficient(充分的)→不足的，不够的

arduous [ˈɑːrdʒuəs] *a.* 费力的，艰巨的(laborious)

essential [ɪˈsenʃl] *a.* 基本的，本质的(substaintial)；重要的

[记] 词根记忆：ess(存在) + ential → 存在的 → 基本的，本质的

prosper [ˈprɑːspər] *vi.* 繁荣(flourish)；成功(succeed)

[记] 词根记忆：pro(在…前面) + sper(希望) → 希望就在前面 → 繁荣；成功

counterpart [ˈkaʊntərpɑːrt] *n.* 职位相当的人；相对物；副本(duplicate)

[记] 联想记忆：counter(相反地) + part(部分) → 相对物

inception [ɪnˈsepʃn] *n.* 开端，开始(*beginning, start)

[记] 词根记忆：in(进入) + cept(拿) + ion → 拿进来 → 开始

expedient [ɪkˈspiːdiənt] *n.* 权宜之计 *a.* (行动等)得当的，可取的

[记] 词根记忆：ex(外) + ped(脚) + ient → 将脚向外迈 → 权宜之计

overt [oʊˈvɜːrt] *a.* 公开的

[记] 联想记忆：covert(隐蔽的)去掉了帽子(c)就变成 overt(公开的)

noticeable [ˈnoʊtɪsəbl] *a.* 显而易见的，值得注意的(*conspicuous, outstanding, remarkable)

[记] 联想记忆：notice(注意) + able(能…的) → 值得注意的

desolate [ˈdesələt] *a.* 荒凉的(deserted)

[记] 词根记忆：de(表加强) + sol(单独) + ate → 荒凉的

cornerstone [ˈkɔːrnərstoʊn] *n.* 墙角石，奠基石；基础

[记] 组合词：corner(墙角) + stone(石) → 墙角石；基础

overgraze [ˌoʊvərˈɡreɪz] *v.* 过度放牧

Word List 18

periphery [pə'rɪfəri] *n.* 外围(circumference, boundary)
[记] 词根记忆: peri(周围) + pher(带来) + y → 带到周围 → 外围

adaptable [ə'dæptəbl] *a.* 能适应的(adaptive, flexible)
[记] 词根记忆: ad + apt(适合的) + able(能…的) → 能适应的

fray [freɪ] *v.* 磨损, 磨破(rub, fret)
[记] 联想记忆: f + ray(光线) → 时光催人老 → 磨损, 磨破

pernicious [pər'nɪʃəs] *a.* 有害的, 恶性的
[记] 词根记忆: per(完全) + nic(=noc 伤害) + ious → 具有很大的伤害性的 → 有害的

angular ['æŋgjələr] *a.* 有角的, 尖角的; 瘦骨嶙峋的

restore [rɪ'stɔːr] *vt.* 恢复; 修复(renovate)
[记] 联想记忆: re(重新) + store(储存) → 身体重新储存能量 → 恢复; 修复

defect ['diːfekt] *n.* 瑕疵(flaw); 过失
[记] 词根记忆: de(离开) + fect(做) → 没做好 → 过失

conserve [kən'sɜːrv] *vt.* 保存, 保藏(*retain, preserve)
[记] 词根记忆: con(表加强) + serv(保持) + e → 保存, 保藏

plastic ['plæstɪk] *n.* 塑料 *a.* 塑料的
[搭] plastic bags 塑料袋; plastic bead 塑料珠子

recount [rɪ'kaʊnt] *v.* 讲述, 描述(narrate); 重新清点(选票等)

shortage ['ʃɔːrtɪdʒ] *n.* 不足, 缺乏(scarcity, deficiency)
[记] 联想记忆: short(缺乏的) + age(集体名词后缀) → 不足, 缺乏

discard [dɪsˈkɑːrd] *vt.* 丢弃(reject)

[记] 联想记忆：dis(分离)+card(纸牌)→出牌，把牌扔出去→丢弃

proponent [prəˈpoʊnənt] *n.* 支持者(*supporter)；倡导者(advocate)

[记] 词根记忆：pro(在…前面)+pon(放)+ent(表人，名词后缀)→处在前面的人→倡导者

quiescent [kwiˈesnt] *a.* 静止的，寂静的；静态的

[记] 词根记忆：qui(平静的)+esc+ent→平静的状态→静止的

rectify [ˈrektɪfaɪ] *vt.* 纠正；整顿

[记] 词根记忆：rect(直的)+ify(使…)→使变直→纠正；整顿

memorize [ˈmeməraɪz] *vt.* 记住，记忆

[记] 词根记忆：memor(记忆)+ize→记住

rugged [ˈrʌɡɪd] *a.* 崎岖的(rough, uneven)；(生活)艰难的(tough)

shelter [ˈʃeltər] *n.* 掩蔽处，庇护所(harbor, shield) *vt.* 保护(guard, protect)

[记] 联想记忆：shel(看做shell，壳)+ter→像壳一样的地方→庇护所

husk [hʌsk] *n.* (果类、谷物等的)外壳，外皮(shell, outer covering) *vt.* 去壳，削皮

shroud [ʃraʊd] *vt.* 隐藏，遮蔽(conceal)

[记] 联想记忆：下大雨(pour)了，应该(should)找个地方避避(shroud)

slash [slæʃ] *v.* 砍；大幅度削减 *n.* 砍；伤痕；斜线号

[搭] slash costs 大幅度降低成本

devoid [dɪˈvɔɪd] *a.* 全无的(empty)

[记] 联想记忆：de(表加强)+void(空的)→全无的

slough [sluː] *n.* 泥坑，泥潭；绝境

[记] 联想记忆：s(音似：四)+lough(湖)→湖四周有很多泥坑→泥坑

extensive [ɪkˈstensɪv] *a.* 广大的，广阔的；广泛的

divert [daɪˈvɜːrt] *vt.* 转移；使分心(distract)；使娱乐(amuse, entertain)

[记] 词根记忆：di(离开)+vert(转)→转移

surrender [səˈrendər] *v.* 投降；放弃

[记] 联想记忆：sur(在…下面)+render(递交)→把放在下面的东西交上去→投降；放弃

absurd [əbˈsɜːrd] *a.* 可笑的，荒唐的(ridiculous)

[记] 联想记忆：ab+surd(无道理的)→不合理的→荒唐的

throw [θroʊ] *v.* 扔，抛，投(fling)

[搭] throw up 扬起，猛地举起或抬起

cast [kæst] *n.* 铸件；演员表 *vt.* 浇铸(mold)；投掷(throw)

tolerable [ˈtɑːlərəbl] *a.* 可容忍的(endurable)；尚好的

block [blɑːk] *vt.* 阻塞(back up) *n.* 大块；街区；障碍物

[搭] block up 塞住

drastic [ˈdræstɪk] *a.* 剧烈的(fierce, intense)

[记] 词根记忆：dra(驱动)+stic→剧烈的

stripe [straɪp] *n.* 条纹，斑纹

extravagant [ɪkˈstrævəgənt] *a.* (言行等)放肆的，过分的(excessive)；奢侈的，铺张的

[记] 词根记忆：extra(超过的)+vag(走)+ant→走出正常的范围→放肆的，过分的

vicinity [vəˈsɪnəti] *n.* 邻近，附近

[记] 词根记忆：vicin(邻居)+ity→邻近的地区→邻近，附近

adjoin [əˈdʒɔɪn] *v.* 紧挨，毗连(abut)

gamble [ˈgæmbl] *n./v.* 投机，冒险；赌博

[记] 联想记忆：赌博(gamble)可不只是小游戏(game)

kindle [ˈkɪndl] *v.* 点燃，使着火；激起(兴趣等)

squirt [skwɜːrt] *v.* 喷射，喷(spout, spurt)

[记] 联想记忆：往裙子(skirt)上喷(squirt)香水

aloft [ə'lɔːft] *ad.* 在高处；在空中

[记] 联想记忆：a + loft(阁楼) → 空中楼阁 → 在空中

trigger ['trɪgər] *vt.* 引发，导致(cause, kindle)

[搭] trigger a war 引发战争

coil [kɔɪl] *n.* 卷；线圈(wire) *v.* 盘绕(wind, roll)

[记] 联想记忆：c + oil(油) → 油烧开了会出现一圈一圈的波纹 → 线圈

base [beɪs] *n.* 基础，底部；基地，根据地 *vt.* 把(总部等)设在；以…为根据

[记] 词根记忆：bas(底部) + e → 基础

[搭] base on 基于…

mischievous ['mɪstʃɪvəs] *a.* 恶作剧的，淘气的；恶意的

[记] 来自 mischief(*n.* 恶作剧，淘气；恶意)

transcend [træn'send] *vt.* 超越(exceed, surpass)

[记] 词根记忆：trans(越过) + (s)cend(爬) → 超越

construction [kən'strʌkʃn] *n.* 构造(structure)；建筑物

[搭] metal-frame construction 金属框架建筑

prevailing [prɪ'veɪlɪŋ] *a.* 普遍的(*most frequent, current, universal)；流行的(popular)

[记] 来自 prevail(*vi.* 流行)

[搭] prevailing wind 盛行风 (a wind from the direction that is predominant or most usual at a particular place or season)

demolish [dɪ'mɑːlɪʃ] *vt.* 拆除(dismantle)；破坏(destroy)

[记] 词根记忆：de(表加强) + mol(磨) + ish → 完全磨成粉 → 破坏

situated ['sɪtʃueɪtɪd] *a.* 坐落在…的(located)

besiege [bɪ'siːdʒ] *vt.* 包围(surround)；使应接不暇

[记] 联想记忆：be + siege(包围) → 包围

drain [dreɪn] *n.* 下水道，排水沟；消耗(expenditure) *v.* (使)流走(flow away)

[记] 联想记忆：d(看做 dig，挖) + rain(雨水) → 挖一条排雨水的沟 → 排水沟

evacuation [ɪˌvækju'eɪʃn] *n.* 撤离(withdrawal)
[记] 词根记忆：e(出) + vacu(空的) + ation → 空出来 → 撤离

prize [praɪz] *vt.* 珍视(value) *n.* 奖品(award)；奖金(premium)

expand [ɪk'spænd] *v.* 扩张(outspread)；膨胀(swell)
[记] 词根记忆：ex(向外) + pand(张开) → 向外张开 → 扩张；膨胀

concede [kən'siːd] *v.* 承认(grant)；让步(yield)
[记] 词根记忆：con(带着) + ced(走) + e → 带着某物走 → 让步

glorious ['glɔːriəs] *a.* 壮丽的，辉煌的；光荣的

expansion [ɪk'spænʃn] *n.* 扩张；膨胀
[记] 来自 expand(*v.* 扩张；膨胀)

tract [trækt] *n.* 地域(area)；领域(field)

flag [flæg] *n.* 旗帜(banner)；标记(sign)

replace [rɪ'pleɪs] *vt.* 替换，取代(substitute)；归还
[记] 联想记忆：re(重新) + place(位置) → 重新给个位置 → 替换，取代

gigantic [dʒaɪ'gæntɪk] *a.* 巨大的，庞大无比的(*huge, *enormous)
[记] 词根记忆：gigant(=giant 巨人) + ic → 巨大的，庞大无比的

hedge [hedʒ] *n.* (矮树)树篱；防止损失的措施 *v.* 用篱笆围住；避免直接回答

rotate ['roʊteɪt] *v.* (使)转动，旋转(revolve)；(使)轮流(*alternate)
[记] 词根记忆：rot(旋转)+ate(使…)→(使)转动

infrastructure ['ɪnfrəstrʌktʃər] *n.* 基础设施
[记] 词根记忆：infra(在…下面) + struct(建造) + ure → 建在下面的 → 基础设施

severe [sɪ'vɪr] *a.* 十分严重的(serious)；严厉的(strict, harsh)；剧烈的(drastic)；艰难的(stiff)
[记] 联想记忆：曾经(ever)艰难的(severe)日子，一去不复返了

labyrinth [ˈlæbərɪnθ] *n.* 迷宫；错综复杂的事件

[记] 词根记忆：labyr(迷宫) + inth → 迷宫

vacate [vəˈkeɪt] *vt.* 腾出，空出

[记] 词根记忆：vac(空的) + ate → 腾出，空出

inviting [ɪnˈvaɪtɪŋ] *a.* 动人的，诱人的(*attractive)

ledge [ledʒ] *n.* (建筑物或岩石的)突出部分

[记] 联想记忆：l + edge(边缘) → 位于边缘处的东西 → 突出部分

distinguish [dɪˈstɪŋgwɪʃ] *v.* 区别，辨别，分清(*discriminate, differentiate)；使杰出

[记] 词根记忆：di(分开) + sting(刺) + uish → 将刺挑出来 → 区别，辨别，分清

[搭] distinguish from 区别，识别；distinguish oneself 使自己脱颖而出

lofty [ˈlɔːfti] *a.* 高耸的；崇高的；高傲的

overlook [ˌoʊvərˈlʊk] *vt.* 俯瞰；忽略(disregard, neglect)

[记] 来自词组 look over(从…上面看)

sole [soʊl] *a.* 单独的(*single, alone)；唯一的(*only, individual) *n.* 鞋底

[记] 词根记忆：sol(单独) + e → 单独的；唯一的

puncture [ˈpʌŋktʃər] *v.* 刺穿(*pierce, penetrate)；使泄气

[记] 词根记忆：punct(刺) + ure → 刺穿

restoration [ˌrestəˈreɪʃn] *n.* 恢复；翻新，修复

shovel [ˈʃʌvl] *n.* 铲，铁铲；挖掘机 *vt.* 铲

[记] 联想记忆：shove(推) + l → 把泥土推开 → 铲，铁铲

wedge [wedʒ] *n.* 楔子，楔形 *vt.* 楔入，塞入

monumental [ˌmɑːnjuˈmentl] *a.* 纪念碑的；不朽的(enduring, imperishable)

[记] 来自 monument(*n.* 纪念碑)

siege [siːdʒ] *n.* 包围；围困；封锁

ravage [ˈrævɪdʒ] *vt.* 毁坏；掠夺

[记] 词根记忆：rav(抓，拿) + age → 抢夺 → 毁坏；掠夺

bilateral [ˌbaɪˈlætərəl] *a.* 有两边的，双边的

[记] 词根记忆：bi(双，两) + later(侧面，边) + al → 双边的

versus [ˈvɜːrsəs] *prep.* 与…相对

[记] 词根记忆：vers（转）+ us → 转向我们 → 与…相对；常缩写成 vs

dam [dæm] *n.* 坝，堤

[记] 发音记忆："担" → 堤坝担负着阻隔洪水的责任 → 坝，堤

sprawl [sprɔːl] *vi.* 伸开四肢坐(或躺)；扩张，蔓延(expand, overspread) *n.* 扩张，蔓延

[记] 联想记忆：伸展四肢趴(sprawl)在地上潦草地写(scrawl)

Note

Word List 19

warehouse [ˈwerhaʊs] *n.* 仓库，货栈(storehouse)
[记] 组合词：ware(器皿) + house(房屋) → 放器皿的房屋 → 仓库

basic [ˈbeɪsɪk] *a.* 基本的，基础的(fundamental)
[搭] basic rights 基本权利

eccentric [ɪkˈsentrɪk] *a.* 古怪的，反常的(odd, abnormal) *n.* 古怪的人
[记] 词根记忆：ec(出) + centr(中心) + ic → 偏离中心的 → 古怪的，反常的

ambitious [æmˈbɪʃəs] *a.* 有雄心的，有野心的(aspiring, enterprising)
[记] 来自 ambition(*n.* 雄心，野心)

disturb [dɪˈstɜːrb] *vt.* 打扰，扰乱(upset, bother)
[记] 词根记忆：dis(分开) + turb(搅动) → 搅开了 → 扰乱

stiff [stɪf] *a.* 硬的，僵直的(rigid)；呆板的
[记] 联想记忆：长时间不动(still)手脚变得僵硬(stiff)

clench [klentʃ] *v./n.* 握紧；咬紧(牙关等)；牢牢抓住

eradicate [ɪˈrædɪkeɪt] *vt.* 根除，灭绝
[记] 词根记忆：e(出) + radic(根) + ate(使…) → 使连根拔出 → 根除

through [θruː] *prep.* 穿过，通过；从头到尾；经由，以；因为，由于 *ad.* 从头到尾，自始至终
[搭] plough through 费力地阅读；through and through 彻底，完全

chief [tʃiːf] *n.* 首领(leader, head) *a.* 主要的(*primary)；总的(total)

sprinkle [ˈsprɪŋkl] *vt.* 撒，洒，喷 *n.* 少量

appropriate [ə'proʊpriət] *a.* 适当的(suitable, becoming)
[ə'proʊprieɪt] *vt.* 拨款；占用，挪用(engross)
[记] 词根记忆：ap(向)+propr(自身的，固有的)+iate → 变为自己的 → 占用

twinkling ['twɪŋklɪŋ] *a.* 闪光的 *n.* 瞬间，一眨眼

constrain [kən'streɪn] *vt.* 束缚，限制(confine, limit)
[记] 词根记忆：con(表加强)+strain(拉紧)→使劲拉紧 → 束缚，限制

diminish [dɪ'mɪnɪʃ] *v.* 贬低(debase, devalue)；(使)变少(decrease)
[记] 词根记忆：di+mini(小)+sh →(使)变少

console [kən'soʊl] *vt.* 安慰，抚慰
[记] 词根记忆：con+sol(安慰)+e → 安慰，抚慰

formidable ['fɔːrmɪdəbl] *a.* 难对付的(*difficult, rough)；强大的(mighty, powerful)
[记] 词根记忆：formid(害怕)+able(能…的)→能令人害怕的 → 强大的

impact [ɪm'pækt] *v.* 影响(affect)；冲击，撞击
['ɪmpækt] *n.* 影响(effect)；冲击，撞击
[记] 词根记忆：im(表加强)+pact(系紧)→ 用力系紧 → 影响
[搭] impact on/upon 对…有影响

lateral ['lætərəl] *a.* 侧面的，旁边的
[记] 词根记忆：later(侧面，边)+al → 侧面的，旁边的

chaos ['keɪɑːs] *n.* 混乱(muddle, disorder)
[记] 发音记忆："吵死"→ 混乱

influential [ˌɪnflu'enʃl] *a.* 有影响力的；有权势的
[记] 来自 influence(*n./vt.* 影响)

ultimate ['ʌltɪmət] *a.* 最后的，最终的(final)；根本的(fundamental, essential) *n.* 最好的事物
[记] 词根记忆：ultim(最后)+ate → 最后的
[搭] in ultimate 到最后，结果

nominal [ˈnɑːmɪnl] *a.* 名义上的；(费用等)微不足道的
[记] 词根记忆：nomin(名称) + al → 名义上的
[搭] nominal assets 名义资产

opposite [ˈɑːpəzət] *a.* (to)对立的；相反的(contrary) *n.* 对立面；对立物

predominant [prɪˈdɑːmɪnənt] *a.* 支配的，主要的(dominant, principal)
[记] 联想记忆：pre(在…前面) + dominant(统治的) → 在前面统治的 → 支配的

ignore [ɪɡˈnɔːr] *vt.* 忽视(neglect)；不顾，不理
[记] 联想记忆：ig + nore(看做 nose，鼻子) → 翘起鼻子不理人 → 不理

section [ˈsekʃn] *n.* 部分(part, segment)；地区(region)；部门(division)
[记] 词根记忆：sect(切割) + ion → 部分

disclose [dɪsˈkloʊz] *vt.* 泄露，透露；揭发
[记] 词根记忆：dis(不) + clos(关闭) + e → 不关闭 → 泄露

command [kəˈmænd] *n./v.* 命令(order)；指挥，统率(bid, govern, control)
[记] 词根记忆：com(表加强) + mand(命令) → 命令；指挥

submission [səbˈmɪʃn] *n.* 屈服，服从；提交，呈递；恭顺

associative [əˈsoʊʃiətɪv] *a.* 联想的；结合的；关联的

evidence [ˈevɪdəns] *n.* 证据(proof)；迹象；根据(basis) *vt.* 证明(*indicate)
[记] 词根记忆：e + vid(看见) + ence → 看见的人或物 → 证据；迹象

tension [ˈtenʃn] *n.* 紧张(stress)；拉紧(tightness)；张力
[记] 词根记忆：tens(伸展) + ion → 伸展出的状态 → 拉紧
[搭] tension spring 拉伸弹簧

untamed [ˌʌnˈteɪmd] *a.* 难驾驭的(wild)
[记] 联想记忆：un + tame(驯服) + d → 未驯服的 → 难驾驭的

superior [suːˈpɪriər] *a.* (级别、地位等)较高的;(质量、价值等)更好的
[记] 词根记忆:super(在…上面)+ior→较高的

indifference [ɪnˈdɪfrəns] *n.* 冷漠,不关心(disinterest)
[记] 来自 indifferent(*a.* 不关心的,冷漠的)

uppermost [ˈʌpərmoʊst] *a.* 最高的
[记] 组合词:upper(较高的)+most(最)→最高的

candid [ˈkændɪd] *a.* 坦白的,率直的,直言不讳的
[记] 词根记忆:cand(白色)+id→坦白的

righteous [ˈraɪtʃəs] *a.* 正直的;公正的

supreme [suːˈpriːm] *a.* 至高无上的(*most outstanding)
[记] 词根记忆:supre(=super 在…上面)+me→在最上面的→至高无上的
[搭] supreme court 最高法院

detract [dɪˈtrækt] *v.* 减损;贬低
[记] 词根记忆:de(向下)+tract(拉)→向下拉→贬低

predominate [prɪˈdɑːmɪneɪt] *vi.* 统治,支配,占优势
[记] 联想记忆:pre(在…前面)+dominate(统治)→处于统治地位→占优势

state [steɪt] *n.* 情况(condition, situation);国家(nation);州 *v.* 陈述(express)

eliminate [ɪˈlɪmɪneɪt] *vt.* 消除(*eradicate, remove);淘汰
[记] 词根记忆:e(出)+limin(界限)+ate→划在界限之外→消除;淘汰

mercy [ˈmɜːrsi] *n.* 宽恕(*condone);仁慈(sympathy)
[搭] at the mercy of 受…支配

initial [ɪˈnɪʃl] *a.* 开始的,最初的 *n.* 词首大写字母
[记] 词根记忆:in(向内)+it(走)+ial→开始的,最初的

staggered [ˈstæɡərd] *a.* 交错的(interlaced)

integrity [ɪnˈteɡrəti] *n.* 正直(honesty);完整
[记] 词根记忆:in(不)+tegr(触摸)+ity→未被触摸→正直;完整

disturbance [dɪˈstɜːrbəns] *n.* 打扰(interference)；骚动(stir)

[记] 词根记忆：dis(分开)＋turb(搅动)＋ance→搅开→打扰

minor [ˈmaɪnər] *a.* 较小的(lesser)；次要的(inferior, subordinate)

[记] 词根记忆：min(小)＋or→较小的；次要的

bewilder [bɪˈwɪldər] *vt.* 使迷惑，使不知所措

[记] 联想记忆：be＋wild(荒野的)＋er→迷失荒野→使迷惑

huddle [ˈhʌdl] *vi.* 聚集在一起(crowd together)

[记] 联想记忆：聚在一起(huddle)处理(handle)问题

stiffen [ˈstɪfn] *v.* (使)变僵硬；(使)变坚定

assemble [əˈsembl] *v.* 集合(gather)；装配(fit together)

[记] 词根记忆：as(接近)＋sembl(一样，相等)＋e→使接近一样→集合

backup [ˈbækʌp] *n.* 后援

integrate [ˈɪntɪgreɪt] *v.* (使)合并，(使)成为一体

[记] 词根记忆：in(不)＋tegr(触摸)＋ate→未被触摸→(使)成为一体

superb [suːˈpɜːrb] *a.* 极好的，高质量的

allegiance [əˈliːdʒəns] *n.* 忠诚，忠贞，效忠(loyalty, fidelity, devotion)

[记] 词根记忆：al(向)＋leg(法律)＋iance→朝向法律→忠诚

respective [rɪˈspektɪv] *a.* 分别的，各自的

[记] 词根记忆：re＋spect(看)＋ive→从各个方向看→分别的

inhibit [ɪnˈhɪbɪt] *vt.* 阻碍，抑制(*hinder)

[记] 词根记忆：in(不)＋hib(拥有)＋it→使不能拥有→阻碍，抑制

spread [spred] *v./n.* 展开(unfold, extend)；蔓延(sprawl)；散布(distribute)

[记] 联想记忆：在大街上散布(spread)传单给人们阅读(read)

ambush [ˈæmbʊʃ] *n./vt.* 埋伏，伏击

[记] 联想记忆：am(上午) + bush(灌木丛) → 一上午躲在灌木丛里 → 埋伏

baffle [ˈbæfl] *vt.* 使困惑，难住

[记] 联想记忆：战役(battle)开始，一向忠诚的 tt 反戈，让人困惑(baffle) → 使困惑

combat [ˈkɑːmbæt] *n./vt.* 格斗，战斗(conflict, battle)

[记] 词根记忆：com(共同) + bat(打，击) → 共同打 → 战斗

subdue [səbˈduː] *vt.* 制服，征服(conquer)；抑制，克制(感情等)

[记] 联想记忆：sub(在…下面) + due(音似：丢) → 打得敌人丢盔弃甲 → 制服，征服

applaud [əˈplɔːd] *v.* 鼓掌，喝彩(acclaim, cheer)；称赞(praise)

[记] 词根记忆：ap(表加强) + plaud(击，打) → 双手用力击打 → 鼓掌，喝彩

prosperity [prɑːˈsperəti] *n.* 繁荣，兴旺(boom)

responsible [rɪˈspɑːnsəbl] *a.* 有责任感的，负责的

[记] 词根记忆：re(再，又) + spons(承诺，约定) + ible(能…的) → 能一再遵守承诺的 → 负责的

affect [əˈfekt] *vt.* 影响(influence)；感染

[记] 词根记忆：af(表加强) + fect(做) → 反复做就会有影响 → 影响

conquer [ˈkɑːŋkər] *vt.* 战胜，征服；克服

[记] 词根记忆：con(全部) + quer(寻求) → 全部寻求到 → 征服

intrusion [ɪnˈtruːʒn] *n.* 侵扰，干扰；侵犯

[搭] intrusion into/on/upon 侵入，干涉

despoil [dɪˈspɔɪl] *vt.* 夺取，掠夺(pillage)；蹂躏

[记] 联想记忆：de(表加强) + spoil(损坏) → 完全损坏 → 蹂躏

[搭] despoil sb. of rights 剥夺某人的权利

succumb [sə'kʌm] *vi.* 屈服，屈从；(因…)死亡

[记] 词根记忆：suc(在…下面)+cumb(躺)→躺在下面，不再起来→(因…)死亡

evacuate [ɪ'vækjueɪt] *v.* 疏散，撤离

[记] 词根记忆：e(出)+vacu(空的)+ate→往外搬空→疏散

apparent [ə'pærənt] *a.* 显然的，明显的(*obvious, *evident, *detectable)

[记] 联想记忆：ap+parent(父母)→父母对儿女的爱是显而易见的→显然的

incursion [ɪn'kɜːrʒn] *n.* 袭击，入侵(raid)；介入

quell [kwel] *vt.* 制止，镇压；缓解，减轻(mollify)

explosion [ɪk'sploʊʒn] *n.* 爆炸(blast)，爆发；激增

[记] 来自 explode(*v.* (使)爆炸；激增)

[搭] a huge explosion 大爆炸

invasive [ɪn'veɪsɪv] *a.* 入侵的，侵略的；侵犯的；开刀的

[记] 词根记忆：in(进入)+vas(走)+ive→未经许可进入的→入侵的

[搭] invasive surgery 开刀手术

maneuver [mə'nuːvər] *v.* 操纵(manipulate) *n.* 策略(tactic, strategy)；花招(trick)

[记] 词根记忆：man(手)+eu+ver(工作)→用手来做→操纵

fortify ['fɔːrtɪfaɪ] *vt.* 筑防御工事于；加强，增强

[记] 词根记忆：fort(强大)+ify(使…)→使强大→加强

threat [θret] *n.* 恐吓，威胁；坏兆头，危险迹象(hazard)

[搭] threat of disease 疾病的威胁

manipulate [mə'nɪpjuleɪt] *vt.* 操作，利用(handle, use)

[记] 词根记忆：mani(手)+pul(拉)+ate→用手拉→操作，利用

array [ə'reɪ] *n.* 一系列(series)

[记] 联想记忆：ar+ray(光线)→像光线一样→一系列

Word List 20

officious [əˈfɪʃəs] *a.* 爱发号施令的，爱指手画脚的

[记] 词根记忆：of(在路上) + fic(做) + ious → 挡在路上的 → 爱指手画脚的

repel [rɪˈpel] *vt.* 驱除；排斥(exclude)

[记] 词根记忆：re(向后) + pel(推) → 向后推 → 驱除；排斥

oppose [əˈpoʊz] *v.* 反对，对抗(object, resist)

[记] 词根记忆：op(反) + pos(放) + e → 反着放 → 反对，对抗

deploy [dɪˈplɔɪ] *vt.* 部署，调度(军队等)；利用

[记] 联想记忆：de(表加强) + ploy(策略) → 运用策略 → 利用

integral [ˈɪntɪgrəl] *a.* 构成整体所必需的，不可或缺的(*fundamental)；完整的

[记] 词根记忆：in(不) + tegr(触摸) + al → 未被触摸的 → 完整的

outbreak [ˈaʊtbreɪk] *n.* 发作；爆发(eruption, explosion, outburst)

[记] 来自词组 break out(突发，爆发)

[搭] the outbreak of war 战争爆发

assembly [əˈsembli] *n.* 集会；装配，安装

[搭] assembly line 装配线；assembly room (供会议、社交活动等用的)礼堂

militant [ˈmɪlɪtənt] *a.* 好战的，好斗的

[记] 词根记忆：milit(军事，打斗)+ant→好战的

outrage [ˈaʊtreɪdʒ] *vt.* 激怒 *n.* 暴行；愤慨

quash [kwɔːʃ] *vt.* 撤销，废止；镇压；平息

[记] 词根记忆：qu + ash(灰) → 使成灰 → 平息

regiment [ˈredʒɪmənt] *n.* 团

[记] 词根记忆：reg(统治)+iment→统治的一群人→团

babble [ˈbæbl] *v.* 胡言乱语；喋喋不休

scuffle [ˈskʌfl] *vi./n.* 扭打，混战

consult [kənˈsʌlt] *v.* 请教；商议(counsel, confer)；参考，翻阅(refer to)

[记] 联想记忆：不顾他人的侮辱(insult)，不耻请教(consult)

bounce [baʊns] *v.* (使)弹起，(使)反弹 *n.* 弹跳；反弹力

[记] 联想记忆：弹跳(bounce)起来掀翻一盎司(ounce)酒

turbulent [ˈtɜːrbjələnt] *a.* 动乱的(disorderly)；狂暴的，汹涌的(violent)

[记] 词根记忆：turb(搅动)+ul+ent→搅动得厉害→动乱的；汹涌的

slice [slaɪs] *vt.* 把…切成片(cut) *n.* 薄片(flake)；部分(segment)

[记] 联想记忆：sl+ice(冰块)→把冰块切碎→把…切成片

immerse [ɪˈmɜːrs] *vt.* 使浸没；使沉浸于，使陷入

[记] 词根记忆：im(内)+mers(浸没)+e→向内浸→使浸没；使沉浸于

ambivalent [æmˈbɪvələnt] *a.* 对立的，矛盾的

[记] 词根记忆：ambi(双方的)+val(力量)+ent→双方都有力量的→对立的，矛盾的

afoul [əˈfaʊl] *ad.* 相抵触地，有冲突地

mobile [moʊˈbiːl] *a.* 可移动的(movable)；多变的(changeable)

[记] 词根记忆：mob(动)+ile→可移动的

spot [spɑːt] *n.* 地点(position)；斑点(dot) *v.* 认出，发现(*identify, recognize)

[搭] on the spot 当场，在现场

previous [ˈpriːviəs] *a.* 先的，在前的(*past, preceding)

[记] 词根记忆：pre(在…前面) + vi(道路) + ous → 走路走在前面的 → 在前的

restraint [rɪˈstreɪnt] *n.* 抑制，限制(limitation)

[记] 来自 restrain(*vt.* 抑制，限制)

extort [ɪkˈstɔːrt] *vt.* 勒索，敲诈，强夺

[记] 词根记忆：ex(出) + tort(扭曲) → 扭曲使出来 → 强夺

beneficent [bɪˈnefɪsnt] *a.* 有益的；受益的；行善的

opposed [əˈpoʊzd] *a.* 反对的(opposite)

turmoil [ˈtɜːrmɔɪl] *n.* 骚动，混乱(disorder, turbulence)；焦虑

bind [baɪnd] *v.* 捆绑(tie, fasten)；(使)结合；装订

[记] 发音记忆："绑的" → 捆绑；装订

anchor [ˈæŋkər] *vt.* 紧固，使固定(fix) *n.* 锚

forward [ˈfɔːrwərd] *ad.* 向前 *a.* 向前的；前部的；进步的 *v.* 转交，转递

[搭] look forward to (doing) sth. 期盼…

explode [ɪkˈsploʊd] *v.* (使)爆炸(burst)；激增

[记] 联想记忆：野外探险(explore)时遭遇爆炸(explode)

penetrate [ˈpenətreɪt] *v.* 刺穿(*go through, pierce)；渗透；洞察

restrict [rɪˈstrɪkt] *vt.* 限制，约束(limit, restrain)

[记] 联想记忆：re(再，又) + strict(严格的) → 一再对人严格 → 限制，约束

commit [kəˈmɪt] *vt.* 承诺(promise)；犯(错)

[记] 词根记忆：com(共同) + mit(送) → 共同送出 → 承诺

[搭] commit crimes 犯罪

retain [rɪˈteɪn] *vt.* 保持，保留(keep)

[记] 词根记忆：re(再，又) + tain(拿) → 一再拿住 → 保持，保留

behave [bɪˈheɪv] *v.* 行为，表现(conduct)
[记] 联想记忆：be + have(有) → 所拥有的 → 行为，表现

suppress [səˈpres] *vt.* 抑制，阻止(repress)
[记] 词根记忆：sup(向下) + press(压) → 向下压 → 抑制，阻止

acquiesce [ˌækwiˈes] *vi.* 默许，默认
[记] 词根记忆：ac(表加强) + qui(安静的) + esce → 变得非常安静 → 默许，默认

bestow [bɪˈstoʊ] *vt.* 赠与，授予，献给
[记] 联想记忆：best(最好的) + ow(看做 own，拥有) → 把自己所拥有的最好的拿出来 → 献给

exhort [ɪɡˈzɔːrt] *vt.* 劝告，规劝，告诫
[记] 词根记忆：ex(表加强) + hort(催促) → 强烈地催促 → 劝告

spur [spɜːr] *n.* 刺激(物)；激励；马刺 *vt.* 刺激，促进(urge, provoke)
[记] 联想记忆：美国 NBA 的马刺队 Spurs

blink [blɪŋk] *v./n.* 眨眼
[记] 联想记忆：b + link(连接) → 用眨眼睛来联络感情 → 眨眼

care [ker] *n.* 小心，谨慎(caution)；关怀，操心，照料 *v.* 关心；介意(mind)
[搭] care for 喜欢；照顾

deceive [dɪˈsiːv] *v.* 欺骗(trick)
[记] 词根记忆：de(分离) + ceiv(拿，抓) + e → 拿走 → 欺骗

scourge [skɜːrdʒ] *n.* 鞭子；祸害 *vt.* 鞭笞；使受苦，折磨
[记] 联想记忆：要有足够的勇气(courage)，才能面对生活的折磨(scourge)

deception [dɪˈsepʃn] *n.* 骗局；诡计；欺骗，欺诈
[记] 词根记忆：de(分离) + cept(拿，抓) + ion → 拿走 → 欺骗

pique [piːk] *vt.* 激怒(provoke)；激起(arouse)

[记] 词根记忆：piq(矛)+ue → 用矛挑起不快 → 激怒

[搭] pique one's interest/curiosity 激起某人的兴趣/好奇心

forestall [fɔːrˈstɔːl] *vt.* 预防，预先阻止

[记] 联想记忆：fore(在…前面)+stall(拖延) → 在前面拖延时间 → 预防

entreat [ɪnˈtriːt] *v.* 乞求，恳求

[记] 词根记忆：en(在…里面)+treat(拉) → 在里面拉 → 乞求

insist [ɪnˈsɪst] *v.* 坚持要求(demand)；坚决主张

[记] 词根记忆：in(在…里面)+sist(站) → 一直站在里面 → 坚决主张

[搭] insist on 坚持

fake [feɪk] *n.* 假货；骗子 *a.* 冒充的 *v.* 伪造；伪装

[记] 联想记忆：打击造(make)假(fake)

sustain [səˈsteɪn] *vt.* 保持，维持(生命等)(*support, maintain)

[记] 词根记忆：sus(在…下面)+tain(拿住) → 保持，维持

break [breɪk] *v.* 打破，折断，破碎；使中止，打断；破坏，违反 *n.* 打断，中止；休息时间

[搭] break in 强行进入

grovel [ˈgrɑːvl] *vi.* 摇尾乞怜，奴颜婢膝

[记] 联想记忆：居然为了一双手套(glove)摇尾乞怜(grovel)

implore [ɪmˈplɔːr] *v.* 哀求，恳求(supplicate)

[记] 词根记忆：im(表加强)+plor(流泪，哭泣)+e → 伤心地流泪 → 哀求

speckle [ˈspekl] *n.* 斑点，色斑 *v.* 弄上斑点；点缀

brighten [ˈbraɪtn] *v.* (使)快活起来；(使)有希望

flap [flæp] *n.* 拍打 *v.* (使)摆动(sway)；拍打(lap)

[记] 联想记忆：f(看做 fly，飞)+lap(拍打) → 鸟儿飞的时候拍打着翅膀 → 拍打

rigid [ˈrɪdʒɪd] *a.* 严格的(strict); 硬的,不易弯曲的(stiff)
[记] 词根记忆: rig(拉紧) + id → 用力拉紧 → 严格的

initiate [ɪˈnɪʃieɪt] *vt.* 开始(*begin)
[记] 词根记忆: in(向内) + it(走) + iate → 向内走 → 开始

mock [mɑːk] *v.* 嘲笑(ridicule)
[记] 联想记忆: 和尚(monk)没头发常受到嘲笑(mock)

persist [pərˈsɪst] *vi.* 坚持(stick to); 持续(*continue)
[记] 词根记忆: per(始终) + sist(站立) → 始终站着 → 坚持; 持续

simplify [ˈsɪmplɪfaɪ] *vt.* 简化,使简单,使单纯
[记] 来自 simpl(e)(*a.* 简单的)

draw [drɔː] *vt.* 吸引,招引(attract, entice)

rely [rɪˈlaɪ] *vi.* 依赖,依靠(depend); 信赖,信任
[记] 联想记忆: re(一再) + ly(音似: lie"撒谎") → 又撒谎了,不值得信赖 → 信赖
[搭] rely on 信任; 依赖,指望

feign [feɪn] *vt.* 装作,假装; 伪造,杜撰
[记] 联想记忆: 设计(design)伪造(feign)品

sanction [ˈsæŋkʃn] *v.* 同意,许可 *n.* 同意,许可; 约束力
[记] 词根记忆: sanct(神圣的) + ion → 神圣之物,原指教会的法令,后引申为"同意,许可"

repress [rɪˈpres] *vt.* 克制,抑制; 镇压,压制
[记] 词根记忆: re(向后) + press(压) → 向后压 → 镇压,压制

grill [ɡrɪl] *vt.* 烧烤; 拷问,盘问 *n.* 烤架

sponsor [ˈspɑːnsər] *n.* 发起者; 赞助人(benefactor, patron) *vt.* 主办; 赞助(patronize)
[记] 联想记忆: spons(音似: 四帮四) + or → 以四帮四的形式资助别人 → 赞助

deliberate [dɪˈlɪbərət] *a.* 审慎的,深思熟虑的(*careful, cogitative)
[记] 词根记忆: de(表加强) + liber(权衡) + ate → 反复权衡 → 审慎的

toady [ˈtoʊdi] *v.* 谄媚，奉承 *n.* 谄媚者，马屁精

[记] 联想记忆：今天(today)碰到一个马屁精(toady)

rebel [rɪˈbel] *vi.* 造反 [ˈrebl] *n.* 叛逆者

volunteer [ˌvɑːlənˈtɪr] *n.* 志愿者；志愿军 *v.* 自愿做 *a.* 志愿的，义务的

[记] 词根记忆：volunt(意愿) + eer → 志愿者

disparate [ˈdɪspərət] *a.* 迥然不同的

[记] 词根记忆：dis(不) + par(相等) + ate → 不相等的 → 迥然不同的

pretext [ˈpriːtekst] *n.* 借口，托词

[记] 联想记忆：pre(在…前面) + text(文本) → 预先想好的说法 → 借口

abandon [əˈbændən] *vt.* 离弃，放弃(desert)

[记] 联想记忆：a + band(乐队) + on → 乐队解散，放弃演出 → 放弃

scoff [skɔːf] *vi.* (at)嘲笑，讥笑

contemplate [ˈkɑːntəmpleɪt] *v.* 思量，沉思；注视；打算

[记] 联想记忆：con + templ(看做 temple，寺庙) + ate → 庙里的和尚常常打坐 → 思量，沉思

violent [ˈvaɪələnt] *a.* 暴力的(forcible)

dissent [dɪˈsent] *vi.* 持异议

[记] 词根记忆：dis(分离) + sent(送) → 往不同的地方送 → 持异议

fort [fɔːrt] *n.* 要塞，堡垒(stronghold)

[记] 联想记忆：在重要港口(port)建堡垒(fort)

persistent [pərˈsɪstənt] *a.* 坚持的，百折不挠的；持续的

squabble [ˈskwɑːbl] *n.* 口角，争吵(quarrel) *vi.* 发生口角

compliment [ˈkɑːmplɪment] *vt.* 赞美，称赞

[ˈkɑːmplɪmənt] *n.* 赞美(praise)；[常 *pl.*] 问候(regards)

[记] 词根记忆：com(共同) + pli(满，填满) + ment → 一起满足某人的愿望 → 赞美

rinse [rɪns] *vt.* (用清水)冲洗

[记] 联想记忆：rin(看做 rain，雨) + se → 雨水冲刷着地面 → (用清水)冲洗

Word List 21

courteous [ˈkɜːrtiəs] *a.* 谦恭的，有礼貌的

[记] 联想记忆：court(向…献殷勤) + eous → 谦恭的

encourage [ɪnˈkɜːrɪdʒ] *v.* 鼓励，激励(*urge, stimulate)；促进，激发

[记] 联想记忆：en(使…) + courage(精神) → 使有精神 → 鼓励；促进

punch [pʌntʃ] *vt.* 穿孔；重击 *n.* 猛击；打孔机

dispel [dɪˈspel] *vt.* 驱散

[记] 词根记忆：dis(分离) + pel(推) → 往不同的方向推 → 驱散

engulf [ɪnˈɡʌlf] *vt.* 吞没(merge)

[记] 联想记忆：en(进入) + gulf(海湾；深渊) → 进入深渊 → 吞没

slacken [ˈslækən] *v.* (使)松弛，放松；放慢

accurate [ˈækjərət] *a.* 正确无误的，精确的(*precise, exact)

[记] 词根记忆：ac(表加强) + cur(注意，关心) + ate → 不断关心，使之正确无误 → 正确无误的，精确的

compose [kəmˈpoʊz] *v.* 创作(*create, devise)；组成(make up, constitute)；使安定(calm, pacify)

[记] 词根记忆：com(共同) + pos(放) + e → 放到一起 → 组成

flick [flɪk] *v.* 轻拍；(快速地)移动 *n.* 轻拍；浏览

[搭] flick through 浏览，草草翻阅

strike [straɪk] *v.* 打，敲(hit, smack)；侵袭(attack) *n.* 罢工(walkout)

attract [əˈtrækt] *vt.* 吸引(*lure, *draw)

[记] 词根记忆：at + tract(拉) → 拉过来 → 吸引

thorough [ˈθɜːroʊ] *a.* 彻底的(exhaustive); 详尽的(elaborate); 一丝不苟的(careful)

dual [ˈduːəl] *a.* 双的，二重的

[记] 词根记忆：du(二，双)+al→双的

flourish [ˈflɜːrɪʃ] *vi.* 繁荣，茂盛(*thrive, boom)

[记] 词根记忆：flour(=flor 花)+ish→像花一样绽放→繁荣，茂盛

encase [ɪnˈkeɪs] *vt.* 包住(*embed)

[记] 联想记忆：en(进入)+case(容器)→被装入容器→包住

tragic [ˈtrædʒɪk] *a.* 悲惨的(miserable); 悲剧的

[记] 联想记忆：t+rag(破旧衣服)+ic→穿着破旧衣服过着悲惨的日子→悲惨的

rape [reɪp] *vt./n.* 强奸；肆意破坏

apportion [əˈpɔːrʃn] *vt.* 分配(allot, distribute)

[记] 词根记忆：ap+portion(部分)→分成部分→分配

enclose [ɪnˈkloʊz] *vt.* 围住；把…装入(信封、包裹等)

[记] 词根记忆：en(进入)+clos(关闭)+e→关闭在里面→围住

dispersal [dɪˈspɜːrsl] *n.* 疏散；散布，散开

[记] 词根记忆：di(分开)+spers(散播)+al→分散开→疏散；散布

prolong [prəˈlɔːŋ] *vt.* 拉长，延长

[记] 词根记忆：pro(向前)+long(长的)→向前变长→拉长

admit [ədˈmɪt] *v.* 承认(confess); 接纳(*let in)

[记] 词根记忆：ad(向，往)+mit(送)→往里送→接纳

glitter [ˈglɪtər] *vi.* 闪烁，闪耀 *n.* 灿烂的光辉；诱惑力

[记] 联想记忆：g+litter(看做 little，小的)→一闪一闪小星星→闪烁

batch [bætʃ] *n.* 一批，一组，一群；一批生产量

drill [drɪl] *v.* 钻(孔)，打眼(bore)；训练(practice) *n.* 钻(孔)；训练
[记] 联想记忆：dr + ill(生病的) → 生病了还坚持训练 → 训练

squander [ˈskwɑːndər] *vt.* 浪费，挥霍
[记]联想记忆：squand(看做 squad，军队) + er → 军队杜绝浪费 → 浪费

pure [pjʊr] *a.* 纯洁的(chaste, virgin)；纯净的(clean)；完全的(absolute)

exert [ɪɡˈzɜːrt] *vt.* 运用，行使；施加影响(*cause, *influence)
[记] 词根记忆：ex(出，外) + ert(=sert 放置) → 把力量放出去 → 施加影响

deficiency [dɪˈfɪʃnsi] *n.* 不足，缺乏(lack)
[记] 来自 deficient(*a.* 不足的，缺乏的)
[搭] deficiency symptom 营养缺乏症状

criss-cross [ˈkrɪsˌkrɔːs] *v.* 交叉往来 *a.* 纵横交错的

falter [ˈfɔːltər] *v.* 衰退，衰落；结巴地说；蹒跚

angle [ˈæŋɡl] *n.* 角；角度，立场；观点(viewpoint)
[记] 词根记忆：angl(角) + e → 角；角度

opportunity [ˌɑːpərˈtuːnəti] *n.* 机会，时机(chance, occasion, possibility)

interweave [ˌɪntərˈwiːv] *v.* 交织，编结

contradict [ˌkɑːntrəˈdɪkt] *v.* 反驳(rebut, refute)；同…矛盾，相抵触
[记] 词根记忆：contra(反) + dict(说话；断言) → 说反话 → 反驳

deserve [dɪˈzɜːrv] *v.* 应得，值得(be entitled to, merit)
[记] 词根记忆：de + serv(服务) + e → 花钱享受应得的服务 → 应得，值得

ensue [ɪnˈsuː] *vi.* 继而发生，接着发生
[记] 联想记忆：确保(ensure)了的事情就会接着发生(ensue)

notify [ˈnoʊtɪfaɪ] *vt.* 通报(inform)

[记] 词根记忆：not(知道) + ify(使…) → 使…知道 → 通报

drag [dræg] *v.* 拖动(pull, tow, haul)

[记] 本身是词根，意为"拉"

acquaint [əˈkweɪnt] *vt.* 使认识(inform, introduce)；使熟悉(familiarize)

[记] 词根记忆：ac + quaint(知道) → 使熟悉

violate [ˈvaɪəleɪt] *vt.* 违背；亵渎；侵犯，干扰

forsake [fərˈseɪk] *vt.* 放弃，抛弃

[记] 联想记忆：for(为了) + sake(理由) → 年轻的妈妈出于某种无奈的理由不得不抛弃了她的婴儿 → 抛弃

puritanical [ˌpjʊrɪˈtænɪkl] *a.* 极守道德的

[记] 联想记忆：puritan(清教徒) + ical → 如清教徒的 → 极守道德的

transfer [trænsˈfɜːr] *v.* 转移(move)；转学；换乘

[ˈtræsfɜːr] *n.* 转移；转学；换乘

[记] 词根记忆：trans(穿过，越过) + fer(带来) → 从一地带到另一地 → 转移

unconsolidated [ˌʌnkənˈsɑːlɪdeɪtɪd] *a.* 松散的，疏松的(loose)

smoothly [ˈsmuːðli] *ad.* 顺利地(successfully)；平稳地

delicate [ˈdelɪkət] *a.* 易损的(fragile)；微妙的(subtle)；精巧的(exquisite)

elongate [ɪˈlɔːŋgeɪt] *v.* 延长，伸长(lengthen, extend)

[记] 词根记忆：e(外，出) + long(长的) + ate(动词后缀) → 使向外变长 → 伸长

adopt [əˈdɑːpt] *v.* 采用(embrace)；收养，领养

[记] 词根记忆：ad + opt(选择) → 采用

crack [kræk] *v.* (使)破裂，断裂(break)；崩溃，瓦解

n. 裂缝，裂纹(split)

[搭] crack down (on...) 镇压，严厉打击

liberal [ˈlɪbərəl] *a.* 自由的；慷慨的；丰富的

[记] 词根记忆：liber(自由的) + al → 自由的

disinterest [dɪsˈɪntrəst] *n.* 无兴趣，冷漠；客观，公正

fasten [ˈfæsn] *v.* 强加于(impose)；使固定(fix)；系(tie)

ponderous [ˈpɑːndərəs] *a.* 笨重的(*heavy)；沉闷的(dull)
[记] 联想记忆：ponder(音似：胖的)+ous→笨重的

improve [ɪmˈpruːv] *v.* 改善，改进，增进；好转，进步

sharply [ˈʃɑːrpli] *ad.* 急剧地(dramatically)

mantle [ˈmæntl] *n.* 覆盖物(cloak)；斗篷；【地】地幔；【解】大脑皮层 *vt.* 覆盖

exception [ɪkˈsepʃn] *n.* 除外，例外
[搭] without exception 无一例外；with the exception of 除…之外

generate [ˈdʒenəreɪt] *vt.* 产生(produce)；引起(*cause)
[记] 词根记忆：gen(产生)+er+ate→产生；引起

lavish [ˈlævɪʃ] *a.* 大方的；过分丰富的；浪费的
[记] 词根记忆：lav(冲洗)+ish→花钱如流水→浪费的

harmonious [hɑːrˈmoʊniəs] *a.* 协调的；和睦的

throng [θrɔːŋ] *n.* 一大群人 *v.* 群集，拥向
[搭] throng with 挤满

downside [ˈdaʊnsaɪd] *n.* 缺点，负面

entrenched [ɪnˈtrentʃt] *a.* 确立的；(观念等)根深蒂固的(established, ingrained, rooted)

inform [ɪnˈfɔːrm] *vt.* 通知；告诉
[记] 联想记忆：in(进入)+form(形式)→进入形式，公告于众→通知

secure [səˈkjʊr] *vt.* 获得(*acquire, *obtain)；使安全 *a.* 安全的，有保障的(*safe)；可靠的
[记] 联想记忆：se(看做 see，看)+cure(治愈)→亲眼看到治愈，确定其是安全的→安全的

mention [ˈmenʃn] *v.* 提及，说起(remark)
[搭] not to mention 且不说

practical [ˈpræktɪkl] *a.* 实用的；现实的(realistic)

overall [ˌoʊvər ˈɔːl] *a.* 全面的，综合的
[ˈoʊvərɔːl] *n.* (套头)工作服，工装裤
[记] 组合词：over(从头到尾) + all(所有的) → 全面的，综合的

affiliate [əˈfɪliət] *n.* 分公司 [əˈfɪlieɪt] *vt.* 使隶属于
[记] 词根记忆：af(近) + fil(儿子) + iate → 几乎形成父子关系 → 使隶属于

listless [ˈlɪstləs] *a.* 倦怠的，无精打采的(downhearted)
[记] 联想记忆：list(名单) + less(无) → 榜上无名所以无精打采 → 无精打采的

pipe [paɪp] *n.* 管子(tube, hose)

interrupt [ˌɪntəˈrʌpt] *v.* 打扰；中断；阻碍(hinder)
[记] 词根记忆：inter(在…之间) + rupt(断裂) → 在中间断裂 → 中断；阻碍

elapse [ɪˈlæps] *vi.* (时间)消逝，流逝
[记] 词根记忆：e(外) + laps(掉) + e → 向外掉落 →(时间)消逝

stumble [ˈstʌmbl] *vi.* 绊脚；蹒跚而行；(说话等时)结巴
[搭] stumble across/on/upon 意外发现，偶然遇见；stumble into 无意间涉足

coax [koʊks] *v.* 劝诱，哄骗
[记] 联想记忆：co + ax(看做 axe，斧头) → 用斧头逼人就范 → 劝诱

liberate [ˈlɪbəreɪt] *vt.* 解放；释放(*discharge, release)
[记] 词根记忆：liber(自由的) + ate(使…) → 使自由 → 解放；释放

preserve [prɪˈzɜːrv] *vt.* 保护(*protect)；维护；保存
[记] 联想记忆：pre(在…前面) + serve(服务) → 提前提供服务 → 保护；保存

ongoing [ˈɑːngoʊɪŋ] *a.* 正在进行的

augment [ɔːgˈment] *vt.* 增加，提高(enhance, increase)
[记] 词根记忆：aug(增加) + ment → 增加，提高

主题词汇

文学与艺术

abstract [ˈæbstrækt] *a.* 抽象的(unconcrete); 抽象派的(nonrepresentational) *n.* 摘要，梗概
[记] 词根记忆: abs + tract(拉) → 抽象的

accompany [əˈkʌmpəni] *vt.* 为…伴奏; 陪伴(attend)
[记] 联想记忆: ac(表加强) + company(同伴; 陪伴) → 陪伴

accordion [əˈkɔːrdiən] *n.* 手风琴

acting [ˈæktɪŋ] *n.* 演戏，表演 *a.* 代理的(representative)

aesthetic [esˈθetɪk] *a.* 美学的; 审美的
[记] 词根记忆: (a)esthet(感觉) + ic(形容词后缀) → 美感的 → 美学的; 审美的

affection [əˈfekʃn] *n.* 喜爱(fondness); 影响(influence); [常 *pl.*] 感觉
[记] 来自 affect(*v.* 影响; 感染)

ambience [ˈæmbiəns] *n.* 周围环境，气氛
[记] 词根记忆: ambi(周围) + ence(名词后缀) → 存在于四周的东西 → 周围环境，气氛

aria [ˈɑːriə] *n.* 独唱曲，咏叹调

aroma [əˈroʊmə] *n.* 芳香，香味; 气氛，氛围
[记] 发音记忆: “爱罗马” → 最爱《罗马假日》中如雏菊般芳香四溢的赫本 → 芳香

artistic [ɑːrˈtɪstɪk] *a.* 艺术(家)的(aesthetic)

assimilate [əˈsɪməleɪt] *v.* 透彻理解，吸收; (使)同化
[记] 词根记忆: as + simil(相同) + ate(使…) → 使相同 → (使)同化

attire [əˈtaɪər] *n.* 穿着，服饰(clothing, dress)
[记] 联想记忆: at + tire(衣服) → 穿着，服饰

audience [ˈɔːdiəns] *n.* 听众(listener); 观众(spectator)
[记] 词根记忆: aud(听) + ience → 听众

band [bænd] *n.* 乐队；群，伙；带；波段，频带 *vi.* 联合，集合(unite, ally)

[记] 联想记忆：乐队(band)成员用力地用手(hand)敲键盘

beat [biːt] *v.* 打拍子，指挥；敲打 *n.* 拍子；韵律

biography [baɪˈɑːgrəfi] *n.* 传记

[记] 词根记忆：bio(生活)+graph(写)+y → 记录生活 → 传记

bizarre [bɪˈzɑːr] *a.* 奇形怪状的，古怪可笑的，怪诞的

[记] 联想记忆：集市(bazaar)上满是奇形怪状的(bizarre)货物

blues [bluːz] *n.* 布鲁斯，蓝调音乐；抑郁，沮丧(gloom, depressed spirits)

brass [bræs] *n.* 铜管乐器；黄铜(器)

[记] 联想记忆：铜管乐器(brass)音调低沉(bass)

canvas [ˈkænvəs] *n.* 画布；油画；帆布

[搭] under canvas 在帐篷里

carve [kɑːrv] *v.* 雕刻(*incise)；切(cut, slice)

[搭] be carved in stone (决定、计划等)不可更改

cassette [kəˈset] *n.* 盒式录音(或录像)带

cellist [ˈtʃelɪst] *n.* 大提琴演奏家

chant [tʃænt] *n.* 圣歌；单调的吟唱 *v.* 唱圣歌

[记] 联想记忆：形似拼音"chang"(唱) → 咏唱 → 圣歌

characterize [ˈkærəktəraɪz] *vt.* 以…为特征；刻画(…的性格)(*distinguish, feature)

charismatic [ˌkærɪzˈmætɪk] *a.* 有超凡魅力的；蒙受神恩的

[记] 词根记忆：charis(喜爱)+mat+ic → 深受神的喜爱的 → 蒙受神恩的

checked [tʃekt] *a.* 格子花纹的；棋盘状的

chivalrous [ˈʃɪvlrəs] *a.* 有骑士精神的；(尤指对女人)彬彬有礼的，殷勤的(gallant)

[记] 词根记忆：chival(=caval 马)+rous → 骑马的 → 骑士的 → 有骑士精神的

choir [ˈkwaɪər] *n.* 唱诗班，合唱队 *v.* 合唱

[记] 联想记忆：坐在椅子(chair)上合唱(choir)一首歌

choreograph [ˈkɔːriəgræf] *v.* 设计舞蹈动作

[记] 词根记忆：chor(跳舞)+eo+graph(写；图)→画下跳舞的动作→设计舞蹈动作

chorus [ˈkɔːrəs] *n.* 合唱，合唱曲；合唱队；副歌，叠句

[搭] chorus master 合唱队指挥

classic [ˈklæsɪk] *a.* 经典的；典型的(typical) *n.* 经典作品；[*pl.*] 古典文学

classical [ˈklæsɪkl] *a.* 经典的，古典(文学)的

[记] 来自 classic(*n.* 经典作品)

comedy [ˈkɑːmədi] *n.* 喜剧

[派] comedian(*n.* 喜剧演员)

comic [ˈkɑːmɪk] *n.* 喜剧演员 *a.* 可笑的，滑稽的(funny, laughable)；喜剧的

composer [kəmˈpoʊzər] *n.* 作曲家

[记] 词根记忆：com(共同)+pos(放)+er(表人，名词后缀)→把不同的旋律放到一起的人→作曲家

conceive [kənˈsiːv] *vt.* 构思，构想，设想(design, fancy, imagine)

[记] 词根记忆：con(共同)+ceiv(抓)+e→一起抓住(思想)→构思，设想

concert [ˈkɑːnsərt] *n.* 音乐会(musicale)；一致(agreement)

[记] 联想记忆：那位身患癌症(cancer)的音乐家举办了最后一场个人音乐会(concert)

conjure [ˈkʌndʒər] *v.* 变魔术，变戏法；(念咒)召唤

[记] 词根记忆：con(共同)+jur(诅咒)+e→共同诅咒→(念咒)召唤

critic [ˈkrɪtɪk] *n.* 评论家，批评家(reviewer)

[记] 词根记忆：crit(判断)+ic→作出判断→评论家

[搭] a music critic 音乐评论家

criticize [ˈkrɪtɪsaɪz] *v.* 批评，评论；吹毛求疵，非难

critique [krɪˈtiːk] *n.* 批评，评论(criticism, comment) *vt.* 写评论

[搭] film critique 影评

cubism [ˈkjuːbɪzəm] *n.* 立体派；立体主义

cynical [ˈsɪnɪkl] *a.* 愤世嫉俗的，冷嘲热讽的(sardonic)

debut [deɪˈbjuː] *n.* 首次演出；初次亮相

[记] 法语词：开始 → 首次演出；初次亮相

[搭] film debut 电影首映式

decadent [ˈdekədənt] *a.* 堕落的，颓废的(depraved)

[记] 词根记忆：de(向下)+cad(落)+ent → 向下落的 → 堕落的，颓废的

decorate [ˈdekəreɪt] *v.* 装饰，布置(*adorn, ornament)

[记] 词根记忆：decor(装饰)+ate(动词后缀) → 装饰，布置

delineate [dɪˈlɪnieɪt] *vt.* 描绘，描述

[记] 联想记忆：描绘(delineate)大家族的兴衰(decline)

depict [dɪˈpɪkt] *vt.* 描写，描绘(*present, *describe)

[记] 词根记忆：de(表加强)+pict(描写，画) → 描写，描绘

detective [dɪˈtektɪv] *n.* 侦探 *a.* 侦探的

[搭] detective story 侦探小说

dignify [ˈdɪɡnɪfaɪ] *vt.* 使有尊严，使高贵；美化

[记] 词根记忆：dign(价值)+ify(使…) → 使有价值 → 使有尊严

display [dɪˈspleɪ] *vt./n.* 陈列，展览(*exhibit)；展示(demonstrate)；显示(show)

[记] 联想记忆：dis(分开)+play(播放；表演) → 分别播放 → 陈列；展示

[搭] on display 正在展览中

documentary [ˌdɑːkjuˈmentri] *a.* 文献的；纪实的(realistic) *n.* 纪录片

[搭] documentary material 文献资料

doodle [ˈduːdl] *vi.* 乱涂，乱画

[记] 联想记忆：一边吃面条(noodle)一边随手乱涂乱画(doodle)

dramatic [drəˈmætɪk] *a.* 戏剧的；引人注目的(*striking)；戏剧性的(theatrical)；生动的(vivid)

[记] 来自 drama(*n.* 戏剧)

dramatize [ˈdræmətaɪz] *v.* 改编成戏剧；(使)戏剧化，戏剧性地表现

Easter [ˈiːstər] *n.* 复活节

elegant [ˈelɪgənt] *a.* 雅致的，高雅的

[记] 词根记忆：e(出)+leg(选择)+ant(形容词后缀)→精心选出来的→高雅的

elusive [iˈluːsɪv] *a.* 难懂的；难以捕捉的

[记] 来自 elude(*vt.* 逃避；使困惑)

embellish [ɪmˈbelɪʃ] *vt.* 装饰(decorate)；对…加以渲染(*exaggerate)

[记] 词根记忆：em(使…)+bell(美丽的)+ish→使变美丽→装饰；对…加以渲染

emotion [ɪˈmoʊʃn] *n.* 感情，情绪(sentiment, feeling)

[记] 词根记忆：e(出)+mot(动)+ion→心里释放出的东西→感情，情绪

emotional [ɪˈmoʊʃənl] *a.* 感情(上)的，情绪(上)的；引起情感的；易动感情的

engrave [ɪnˈgreɪv] *vt.* (在…上)雕刻；铭刻

[记] 联想记忆：en(进入)+grave(坟墓)→进入坟墓也要记着，真是刻骨铭心→铭刻

engraving [ɪnˈgreɪvɪŋ] *n.* 雕刻术；版画(print)

enlightenment [ɪnˈlaɪtnmənt] *n.* 启发，启迪(illumination)；[the E-] 启蒙运动

[记] 来自 enlighten(*vt.* 启发，启蒙)

epic [ˈepɪk] *n.* 史诗；史诗般的电影(或书籍等)；壮举 *a.* 史诗般的；英雄的；壮丽的

epitome [ɪˈpɪtəmi] *n.* 摘要，梗概；象征

epitomize [ɪˈpɪtəmaɪz] *vt.* 成为…的缩影；摘要，概括

[记] 词根记忆：epi(在…上)＋tom(切)＋ize → 剪切下来放在上面 → 成为…的缩影

essay [ˈeseɪ] *n.* 散文，随笔(prose)；短文

[记] 联想记忆：散文(essay)看似很随意(easy)，其实不然

essence [ˈesns] *n.* 本质，精髓(*basic nature)

[记] 词根记忆：ess(存在)＋ence → 存在的根本 → 本质，精髓

[搭] of the essence 非常重要的，不可缺少的

evoke [ɪˈvoʊk] *vt.* 唤起，激起(*stimulate, arouse)

[记] 词根记忆：e(出)＋vok(叫喊)＋e → 喊出来 → 唤起，激起

exalt [ɪɡˈzɔːlt] *vt.* 高度赞扬，褒扬；提升

[记] 词根记忆：ex(出)＋alt(高的) → 使高出他人 → 提升

exalted [ɪɡˈzɔːltɪd] *a.* 高贵的，显赫的(*superior)

[搭] an exalted position 显赫的地位

expertise [ˌekspɜːrˈtiːz] *n.* 专门知识(或技能等)(skill)

[记] 来自 expert(*n.* 专家)

exposition [ˌekspəˈzɪʃn] *n.* 展览会，博览会(exhibition)

[记] 词根记忆：ex(出)＋pos(放)＋ition → 放出来(让人看) → 展览会，博览会

expressive [ɪkˈspresɪv] *a.* 有表现力的，富有表情的；生动的

[搭] the expressive power of his music 他的音乐的表现力

exterior [ɪkˈstɪriər] *a.* 外部的，外表的(outside) *n.* 外部，外表

extrinsic [eksˈtrɪnsɪk] *a.* 外来的，外在的，非本质的

[搭] extrinsic factors 外在因素

fable [ˈfeɪbl] *n.* 寓言，神话；谎言

[记] 词根记忆：fa(说)＋(a)ble(能…的) → 能说的 → 传说的 → 寓言

fantastic [fæn'tæstɪk] *a.* 怪诞的；极好的(terrific)；难以置信的

[记] 来自 fantasy(*n.* 幻想)

fantasy ['fæntəsi] *n.* 想象，幻想(imagination, illusion)

[记] 热门游戏《最终幻想》的英文名为 *Final Fantasy*

farce [fɑːrs] *n.* 笑剧(剧本)，滑稽戏(剧本)；闹剧

[记] 联想记忆：别小看了滑稽戏(farce)，它有时也很有批判的力量(force)

fiction ['fɪkʃn] *n.* 小说；虚构，编造

[记] 发音记忆："费口舌"→费口舌瞎编→小说

fictitious [fɪk'tɪʃəs] *a.* 虚构的；假的；假装的，虚伪的

[记] 词根记忆：fict(做)+itious→做出来的→虚构的

folklore ['foʊklɔːr] *n.* 民间传说

[记] 组合词：folk(乡民)+lore(学问，学识)→民间传说

foreshorten [fɔːr'ʃɔːrtn] *vt.* (绘画、摄影等)用透视法缩小；缩短，节略(curtail)

[记] 组合词：fore(前面)+shorten(缩短)→用透视法缩小

frenzy ['frenzi] *n.* 狂暴(fury)

[记] 词根记忆：fren(=phren 心灵)+zy→有关心灵→狂暴

fresco ['freskoʊ] *n.* 湿壁画(mural)；湿壁画技法

gallery ['gæləri] *n.* 画廊，美术馆

genre ['ʒɑːnrə] *n.* 类型(type)；流派(style)

[记] 词根记忆：gen(种属)+re→类型；流派

glaze [gleɪz] *v.* 上釉(gloss) *n.* 釉料

[记] 联想记忆：师傅给陶器上釉(glaze)时，双眼盯着(gaze)陶器，生怕出错

gloss [glɑːs] *n.* 光泽，色泽；注解 *vt.* 使具有光泽；评注

gospel ['gɑːspl] *n.* 信条(principle)

Gothic [ˈɡɑːθɪk] *a.* 哥特式的；哥特派的 *n.* 哥特式建筑

harmonic [hɑːr ˈmɑːnɪk] *a.* 和声的，谐音的

harmony [ˈhɑːrməni] *n.* 和声；协调(accord)

[搭] in harmony (with) (与…)协调一致，和睦相处

heritage [ˈherɪtɪdʒ] *n.* 遗产(legacy)；传统(tradition)

[记] 词根记忆：her(遗传) + it + age(集体名词后缀) → 遗传下来的东西 → 遗产

[搭] World Cultural Heritage 世界文化遗产

hue [hjuː] *n.* 颜色(*color)；色度，色调；信仰，观点

[搭] hue and cry 强烈抗议

idealize [aɪ ˈdiːəlaɪz] *vt.* 将…理想化

[记] 来自 ideal(*n.* 理想 *a.* 理想的)

idyllic [aɪ ˈdɪlɪk] *a.* 田园诗般的，牧歌的

[记] 来自 idyll(*n.* 田园诗)

illuminate [ɪ ˈluːmɪneɪt] *vt.* 照亮(lighten)；阐明；启发

[记] 词根记忆：il(向内) + lumin(光) + ate → 向内投入光 → 照亮；启发

illusory [ɪ ˈluːsəri] *a.* 虚幻的，幻觉的

[记] 词根记忆：il(=in) + lus(闹着玩) + ory → 在头脑中对某事闹着玩 → 虚幻的

imaginary [ɪ ˈmædʒɪneri] *a.* 想象中的，虚构的

imaginative [ɪ ˈmædʒɪnətɪv] *a.* 富有想象力的；创新的

imagist [ˈɪmɪdʒɪst] *a.* 意象派的 *n.* 意象派诗人

improvise [ˈɪmprəvaɪz] *v.* 即兴创作；临时准备

[记] 词根记忆：im(不) + pro(在…前面) + vis(看) + e → 没有预先看过 → 即兴创作

inanity [ɪ ˈnænəti] *n.* 空虚，空洞(emptiness)

innate [ɪ ˈneɪt] *a.* 天生的(inborn)；内在的，直觉的

[记] 词根记忆：in(在内) + nat(出生) + e → 出生时就有的 → 天生的

inscribe [ɪn ˈskraɪb] *v.* (在某物上)写，题，刻(engrave)；铭记

[记] 词根记忆：in(进入) + scrib(写) + e → 写进去 → 铭记

insight [ˈɪnsaɪt] *n.* 洞察力；领悟(perception)

[记] 联想记忆：in(进入) + sight(眼光) → 眼光深入 → 洞察力

inspire [ɪnˈspaɪər] *vt.* 鼓舞，激励(inspirit, stimulate)；赋予灵感

[记] 词根记忆：in(使…) + spir(呼吸) + e → 使呼吸澎湃 → 鼓舞

instrument [ˈɪnstrəmənt] *n.* 仪器，器械；乐器

[搭] musical instruments 乐器

ironic [aɪˈrɑːnɪk] *a.* 说反话的，讽刺的(sarcastic)

[记] 来自 irony(*n.* 反话，讽刺)

irony [ˈaɪrəni] *n.* 反话，讽刺

[记] 联想记忆：iron(铁) + y → 像铁一样冷冰冰的话 → 反话，讽刺

laureate [ˈlɔːriət] *n.* 桂冠诗人；荣誉获得者 *a.* 卓越的

[搭] poet laureate 桂冠诗人

legend [ˈledʒənd] *n.* 传奇故事，传说(tale)；传奇文学

[记] 词根记忆：leg(读) + end → 一直传读下来的 → 传奇故事，传说

literary [ˈlɪtəreri] *a.* 文学(上)的

[记] 词根记忆：liter(文字) + ary → 文字的 → 文学(上)的

literature [ˈlɪtrətʃər] *n.* 文学；文学作品；文献

[记] 词根记忆：liter(文字) + ature → 文学；文学作品

[搭] Nobel Prize for Literature 诺贝尔文学奖

lyric [ˈlɪrɪk] *a.* 抒情的 *n.* 抒情诗；[常 *pl.*] 歌词

[记] 联想记忆：ly(看做 lying，躺) + ric → 躺在星空下 → 抒情的

mania [ˈmeɪniə] *n.* 狂热(craze, madness)

[记] 词根记忆：man(狂热) + ia(表病，名词后缀) → 狂热

march [mɑːrtʃ] *n.* 进行曲 *v.* 前进；行进

melodic [mə'lɑːdɪk] *a.* 旋律的，曲调的；音调优美的(tuneful)

[记] 来自 melody(*n.* 旋律)

melodious [mə'loʊdiəs] *a.* 旋律优美的，悦耳的

melodrama ['melədrɑːmə] *n.* 情节剧，通俗剧；戏剧性的事件

[记] 组合词：melod(y)(旋律)+drama(戏剧)→有旋律的戏剧→情节剧

melody ['melədi] *n.* 旋律，曲调；(旋律简洁的)乐曲

[记] 词根记忆：mel(快乐的)+ody(唱)→快乐的歌声→旋律

mime [maɪm] *v.* 模拟(simulate) *n.* 喜剧(comedy)；哑剧；哑剧演员；模拟表演

[记] 词根记忆：mim(模仿)+e→模拟

mimic ['mɪmɪk] *vt.* 模仿(imitate)

[记] 联想记忆：mimi(音似：秘密)+c→偷偷摸摸地模仿→模仿

modeling ['mɑːdlɪŋ] *n.* 立体感(third dimension)；建模，造型(术)

monastery ['mɑːnəsteri] *n.* 修道院，寺院

[记] 词根记忆：mon(孤独的)+as+tery(处所)→孤独者所住之处→寺院

monotonous [mə'nɑːtənəs] *a.* 单调乏味的(*boring, *tedious)

[记] 词根记忆：mono(单个)+ton(声音)+ous→一个声音的→单调乏味的

monotony [mə'nɑːtəni] *n.* 单调，千篇一律

mural ['mjʊrəl] *n.* 壁画，壁饰(fresco) *a.* 墙壁的

[记] 词根记忆：mur(墙)+al→墙壁的

muse [mjuːz] *v.* 沉思，冥想

[记] 联想记忆：Muse(希腊神话中的缪斯女神)

musical ['mjuːzɪkl] *a.* 音乐的，有音乐的；悦耳的(melodious, tuneful)；有音乐天赋的 *n.* 音乐剧

musician [mju'zɪʃn] *n.* 音乐家，乐师

musicologist [ˌmjuːzɪ'kɑːlədʒɪst] *n.* 音乐学者

mythology [mɪˈθɑːlədʒi] *n.* 神话；神话学

neoclassical [ˌniːoʊˈklæsɪkl] *a.* 新古典主义的

novel [ˈnɑːvl] *n.* 小说(fiction) *a.* 新颖的(innovative)

[记] 词根记忆：nov(新)+el→新颖的

oratorio [ˌɔːrəˈtɔːrioʊ] *n.* 清唱剧

[记] 词根记忆：or(说)+at+orio(表音乐类)→配以说话的音乐→清唱剧

orchestra [ˈɔːrkɪstrə] *n.* 管弦乐队(band)

[记] 联想记忆：or+chest(胸腔)+ra→管弦乐队的成员大都需借助胸腔的力气演奏乐器→管弦乐队

[搭] symphony orchestra 交响乐队

overact [ˌoʊvərˈækt] *v.* 表演得过火；夸张

overview [ˈoʊvərvjuː] *n.* 梗概，概述

passion [ˈpæʃn] *n.* 激情，热情(emotion, enthusiasm)

[记] 词根记忆：pass(感情)+ion→激情，热情

pastel [pæˈstel] *a.* 彩色蜡笔的；柔和的(bland, soft) *n.* 彩色蜡笔(画)

[记] 词根记忆：past(生面团)+el→用糊状物制作的粉笔→彩色蜡笔的

[搭] pastel shades 柔和的色彩

pattern [ˈpætərn] *n.* 样式，图案 *vt.* 仿制(model)

penmanship [ˈpenmənʃɪp] *n.* 书法(calligraphy)

[记] 联想记忆：penman(书法家)+ship(名词后缀)→书法

perceive [pərˈsiːv] *vt.* 感知，察觉(see, observe)；理解

[记] 词根记忆：per(全部)+ceiv(拿住)+e→全部拿住→感知，察觉

percussion [pərˈkʌʃn] *n.* 打击乐器

[记] 词根记忆：per(表加强)+cuss(打)+ion→用力打的东西→打击乐器

perform [pərˈfɔːrm] *v.* 表演，演出；执行(effect, enact, execute)

[记] 联想记忆：per(每)+form(形式)→表演是各种艺术形式的综合→表演

philosophy [fəˈlɑːsəfi] *n.* 哲学；哲理，人生观

[记] 词根记忆：philo(爱)＋soph(聪明，智慧)＋y(名词后缀)→爱智慧的学问→哲学；人生观

[搭] metaphysical philosophy 形而上学哲学

photograph [ˈfoʊtəɡræf] *n.* 照片

[搭] take a photograph 拍照

pigment [ˈpɪɡmənt] *n.* 颜料(paint)；色素

pitch [pɪtʃ] *n.* 音高；倾斜度；沥青 *vt.* 定音高

playwright [ˈpleɪraɪt] *n.* 剧作家(dramatist)

[记] 组合词：play(戏剧)＋wright(制造者)→剧作家

plot [plɑːt] *n.* 情节 *v.* 计划(project)；划分

poetry [ˈpoʊətri] *n.* 诗歌；诗集；诗意

[记] 来自 poet(*n.* 诗人)

[搭] modern poetry 现代诗

portrait [ˈpɔːrtrət] *n.* 肖像，画像(picture)；描写，描绘(depiction, description)

[记] 词根记忆：por(向前)＋trait(拉)→向前拉以便进行描绘→肖像

[搭] portrait painting 肖像画

portraiture [ˈpɔːrtrətʃər] *n.* 肖像画法；人像摄影法；肖像

portray [pɔːrˈtreɪ] *vt.* 描绘(picture, depict)；扮演(某角色)

[记] 联想记忆：por(看做 pour，倒)＋tray(碟)→将(颜料)倒在碟子上→描绘

preference [ˈprefrəns] *n.*(for, to)偏爱(favoritism)；优先(权)(superiority)

prelude [ˈpreljuːd] *n.* 前奏，序幕

[记] 词根记忆：pre(在…前面)＋lud(演奏)＋e→前奏

prevalent [ˈprevələnt] *a.* 流行的，普遍的(*common)

[记] 词根记忆：pre(在…前面)＋val(力量)＋ent→有走在前面的力量的→流行的

prose [prouz] *n.* 散文
[记] 联想记忆：p + rose(玫瑰) → 在散文中，玫瑰象征着美好的爱情 → 散文

protagonist [prəˈtæɡənɪst] *n.* (戏剧、故事、小说中的)主角；领导者
[记] 词根记忆：prot(在…前面) + agon(打；行动) + ist → 首先行动者 → 领导者

prototype [ˈproutətaɪp] *n.* 原型(archetype)
[记] 词根记忆：proto(首先) + typ(形状) + e → 首先的形状 → 原型

purity [ˈpjurəti] *n.* 纯度；纯洁，纯净
[记] 词根记忆：pur(干净的) + ity(名词后缀) → 纯度；纯洁

realistic [ˌriːəˈlɪstɪk] *a.* 现实(主义)的；逼真的
[记] 来自 real(*a.* 真的，真实的)
[搭] realistic movement 现实主义运动

recital [rɪˈsaɪtl] *n.* 音乐演奏会；诗歌朗诵会
[记] 词根记忆：re(再，又) + cit(叫喊) + al → 反复叫喊 → 音乐演奏会

refrain [rɪˈfreɪn] *n.* 反复句；副歌 *v.* 抑制；戒除
[记] 词根记忆：re(向后) + frain(笼头) → 笼头向后 → 抑制

rehearse [rɪˈhɜːrs] *v.* 预演，排练；默诵
[记] 联想记忆：re(再，又) + hear(听) + se → 导演在一旁一遍遍听、看她们排练 → 排练

repertoire [ˈrepərtwɑːr] *n.* (剧团等)常备剧目，保留剧目
[记] 词根记忆：re(再，又) + pert(带) + oire → 反复带着的剧目 → (剧团等)常备剧目

repertory [ˈrepərtɔːri] *n.* 保留剧目(repertoire)；保留剧目轮演

revival [rɪˈvaɪvl] *n.* 复兴(renewal)；重演；恢复，复原
[记] 词根记忆：re(再，又) + viv(生命) + al → 生命重现 → 复兴

romantic [rouˈmæntɪk] *a.* 浪漫的；幻想的；[R-] 浪漫主义(风格)的

satire [ˈsætaɪər] *n.* 讽刺文学，讽刺作品；讽刺(irony)
[记] 源自拉丁语，意为“讽刺杂咏”，英语中多指“讽刺”或“讽刺文学”

satiric [səˈtɪrɪk] *a.* 讽刺的，嘲讽的(sarcastic)

script [skrɪpt] *n.* 剧本；笔迹(writing, manuscript)；字母表(alphabet) *vt.* 为电影(或戏剧等)写剧本
[记] 本身为词根，意为“写”
[搭] cuneiform script 楔形文字

scroll [skroʊl] *n.* 卷轴；纸卷，画卷；名册

sculpt [skʌlpt] *vt.* 雕刻(carve)

sculpture [ˈskʌlptʃər] *n.* 雕刻术(engraving)；雕像，雕塑品(carving)
[搭] a marble sculpture of Venus 维纳斯的大理石雕像

segment [ˈseɡmənt] *n.* 音段；段，部分(part, section)
[记] 词根记忆：seg(=sect 切割) + ment → 部分

sensitive [ˈsensətɪv] *a.* 敏感的；灵敏的(delicate)
[记] 词根记忆：sens(感觉) + itive → 敏感的

sensual [ˈsenʃuəl] *a.* 感官的，肉欲的；耽于感官享受的
[记] 词根记忆：sens(感觉) + ual → 感觉的
[搭] sensual pleasure 感官之乐

sentimental [ˌsentɪˈmentl] *a.* 伤感的(emotional)
[记] 来自 sentiment(*n.* 情感)

setting [ˈsetɪŋ] *n.* 环境(surroundings)；背景(context)；布景；[常 *pl.*] 设置，安装(fixing)

solo [ˈsoʊloʊ] *a.* 单独的(sole)；独奏的 *n.* 独唱，独奏
[记] 词根记忆：sol(单独) + o → 单独的；独唱

soloist [ˈsoʊloʊɪst] *n.* 独奏者，独唱者，单独表演者

soprano [səˈprɑːnoʊ] *n.* 女高音
[记] 联想记忆：so(看做词根 son，声音) + prano(看做 piano，钢琴) → 声音高过钢琴 → 女高音

spectator [ˈspekteɪtər] *n.* 观众(audience)；旁观者
[记] 词根记忆：spect(看) + at + or(表人) → 观众；旁观者

spellbind ['spelbaɪnd] *vt.* 迷住，使入迷；用妖术迷惑
[记] 组合词：spell(咒语) + bind(绑住) → 用咒语将人绑住 → 迷住

spinet ['spɪnət] *n.* 小型立式钢琴

stage [steɪdʒ] *n.* 阶段(period)；舞台(platform)；戏剧(drama) *vt.* 上演；筹划(arrange)
[记] 联想记忆：st + age(年龄；时代) → 俗话说：台上一分钟，台下十年功 → 舞台

stanza ['stænzə] *n.* (诗)节，段

statue ['stætʃuː] *n.* 雕像(sculpture)
[记] 词根记忆：stat(站立) + ue → 总是站着的 → 雕像

stereotype ['steriətaɪp] *n.* 陈规；固定形式；刻板印象 *vt.* 对…形成固定看法
[记] 词根记忆：stereo(固定的) + typ(形状) + e → 有着固定的形状 → 陈规

string [strɪŋ] *n.* 弦；细绳，带子
[记] 联想记忆：st + ring(铃) → 系铃的小绳 → 弦；细绳
[搭] string music 弦乐

studio ['stuːdioʊ] *n.* 工作室；摄影室；练习室

stylistic [staɪ'lɪstɪk] *a.* 风格上的，文体上的
[搭] stylistic features 风格特点

stylized ['staɪlaɪzd] *a.* (绘画、写作等手法)非写实的
[记] 来自 stylize(*vt.* 使风格化)

subjective [səb'dʒektɪv] *a.* 主观的

sympathy ['sɪmpəθi] *n.* 同情，同情心(pity)；赞同，支持
[记] 词根记忆：sym(共同) + path(感觉) + y → 怀有共同的感觉 → 同情

symphony ['sɪmfəni] *n.* 交响乐
[记] 词根记忆：sym(共同) + phon(声音) + y → 奏出共同的声音 → 交响乐

tempo ['tempoʊ] *n.* (乐曲的)速度，节奏，拍子；行进速度(pace)

tenet [ˈtenɪt] *n.* 原则；信条；教义

[搭] basic tenets 基本信条

tragedy [ˈtrædʒədi] *n.* 灾难(disaster)；悲剧(作品)

[搭] Greek tragedy 希腊悲剧

trilogy [ˈtrɪlədʒi] *n.* (书籍、电影等的)三部剧，三部曲

troupe [truːp] *n.* 剧团；马戏团；芭蕾舞团

[记] 联想记忆：部队(troop)里的一群(group)人组建了一个剧团(troupe)

trumpet [ˈtrʌmpɪt] *n.* 小号，喇叭 *v.* 鼓吹，宣扬

unadorned [ˌʌnəˈdɔːrnd] *a.* 不加装饰的，朴实的(plain, unembellished)

upsurge [ˈʌpsɜːrdʒ] *n.* (情绪)高涨

[记] 联想记忆：up(向上) + surge(喷涌) → 向上喷涌 → (情绪)高涨

verse [vɜːrs] *n.* 诗歌(poetry)；韵文(rhyme)；诗节

[记] 词根记忆：vers(转) + e → 诗歌的音节百转千回 → 诗歌

vivid [ˈvɪvɪd] *a.* 鲜明的(bright)；生动的(lively)

[记] 词根记忆：viv(生命) + id → 有生命力的 → 鲜明的；生动的

vocalize [ˈvoʊkəlaɪz] *v.* 用言语表达(articulate, express) 说(话)；唱(歌)；发声

[记] 词根记忆：voc(叫喊) + al + ize(动词后缀) → 用言语表达

zest [zest] *n.* 趣味；热情，热心

社会与历史

abnormal [æbˈnɔːrml] *a.* 反常的，变态的（exceptional, unusual）

[记] 词根记忆：ab(反) + norm(规则) + al → 违反规则的 → 反常的

[搭] abnormal behavior 变态行为

aboriginal [ˌæbəˈrɪdʒənl] *a.*（人、生物等）原始的；土著的 *n.* 土著；土生植物(或动物)

[记] 联想记忆：ab + original(最初的) → 原始的；土著的

adaptive [əˈdæptɪv] *a.* 适合的；适应的

[搭] adaptive behavior 适应行为

ageism [ˈeɪdʒɪzəm] *n.* 年龄歧视

aggression [əˈgreʃn] *n.* 侵略(invasion)；敌对的情绪(或行为)

[记] 词根记忆：ag(表加强) + gress(行走) + ion → 不断行走，四处闯荡 → 侵略

aggressive [əˈgresɪv] *a.* 侵略的，挑衅的(combative, offensive)；进取的

alchemist [ˈælkəmɪst] *n.* 炼金术士

[记] 联想记忆：al+chemist(化学家)→炼金术士

amalgamation [əˌmælgəˈmeɪʃn] *n.* 融合，合并

ancestor [ˈænsestər] *n.* 祖先(forefather)

[记] 词根记忆：an(ce)(在…前面) + cest(走) + or(表人，名词后缀) → 走在前面的人 → 祖先

ancient [ˈeɪnʃənt] *a.* 古代的(archaic)；古老的(*old)

[记] 发音记忆：“安神” → 那古老的旋律让人心神安宁 → 古老的

anomalous [əˈnɑːmələs] *a.* 异常的；不规则的

anomaly [əˈnɑːməli] *n.* 反常，异常；异常的人(或物)(aberration, abnormality)

[记] 词根记忆：a(不) + nom(规则) + aly → 不合常规 → 反常，异常

anomie [ˈænəmi] *n.* 社会道德沦丧；混乱

antecedent [ˌæntɪˈsiːdnt] *n.* 祖先，先辈 *a.* 先行的

[记] 词根记忆：ante(在…前面) + ced(走) + ent → 走在前面的 → 先行的

anthropology [ˌænθrəˈpɑːlədʒi] *n.* 人类学

[记] 词根记忆：anthrop(人，人类) + ology(…学) → 人类学

antique [ænˈtiːk] *n.* 古物，古董 *a.* 古老的

[记] 词根记忆：anti(在…前面) + que → 以前的 → 古老的

apportionment [əˈpɔːrʃnmənt] *n.* 分派，分摊；按比例分配

[记] 词根记忆：ap + portion(部分) + ment → 分成部分 → 分派

archaeology [ˌɑːrkiˈɑːlədʒi] *n.* 考古学

[记] 词根记忆：arch(古老的) + ae + ology(…学) → 考古学

artifact [ˈɑːrtɪfækt] *n.* 人工制品；[常 *pl.*] 史前古器物

[记] 词根记忆：arti(技巧) + fact(制作) → 用技巧制作出的东西 → 人工制品

assimilation [əˌsɪməˈleɪʃn] *n.* 同化；吸收

[记] 词根记忆：as + simil(相同) + ation → 使相同 → 同化

auspicious [ɔːˈspɪʃəs] *a.* 吉兆的；幸运的

[记] 词根记忆：au(=avi 鸟) + spic(看) + ious → 看见传说中的青鸟 → 吉兆的

Babylonian [ˌbæbɪˈləʊniən] *a.* 巴比伦的；奢华的

bronze [brɑːnz] *n.* 青铜；青铜制品

[搭] Bronze Age 青铜器时代

bureaucracy [bjʊˈrɑːkrəsi] *n.* 官僚主义；官僚机构

[记] 词根记忆：bureau(桌子，引申为“政府的局”) + cracy(统治) → 官僚主义

cannibalism [ˈkænɪblɪzəm] *n.* 嗜食同类

[记] 来自 cannibal(*n.* 食人者，食同类的动物)

captive [ˈkæptɪv] *n.* 俘虏，战俘(prisoner)

[记] 词根记忆：capt(抓) + ive → 俘虏

catastrophe [kəˈtæstrəfi] *n.* 大灾难(disaster, tragedy)
[记] 词根记忆：cat(a)(落下)+astro(星星)+phe → 星星坠落(古人观天象，认为星星坠落则预示着大难临头) → 大灾难

census [ˈsensəs] *n.* 人口普查
[记] 词根记忆：cens(审查，评估)+us → 评估数量 → 人口普查
[搭] census bureau 人口普查局

centennial [senˈteniəl] *n.* 百年纪念(centenary)
[记] 词根记忆：cent(百)+enn(年)+ial → 百年纪念

ceramic [səˈræmɪk] *n.* [常 *pl.*] 陶瓷制品
[记] 联想记忆：c+era(时代，时期)+mic → 古时中国以陶瓷制品而闻名 → 陶瓷制品

ceremonial [ˌserɪˈmoʊniəl] *n.* 仪式(ritual, ceremony) *a.* 正式的(formal)

ceremony [ˈserəmoʊni] *n.* 典礼，仪式；礼节
[记] 联想记忆：cere(蜡)+mony(看做 money，钱) → 为办典礼花钱买蜡烛 → 典礼
[搭] graduation ceremony 毕业典礼

charisma [kəˈrɪzmə] *n.* 超凡魅力；感召力；号召力
[记] 词根记忆：charis(喜爱)+ma → 受到神眷顾，被赋予超凡魅力 → 超凡魅力

chronicle [ˈkrɑːnɪkl] *n.* 编年史
[记] 词根记忆：chron(时间)+ic+le → 按时间编排 → 编年史

chronological [ˌkrɑːnəˈlɑːdʒɪkl] *a.* 按年代顺序排列的，按时间计算的
[记] 词根记忆：chron(时间)+olog(y)(…学)+ical → 按年代顺序排列的

circumstance [ˈsɜːrkəmstæns] *n.* 环境 (environment)；境况(condition, situation)
[记] 词根记忆：circum(周围)+st(站)+ance → 周围的存在 → 环境

clan [klæn] *n.* 宗族，氏族；帮派

[搭] clan warfare 宗族冲突

cohabitation [ˌkoʊˌhæbɪˈteɪʃn] *n.* 同居(现象或生活)

collective [kəˈlektɪv] *a.* 集体的，共同的(common)

[记] 词根记忆：col(共同)+lect(收集)+ive → 为生活而一起去收集食物 → 集体的

collision [kəˈlɪʒn] *n.* 碰撞，冲突；抵触

[记] 来自 collide(*vi.* 冲撞)

[搭] a collision of interests 利益冲突

colonial [kəˈloʊniəl] *a.* 殖民(地)的

[记] 来自 colony(*n.* 殖民地)

colonization [ˌkɑːlənəˈzeɪʃn] *n.* 殖民地化

communal [kəˈmjuːnl] *a.* 公共的(public)；社区的

[记] 词根记忆：com(共同)+mun(服务)+al → 为大家服务的 → 公共的

community [kəˈmjuːnəti] *n.* 社会，社区(society)；社团；群落；共同体

[记] 词根记忆：com(共同)+mun(服务)+ity → 为大家服务 → 社团

[搭] community service 社区服务；sense of community 社区意识

conservative [kənˈsɜːrvətɪv] *a.* 保守的，守旧的(traditional, conventional)

[记] 来自 conserve(*vt.* 保存，保守)

[搭] Conservative Party (英国的)保守党

contemporary [kənˈtempəreri] *a.* 当代的(*existing, current)；同时代的 *n.* 同代人

[记] 词根记忆：con(共同)+tempor(时间)+ary → 同时代的

continuation [kənˌtɪnjuˈeɪʃn] *n.* 延长，延续(prolongation)

continuity [ˌkɑːntəˈnuːəti] *n.* 连贯性，连续性(consistency, succession)

continuum [kənˈtɪnjuəm] *n.* 连续体

convention [kən'venʃn] *n.* 习俗，惯例(custom)；公约(agreement)；(正式)会议

[记] 词根记忆：con(共同)+vent(来)+ion → 大家共同来到 → 惯例；公约

conversion [kən'vɜːrʒn] *n.* 转变；皈依

[记] 词根记忆：con(完全)+vers(转)+ion → 转变

convert [kən'vɜːrt] *v.* (使)改变信仰，皈依；(使)转化(*change, transform)

[记] 词根记忆：con(完全)+vert(转) → 完全转变 → (使)转化

counterfeit ['kaʊntərfɪt] *vt.* 伪造，仿造 *a.* 伪造的，假冒的 *n.* 赝品

[记] 词根记忆：counter(反)+feit(做) → 反着做 → 伪造

cradle ['kreɪdl] *n.* 摇篮；发源地

craft [kræft] *n.* 工艺(art) *v.* 手工制作

cranial ['kreɪniəl] *n.* 头盖骨的，颅骨的

creativity [ˌkriːeɪ'tɪvəti] *n.* 创造力

credentialism [krə'denʃlɪzəm] *n.* 文凭主义

[记] 来自 credential(*n.* 资格证书)；cred(相信)+entail → 让人相信的东西 → 资格证书

crime [kraɪm] *n.* 犯罪；罪行

[记] 词根记忆：crim(罪行)+e → 犯罪；罪行

criteria [kraɪ'tɪriə] *n.* 标准，准则

criterion [kraɪ'tɪriən] *n.* 标准，准则(standard)

[记] 词根记忆：cri(判断)+ter+ion → 根据一定标准做判断 → 标准

crusade [kruː'seɪd] *n.* 十字军(远征)；运动(movement) *v.* 加入十字军，投身正义运动

[记] 词根记忆：crus(十字形)+ade → 十字军

cuneiform ['kjuːnɪfɔːrm] *n.* 楔形文字 *a.* 楔形的；楔形文字的

dedication [ˌdedɪ'keɪʃn] *n.* 献身，奉献；献词

delinquency [dɪˈlɪŋkwənsi] *n.* 行为不良；失职

[记] 词根记忆：de(分开)+linqu(离开)+ency(名词后缀)→离开自己的岗位→失职

[搭] juvenile delinquency 青少年犯罪

depredation [ˌdeprəˈdeɪʃn] *n.* 劫掠，掠夺，破坏(plunder, robbery)

[记] 词根记忆：de(表加强)+pred(掠夺)+ation→完全掠夺→劫掠

deviant [ˈdiːviənt] *a.* 不正常的 *n.* 不正常的人

[记] 词根记忆：de(偏离)+vi(路)+ant→偏离正路→不正常的

discriminate [dɪˈskrɪmɪneɪt] *v.* 区别；歧视

[记] 词根记忆：dis(分开)+crimin(分开)+ate→分开对待→区别；歧视

divine [dɪˈvaɪn] *a.* 神圣的；非凡的；天赐的 *n.* 牧师

divorce [dɪˈvɔːrs] *n.* 离婚 *v.* 与…离婚；使脱离

[记] 联想记忆：di(分开)+vorce(看做voice，声音)→夫妻两个发出不同的声音→离婚

domesticate [dəˈmestɪkeɪt] *vt.* 驯养，驯化(cultivate)

[记] 来自domestic(*a.* 家庭的)

eclecticism [ɪˈklektɪsɪzəm] *n.* 折中主义

elite [eɪˈliːt] *n.* 精英 *a.* 卓越的，精锐的

[记] 词根记忆：e(出)+lit(选择)+e→精心选出来的人→精英

emancipate [ɪˈmænsɪpeɪt] *vt.* 解放

[记] 词根记忆：e(外)+man(手)+cip(抓)+ate→抓着他人的手往外→解放

emblem [ˈembləm] *n.* 徽章(badge)；象征

[记] 词根记忆：em(内)+bl(=bol 扔)+em→向内扔→象征

emerald [ˈemərəld] *n.* 祖母绿，绿宝石

emigrate [ˈemɪgreɪt] *v.* 移民，移居国外

[记] 词根记忆：e(出)+migr(移动)+ate→向外移动→移居国外

epoch [ˈepək] *n.* 纪元，时代(era)

[记] 联想记忆：听到时代(epoch)的回声(echo)

era [ˈerə] *n.* 纪元，时代(*period of time, epoch)

[记] 联想记忆：反过来拼写是 are

[搭] silent film era 无声电影时代，默片时代

ethical [ˈeθɪkl] *a.* 道德的(moral)

ethics [ˈeθɪks] *n.* 道德规范；伦理学

[记] 词根记忆：eth(习俗)+ics → 道德规范；伦理学

ethnic [ˈeθnɪk] *a.* 种族的(racial)；民族的(national)

[记] 词根记忆：ethn(民族；种族)+ic → 民族的；种族的

ethnology [eθˈnɑːlədʒi] *n.* 民族学，文化人类学

[记] 词根记忆：ethn(民族；种族)+ology(…学) → 民族学

etiquette [ˈetɪket] *n.* 礼节，礼仪；规矩

[搭] medical etiquette 医学界的行业规矩

excavate [ˈekskəveɪt] *vt.* 挖掘(dig)；掘出(unearth)

[记] 词根记忆：ex(出)+cav(洞)+ate(动词后缀) → 挖出洞 → 挖掘；掘出

excavation [ˌekskəˈveɪʃn] *n.* 挖掘；出土文物

exodus [ˈeksədəs] *n.* 大批离去，成群外出

[记] 词根记忆：ex(出，外)+od(路)+us → 走上外出的道路 → 大批离去

exotic [ɪɡˈzɑːtɪk] *a.* 外来的(foreign)；奇异的(strange)

[记] 词根记忆：ex(出，外)+otic → 外来的

expedition [ˌekspəˈdɪʃn] *n.* 远征(队)；探险(队)(probe, exploration)

[记] 词根记忆：ex(出)+ped(脚)+ition → 出行 → 远征(队)；探险(队)

feminist [ˈfemənɪst] *n.* 女权主义者

[记] 词根记忆：femin(女性)+ist(表人，名词后缀) → 女权主义者

fidelity [fɪˈdeləti] *n.* 忠诚，忠实(loyalty, allegiance)

[记] 词根记忆：fid(相信)+elity → 值得相信 → 忠诚，忠实

filial [ˈfɪliəl] *a.* 子女的；子孙后代的

[记] 词根记忆：fil(儿子)+ial → 子孙后代的

flint [flɪnt] *n.* 燧石，打火石

[记] 联想记忆：f+lint(看做 line，线) → 打火石产生的火光如同一条线 → 打火石

flux [flʌks] *n.* 变迁(change)

[记] 词根记忆：flu(流动)+x → 变动 → 变迁

folkway [ˈfoʊkweɪ] *n.* 社会习俗

[记] 组合词：folk(民间)+way(方式) → 民间的行事方式 → 社会习俗

framework [ˈfreɪmwɜːrk] *n.* 构架(structure, skeleton)

gang [gæŋ] *n.* 帮派

genesis [ˈdʒenəsɪs] *n.* 起源(origin)

[记] 词根记忆：gen(出生，产生)+esis → 起源

glacial [ˈgleɪʃl] *a.* 冰期的，冰河时代的

[记] 词根记忆：glaci(冰)+al → 冰期的

glean [gliːn] *vt.* 点滴搜集，四处收集

[记] 联想记忆：在歉收的(lean)时候，四处收集(glean)食物

gregarious [grɪˈgeriəs] *a.* 群居的(social)；合群的

[记] 词根记忆：greg(群体)+arious → 群居的

heyday [ˈheɪdeɪ] *n.* 全盛期(climax)

[记] 组合词：hey(惊喜声)+day(日子) → 充满惊喜声的日子 → 全盛期

[搭] in one's heyday 全盛时期

hierarchy [ˈhaɪərɑːrki] *n.* 统治集团；等级制度；阶层(rank)

[记] 词根记忆：hier(神圣)+archy(统治) → 僧侣统治 → 等级制度

[搭] social hierarchy 社会阶层

hieratic [ˌhaɪəˈrætɪk] *a.* 僧侣的

hieroglyph [ˈhaɪərəglɪf] *n.* 象形文字

hominid [ˈhɑːmɪnɪd] *n.* 原始人类；人科动物
[记] 词根记忆：homi(=hom 人)+nid→原始人类

homosexuality [ˌhoʊməˌsekʃuˈæləti] *n.* 同性恋；同性恋行为

household [ˈhaʊshoʊld] *n.* 家庭(family) *a.* 家庭的，家用的；家喻户晓的
[记] 组合词：house(房屋)+hold(拥有)→有房子才像个家→家庭
[搭] household appliances 家用电器

humanitarian [hjuːˌmænɪˈteriən] *a.* 人道主义的 *n.* 人道主义者
[搭] humanitarian aid 人道主义援助

humanity [hjuːˈmænəti] *n.* 人类(mankind)；人性；人道
[记] 词根记忆：hum(人)+an+ity(名词后缀)→人类

husbandry [ˈhʌzbəndri] *n.* 耕种，务农

identity [aɪˈdentəti] *n.* 身份(status)；特性，特征(characteristic)；同一性
[记] 联想记忆：i+dent(牙齿)+ity(表性质，名词后缀)→通过牙齿来确定身份→身份

ideology [ˌaɪdiˈɑːlədʒi] *n.* 思想体系；意识形态
[记] 词根记忆：ideo(思想)+logy(…学)→思想体系

immigrant [ˈɪmɪgrənt] *n.* (外来)移民；侨民
[记] 词根记忆：im(向内)+migr(移动)+ant(表人，名词后缀)→向内迁移的人→移民

immigrate [ˈɪmɪgreɪt] *vi.* 移居入境
[记] 词根记忆：im(向内)+migr(移动)+ate→移居入境

impersonal [ɪmˈpɜːrsənl] *a.* 冷淡的(indifferent)；客观的(objective)
[记] 联想记忆：im(不)+personal(个人的)→不带个人感情的→冷淡的；客观的

indigenous [ɪnˈdɪdʒənəs] *a.* 本地的；土产的；土著的
[记] 词根记忆：indi(内部)+gen(产生)+ous→内部产生的→本地的

inheritance [ɪnˈherɪtəns] *n.* 遗产(heritage)

[搭] historic inheritance 历史遗产

instinct [ˈɪnstɪŋkt] *n.* 本能，直觉；天性(nature)

[记] 词根记忆：in(内)+stinct(刺)→内在的刺激→本能；天性

instinctual [ɪnˈstɪŋktʃuəl] *a.* 本能的

interim [ˈɪntərɪm] *a.* 暂时的，过渡的 *n.* 间歇，过渡期间

[搭] in the interim 在期间

intrinsic [ɪnˈtrɪnsɪk] *a.* 固有的，本质的，内在的(inner, inherent)

kiln [kɪln] *n.* (砖、石灰等的)窑，炉(furnace)

[记] 联想记忆：煤窑(kiln)倒塌杀死(kill)了许多人

kinship [ˈkɪnʃɪp] *n.* 血缘关系，亲属关系

lineage [ˈlɪniɪdʒ] *n.* 宗系，世系；血统(ancestry)

mainstream [ˈmeɪnstriːm] *n.* 主流

[记] 组合词：main(主要的)+stream(溪流)→主流

mannerism [ˈmænərɪzəm] *n.* 特殊习惯，怪癖(idiosyncrasy, peculiarity)

[记] 联想记忆：manner(风格，方式)+ism(抽象名词后缀)→个人独有的言行→怪癖

maternal [məˈtɜːrnl] *a.* 母亲的，母系的

[记] 词根记忆：mater(母亲)+nal→母亲的

matrimony [ˈmætrɪmoʊni] *n.* 婚姻

[记] 词根记忆：matr(i)(母亲)+mony(表行为、状态，名词后缀)→婚姻

medieval [ˌmediˈiːvl] *a.* 中世纪的

[记] 词根记忆：medi(中间)+ev(时间)+al→中世纪的

mesmerize [ˈmezməraɪz] *vt.* 施催眠术；使入迷，迷住(fascinate)

mesolithic [ˌmesəˈlɪθɪk] *n.* 中石器时代 *a.* 中石器时代的

milieu [miːˈljɜː] *n.* 环境；出身背景

millennium [mɪˈleniəm] *n.* [*pl.* millennia] 一千年，千禧年；(未来的)太平盛世

[记] 词根记忆：mill(千)+enn(年)+ium → 一千年

minority [maɪˈnɔːrəti] *n.* 少数(fewness)；少数民族

[记] 来自 minor(*a.* 较少的)

modernity [məˈdɜːrnəti] *n.* 现代性

monogamous [məˈnɑːɡəməs] *a.* 一夫一妻制的

[记] 词根记忆：mono(单个)+gam(婚姻)+ous → 单一婚姻的 → 一夫一妻制的

monogamy [məˈnɑːɡəmi] *n.* 一夫一妻制

monument [ˈmɑːnjumənt] *n.* 纪念碑

[记] 词根记忆：mon(u)(提醒；警告)+ment(表物，名词后缀) → 提醒人们的东西 → 纪念碑

moral [ˈmɔːrəl] *a.* 道德的(ethical)；精神的(spiritual) *n.* [常 *pl.*] 品行，道德(ethics)

[记] 词根记忆：mor(风俗，习惯)+al → 全社会约定俗成的 → 道德的

morale [məˈræl] *n.* 士气，斗志(spirit)

[搭] raise morale 提高士气

morgue [mɔːrɡ] *n.* 停尸房，太平间

mortality [mɔːrˈtæləti] *n.* 死亡率

[记] 词根记忆：mort(死亡)+al+ity(表性质，名词后缀) → 死亡率

naive [naɪˈiːv] *a.* 天真的(innocent)；纯朴的(artless)

[记] 联想记忆：native(原始的，土著的)减去 t → 比土著人懂得还要少 → 天真的；纯朴的

nationalism [ˈnæʃnəlɪzəm] *n.* 民族主义；国家主义

neolithic [ˌniːəˈlɪθɪk] *a.* 新石器时代的

[记] 词根记忆：neo(新的)+lith(石头)+ic → 新石器的 → 新石器时代的

nomadic [noʊˈmædɪk] *a.* 游牧的

[记] 来自 nomad(*n.* 游牧民；流浪者)

offspring [ˈɔːfsprɪŋ] *n.* 子孙，后代(descendant)

[记] 联想记忆：off(出来) + spring(春天) → 像春天一样带来希望 → 子孙，后代

opal [ˈoʊpl] *n.* 蛋白石

origin [ˈɔːrɪdʒɪn] *n.* 起源，由来；[常 *pl.*] 出身

[记] 词根记忆：ori(产生) + gin → 开始 → 起源，由来

[搭] the origins of civilization 文明的起源；have origins in 源于

originate [əˈrɪdʒɪneɪt] *v.* 起源；发起(initiate, launch)

[记] 来自 origin(*n.* 起源)

ornamental [ˌɔːrnəˈmentl] *a.* 装饰性的

[记] 词根记忆：orn(装饰) + (a)ment(名词后缀) + al(形容词后缀) → 装饰性的

orthodox [ˈɔːrθədɑːks] *a.* 传统的；正统的

[记] 词根记忆：ortho(正的) + dox(观点) → 正统观点的 → 正统的

outrageous [aʊtˈreɪdʒəs] *a.* 残暴的；骇人的；反常的

[记] 联想记忆：out(出) + rage(愤怒) + ous(形容词后缀) → 出离愤怒的 → 骇人的

paleolithic [ˌpæliəˈlɪθɪk] *a.* 旧石器时代的 *n.* 旧石器时代

[记] 词根记忆：paleo(旧的) + lith(石头) + ic → 旧石器的 → 旧石器时代的

paradigm [ˈpærədaɪm] *n.* 范例，典范

patriarch [ˈpeɪtriɑːrk] *n.* 家长，族长(master, chief)

[记] 词根记忆：patri(父亲) + arch(统治) → 男性统治者 → 家长，族长

patriarchic [ˈpeɪtriɑːrkɪk] *a.* 家长的，族长的；德高望重的

patriarchy [ˈpeɪtriɑːrki] *n.* 父权制，父系社会

perish [ˈperɪʃ] *v.* 灭亡(die out)

[记] 联想记忆：珍惜(cherish)生命，不应随意毁灭(perish)

perpetuate [pərˈpetʃueɪt] *vt.* 使永存，使持续(last)

[记] 词根记忆：per(贯穿) + pet(追求) + uate → 永远追求 → 使持续

personality [ˌpɜːrsəˈnæləti] *n.* 个性(individuality); 名人; 性格(character)

[搭] personality cult 个人崇拜

pharaoh [ˈferoʊ] *n.* 法老

[记] 发音记忆:“法老”

pluralism [ˈplʊrəlɪzəm] *n.* 多元化, 多元性; 多元主义

[搭] cultural pluralism 文化的多元性

polygamous [pəˈlɪɡəməs] *a.* 一夫多妻的, 一妻多夫的

[记] 词根记忆: poly(多) + gam(婚姻) + ous → 一夫多妻的

polygamy [pəˈlɪɡəmi] *n.* 一夫多妻制, 一妻多夫制, 多配偶制

populate [ˈpɑːpjuleɪt] *vt.* (大批地)居住于(inhabit)

[记] 词根记忆: popul(人) + ate(使…) → 使人在某处安家 → 居住于

porcelain [ˈpɔːrsəlɪn] *n.* 瓷器, 瓷(china)

[记] 发音记忆:“跑四邻” → 卖瓷器需要跑四邻八方 → 瓷器

posthumous [ˈpɑːstʃəməs] *a.* 死后的, 身后的

[记] 词根记忆: post(在…之后) + hum(人) + ous → 在活着之后的 → 死后的

potency [ˈpoʊtnsi] *n.* 影响力, 支配力; 权势

[记] 词根记忆: pot(有力的) + ency → 影响力, 支配力

pottery [ˈpɑːtəri] *n.* 〈总称〉陶器; 陶器厂; 制陶工艺

precursor [priːˈkɜːrsər] *n.* 先驱; 前兆

[记] 词根记忆: pre(在…前面) + curs(跑) + or → 跑在前面的 → 先驱

predation [prɪˈdeɪʃn] *n.* 掠夺; 捕食

prehistoric [ˌpriːhɪˈstɔːrɪk] *a.* 史前的; 陈旧的

[记] 联想记忆: pre(在…前面) + historic(历史的) → 史前的

prejudice [ˈpredʒudɪs] *n.* 偏见, 成见

[记] 词根记忆: pre(在…前面) + jud(判断) + ice → 预先作出判断 → 偏见

preliterate [ˌpriːˈlɪtərət] *a.* 文字出现以前的，没有文字的

prestige [preˈstiːʒ] *n.* 威望(influence)；声望(reputation)

[记] 联想记忆：pres(看做 president，总统)＋tige(看做 tiger，老虎)→总统和老虎这两者都是极有威望的→威望

prey [preɪ] *n.* 战利品 *vi.* (on)捕食，掠夺

[记] 联想记忆：心中暗自祈祷(pray)不要成为受害者(prey)

primitive [ˈprɪmətɪv] *a.* 原始的，远古的(original, ancient) *n.* 原始人；原始事物

[记] 词根记忆：prim(第一)＋it＋ive(具…性质的)→第一的→原始的

primordial [praɪˈmɔːrdiəl] *a.* 原始的，最初的(primeval, primitive)；基本的(fundamental)

[记] 词根记忆：prim(第一)＋ord(顺序)＋ial→在顺序上处于第一的→最初的

prioritize [praɪˈɔːrətaɪz] *v.* 划分优先顺序；优先处理

[记] 来自 priority(*n.* 优先)

propensity [prəˈpensəti] *n.* 倾向，癖好(bent, inclination, tendency, disposition)

[记] 词根记忆：pro(向前)＋pens(悬挂)＋ity→预先挂好→癖好

[搭] have a propensity for 有…的倾向

prophet [ˈprɑːfɪt] *n.* 先知，预言者

[记] 词根记忆：pro(在…前面)＋phe(说)＋t→提前说出→预言者

prostitution [ˌprɑːstəˈtuːʃn] *n.* 卖淫，堕落；滥用

provincialism [prəˈvɪnʃlɪzəm] *n.* 地方主义，乡土性(localism, regionalism)

[搭] narrow-minded provincialism 狭隘的地方主义

pueblo [ˈpweblou] *n.* 普韦布洛村落；[P-] 普韦布洛人

pyramid [ˈpɪrəmɪd] *n.* 金字塔

quaint [kweɪnt] *a.* 古色古香的(old-timey)

racism [ˈreɪsɪzəm] *n.* 种族主义，种族歧视

rationality [ˌræʃəˈnæləti] *n.* 合理性

[记] 来自 rational(*a.* 合理的，理性的)

realization [ˌriːələˈzeɪʃn] *n.* 实现(fulfillment)；意识，认识(awareness)

recognition [ˌrekəgˈnɪʃn] *n.* 承认，认同(admission)；认出，辨认

[记] 来自 recognize(*vt.* 认出；承认)

[搭] social recognition 社会认同

reconstruction [ˌriːkənˈstrʌkʃn] *n.* 复兴；改造，重建，复原(restoration)

[搭] a reconstruction period 复兴时期

relic [ˈrelɪk] *n.* 遗迹，残留物

[记] 词根记忆：re(回)+lic(=linqu 留下)→留下来的东西→遗迹，残留物

religion [rɪˈlɪdʒən] *n.* 宗教；宗教信仰(belief)

[记] 词根记忆：re(再，又)+lig(绑)+ion→一再用思想束缚→宗教

remains [rɪˈmeɪnz] *n.* 古代遗物，遗迹；遗骸

[搭] the remains of a Roman fort 罗马要塞遗址

remnant [ˈremnənt] *n.* 残余物(remains)；布头

renaissance [ˈrenəsɑːns] *n.* [the R-](欧洲 14 至 16 世纪的)文艺复兴，文艺复兴时期；复兴，再生(renewal, revival)

[记] 词根记忆：re(再，又)+naiss(=nasc 出生)+ance→再生

replica [ˈreplɪkə] *n.* 复制品

[记] 词根记忆：re(再，又)+plic(重叠)+a→一再重叠→复制品

residue [ˈrezɪduː] *n.* 剩余物，残余物(remnant)

[记] 词根记忆：re(再，又)+sid(坐)+ue→一直坐在那里→剩余物

rite [raɪt] *n.* (宗教的)仪式，典礼(ritual)

ritual [ˈrɪtʃuəl] *n.* 典礼，(宗教等的)仪式；固定方式 *a.* 仪式的(ceremonial)

[记] 来自 rite(*n.* 典礼，仪式)

ruin [ˈruːɪn] *n.* [常 *pl.*] 废墟，遗迹(relic) *vt.* 破坏，毁灭(destroy)
[记] 联想记忆：一场大雨(rain)毁坏了(ruin)古城堡

sacred [ˈseɪkrɪd] *a.* 宗教的(religious)；神圣的(holy)
[记] 词根记忆：sacr(神圣的) + ed → 神圣的

sacrifice [ˈsækrɪfaɪs] *n.* 牺牲；献祭，供奉；祭品 *v.* 牺牲；献祭
[记] 词根记忆：sacri(神圣的) + fic(做) + e → 为了神圣的事情而去做 → 牺牲

sacrificial [sækrɪˈfɪʃl] *a.* 供奉(品)的，献祭(品)的，牺牲(品)的
[搭] sacrificial ceremony 祭祀仪式

sage [seɪdʒ] *a.* 贤明的；审慎的 *n.* 智者，贤人

sapphire [ˈsæfaɪər] *n.* 蓝宝石

savage [ˈsævɪdʒ] *n.* 野蛮人，未开化的人 *a.* 凶残的；野蛮的，未开化的 *vt.* 残害
[记] 词根记忆：sav(森林) + age → 生活于丛林的(相对于城市而言，更不开化) → 未开化的

secede [sɪˈsiːd] *vi.* 正式脱离，退出(组织等)
[记] 词根记忆：se(分离) + ced(走) + e → 走开 → 正式脱离

seclusion [sɪˈkluːʒn] *n.* 独处，隐居；与世隔绝

secular [ˈsekjələr] *a.* 世俗的；非宗教的
[搭] secular music 世俗音乐

segregate [ˈsegrɪgeɪt] *vt.* 隔离，(使)分开(separate)
[记] 词根记忆：se(分离) + greg(人群) + ate → 使脱离人群 → 隔离

sexism [ˈseksɪzəm] *n.* 性别歧视

silversmith [ˈsɪlvərsmɪθ] *n.* 银器匠

skeleton [ˈskelɪtn] *n.* 梗概(sketch)；骨架，框架(framework)

sociology [ˌsoʊsiˈɑːlədʒi] *n.* 社会学
[记] 词根记忆：soci(同伴；结交) + ology(…学) → 社会学

souvenir [ˌsuːvəˈnɪr] *n.* 纪念品(reminder, memento)
[记] 词根记忆：sou(=sub 在某地) + ven(来) + ir → 在某地游玩带回来的东西 → 纪念品
[搭] as a souvenir of 作为…的纪念；a souvenir shop 纪念品商店

spontaneity [ˌspɑːntəˈneɪəti] *n.* 自发性；自发行为(voluntary action)
[记] 来自 spontaneous(*a.* 自发的)

stigma [ˈstɪgmə] *n.* 耻辱；烙印；特征
[记] 词根记忆：stig(刺) + ma → 留在名声上的刺 → 耻辱

subculture [ˈsʌbkʌltʃər] *n.* (某群体所特有的)亚文化行为规范，次文化

subdivide [ˈsʌbdɪvaɪd] *v.* 再分，细分

subjugate [ˈsʌbdʒugeɪt] *vt.* 征服，镇压
[记] 词根记忆：sub(在…下面) + jug(捆绑) + ate → 在下面捆绑 → 征服，镇压

subsistence [səbˈsɪstəns] *n.* 生存；生计；存活
[搭] below the subsistence level 在基本生活水平线以下

suffragist [ˈsʌfrədʒɪst] *n.* 妇女政权论者

superstitious [ˌsuːpərˈstɪʃəs] *a.* 迷信的
[记] 词根记忆：super(在…之上) + stit(站立) + ious → 站在他物之上的 → 迷信的

taboo [təˈbuː] *n.* (文化或宗教习俗方面的)禁忌，忌讳；禁止，避讳 *a.* 忌讳的
[搭] taboo word 禁忌词

temple [ˈtempl] *n.* 寺庙，教堂(church)
[记] 发音记忆："淡泊" → 神殿中人淡泊名利 → 寺庙，教堂

terrorism [ˈterərɪzəm] *n.* 恐怖主义
[记] 词根记忆：terr(恐吓) + or + ism(表主义) → 恐怖主义
[搭] an act of terrorism 恐怖主义行动

traditional [trəˈdɪʃənl] *a.* 传统的，惯例的(conventional)；口传的，传说的
[搭] traditional view 传统观点

trait [treɪt] *n.* 特性，特点(characteristic, feature)
[记] 联想记忆：要根据每位队员的特点(trait)进行训练(train)

transition [trænˈzɪʃn] *n.* 过渡，过渡时期；转变(change, conversion)
[记] 词根记忆：trans(穿过) + it(走) + ion → 穿过一地走到另一地 → 转变

tribal [ˈtraɪbl] *a.* 部落的；种族的(racial)
[记] 来自 tribe(*n.* 部落)

tribute [ˈtrɪbjuːt] *n.* 贡品；称赞；(表示敬意的)礼物
[记] 词根记忆：tribut(给予) + e → 给予(皇室)的东西 → 贡品

unearth [ʌnˈɜːrθ] *vt.* 掘出，发掘(dig out)；揭露
[记] 联想记忆：un(解开) + earth(地) → 使从地里出来 → 掘出，发掘

unsubstantiated [ˌʌnsəbˈstænʃieɪtɪd] *a.* 未经证实的(*unverified)
[记] 来自 substantiate(*vt.* 证实)

uproot [ˌʌpˈruːt] *v.* 根除；(使)离开家园
[记] 联想记忆：up(向上) + root(根) → 使根向上，连根拔起 → 根除

urbanization [ˌɜːrbənəˈzeɪʃn] *n.* 都市化

utilitarian [ˌjuːtɪlɪˈteriən] *a.* 实用的(*functional)；功利主义的 *n.* 功利主义者
[记] 词根记忆：ut(用) + ilitar + ian → 实用的；功利主义的

varnish [ˈvɑːrnɪʃ] *vt.* 上清漆
[记] 联想记忆：涂上清漆(varnish)，这个图案就不容易消失(vanish)了

vestige [ˈvestɪdʒ] *n.* 痕迹，遗迹，残余(relic, remnant, remains, trace)
[记] 词根记忆：vestig(脚印) + e → 留下的脚印 → 痕迹，遗迹
[搭] the last vestiges of …的最后残余

vow [vaʊ] *n.* 誓约 *v.* 发誓，许愿

[记] 联想记忆：在寺院里，人们排着队(row)去发誓(vow)

ware [wer] *n.* 陶器(pottery)；器皿(vessel)；[*pl.*](尤指小商贩在市场里出售的)物品

worship [ˈwɜːrʃɪp] *n./v.* 祭拜；崇拜，崇敬(adoration)

[记] 词根记忆：wor(价值) + ship(名词后缀) → 给予高度评价 → 崇拜

Note

语言与传播

abbreviate [ə'briːvieɪt] *vt.* 缩略，缩写(shorten)

[记] 词根记忆：ab(表加强)+brev(短的)+i+ate(使…)→使变短→缩略，缩写

accent ['æksənt] *n.* 重音(stress)；口音；重音符号

[记] 词根记忆：ac(表加强)+cent(歌唱)→大声歌唱→强调→重音

acquisition [ˌækwɪ'zɪʃn] *n.* 习得(物)，获得(物)

[记] 词根记忆：ac(表加强)+quis(追求)+ition→为了获得而不断追求→习得(物)

acronym ['ækrənɪm] *n.* 首字母缩写词(abbreviation)

[记] 词根记忆：acro(顶端)+(o)nym(字，词)→把单词最顶端的字母放在一起→首字母缩写词

adjunct ['ædʒʌŋkt] *n.* 附加语，修饰语；附加物，附件(*addition, accessory)

[记] 词根记忆：ad+junct(结合，连接)→连在上面的东西→附加物

advertise ['ædvərtaɪz] *vt.* 为…做广告，宣传(promote)

[记] 词根记忆：ad(=to)+vert(转)+ise(使…)→使人们的注意力转向某一方→宣传

allude [ə'luːd] *vi.* 暗指，影射，间接提到(imply, refer to)

[记] 词根记忆：al+lud(玩)+e→玩笑着提及→暗指，影射

alphabet ['ælfəbet] *n.* 字母表

[记] 由希腊字母表中的头两个字母alpha和beta组合而成

ambiguous [æm'bɪgjuəs] *a.* 不明确的，模棱两可的

[记] 词根记忆：amb(周围)+ig(走，驱动)+uous→在(中心意思)周围走动的→模棱两可的

ambiguity [ˌæmbɪˈɡjuːəti] *n.* 模棱两可的话；歧义(现象)

analogy [əˈnælədʒi] *n.* 类比，类推

[记] 词根记忆：ana(类似)+log(说话)+y→放在一起说→类比，类推

anecdote [ˈænɪkdoʊt] *n.* 秘闻；轶事，趣闻

[记] 词根记忆：an(不)+ec(=ex 外)+dot(给予)+e→没有向外给的→未公开的→秘闻

annotation [ˌænəˈteɪʃn] *n.* 注释，注解

[记] 词根记忆：an(加)+not(知道)+ation→加上文字以让人知道→注释，注解

anonymous [əˈnɑːnɪməs] *a.* 匿名的，不具名的

[记] 词根记忆：an(无)+onym(名字)+ous(形容词后缀)→无名的

antonym [ˈæntənɪm] *n.* 反义词

[记] 词根记忆：ant(=anti 反)+onym(字，词)→意思相反的字词→反义词

articulate [ɑːrˈtɪkjuleɪt] *vt.* 明确表达(utter distinctly)；清晰地发音

[记] 词根记忆：art(技巧)+icul+ate→说话有技巧→明确表达

bilingualism [ˌbaɪˈlɪŋɡwəlɪzəm] *n.* 双语现象

[记] 词根记忆：bi(双，两)+lingu(语言)+al+ism(抽象名词后缀)→(说)两种语言→双语现象

broadcast [ˈbrɔːdkæst] *n./v.* 广播

bulletin [ˈbʊlətɪn] *n.* 新闻简报；公告

[记] 联想记忆：bullet(子弹)+in→新闻简报传播的速度如子弹飞出去的速度→新闻简报

[搭] bulletin board 公告牌

caption [ˈkæpʃn] *n.* (图片等的)说明文字 *vt.* 给(图片等)加说明文字

[记] 词根记忆：cap(抓住；采用)+tion→给(图片等)加说明文字

censor [ˈsensər] *n.* 审查员 *vt.* 检查，审查；删节

[记] 词根记忆：cens(评估，审查)+or(表人，名词后缀)→审查员

[派] censorship(*n.* 审查制度)

certitude [ˈsɜːrtɪtuːd] *n.* 确定；必然性

[记] 词根记忆：cert(弄清；确信) + it + ude(表状态，名词后缀) → 确定

channel [ˈtʃænl] *n.* 频道；通道(path, way)

circulate [ˈsɜːrkjəleɪt] *v.* (使)流通；(使)循环；(使)传播

[记] 词根记忆：circ(环绕) + ul + ate → (使)循环；(使)传播

cognitive [ˈkɑːgnətɪv] *a.* 认识的；认知的，有感知的

[记] 词根记忆：co(共同) + gn(知道) + itive → 认知的

cognition [kɑːgˈnɪʃn] *n.* 感知，认知(perception)

cohere [koʊˈhɪr] *vi.* 连贯，一致

[记] 词根记忆：co(共同) + her(黏附) + e → 黏在一起 → 连贯，一致

coherent [koʊˈhɪrənt] *a.* 条理清楚的，连贯的(consistent)；有表达能力的

[搭] a coherent narrative 条理清楚的叙述

column [ˈkɑːləm] *n.* 专栏；圆柱(pillar)

comment [ˈkɑːment] *n./v.* 评论(review)；注释(remark, note)

[记] 词根记忆：com(共同) + ment(想法；思考) → 共同进行思考 → 评论

commentary [ˈkɑːmənteri] *n.* 评论，注释

[搭] social commentary 社会评论

commune [kəˈmjuːn] *vi.* 与…亲密地交谈

[ˈkɑːmjuːn] *n.* 群体，公社

[记] 词根记忆：com(共同) + mun(服务) + e → 为大家服务 → 群体，公社

communicate [kəˈmjuːnɪkeɪt] *v.* 交流，沟通；传达，传播(express, convey)

comparative [kəmˈpærətɪv] *a.* 比较的(relative)；比较级的；相对的(relative) *n.* 比较级

[记] 词根记忆：com(共同) + par(相等) + ative → 放在一起看看是否等同 → 比较的

[搭] comparative linguistics 比较语言学

comparison [kəmˈpærɪsn] *n.* 比较，对比

[搭] in comparison with 与…相比

compile [kəmˈpaɪl] *vt.* 汇编(*put together)；编辑(edit)

[记] 联想记忆：com(共同)+pile(堆积)→共同堆积→汇编

concept [ˈkɑːnsept] *n.* 概念，观念(notion, thought)；设想

[记] 词根记忆：con(共同)+cept(拿，取)→共同拿取→观念

connote [kəˈnoʊt] *v.* 意味着；暗示

[记] 词根记忆：con(with)+not(知道)+e→有含义→暗示

conscious [ˈkɑːnʃəs] *a.* 自觉的，有知觉的(perceptual)；有意识的(awake)

[记] 词根记忆：con(共同)+sci(知道)+ous→共同知道的→自觉的

consensus [kənˈsensəs] *n.* 共识，一致同意；舆论

[记] 词根记忆：con(共同)+sens(感觉)+us→感觉相同→共识

consonant [ˈkɑːnsənənt] *a.* 和谐的，协调的(harmonious)；谐音的 *n.* 辅音

[记] 词根记忆：con(共同)+son(声音)+ant→同声的→协调的

contributor [kənˈtrɪbjətər] *n.* 投稿者

converse [kənˈvɜːrs] *vi.* 交谈，会话(talk, discuss)

[记] 词根记忆：con(共同)+vers(转)+e→共同转向某个话题→交谈，会话

corollary [ˈkɔːrəleri] *n.* 必然的结果；推断

corpus [ˈkɔːrpəs] *n.* 文集，文献，汇编；语料库

[记] 词根记忆：corp(身体)+us→知识体→文集，文献

correspondent [ˌkɔːrəˈspɑːndənt] *n.* 报道者；通信者

[搭] a war correspondent 战地记者

coverage [ˈkʌvərɪdʒ] *n.* 新闻报道；覆盖范围

[记] 联想记忆：cover(覆盖)+age(集体名词后缀)→覆盖范围

cue [kjuː] *n.* 暗示，提示(hint)
[记] 联想记忆：线索(clue)有提示(cue)作用

database [ˈdeɪtəbeɪs] *n.* 数据库
[记] 组合词：data(数据)+base(基地)→数据库

dateline [ˈdeɪtlaɪn] *n.* 日期栏
[记] 组合词：date(日期)+line(字句)→用于标明日期等的字句→日期栏

deductive [dɪˈdʌktɪv] *a.* 演绎的，推论的
[记] 词根记忆：de(向下)+duct(拉)+ive→向下拉的→一步步地向下推理的→演绎的

define [dɪˈfaɪn] *vt.* 下定义，解释(explain)
[记] 词根记忆：de+fin(界限，范围)+e→划定范围→下定义

definitive [dɪˈfɪnətɪv] *n.* 限定词 *a.* 确定的，最后的；决定性的

denote [dɪˈnoʊt] *v.* 表示(show)；意味着
[记] 词根记忆：de(向下)+not(知道)+e→深究→表示

derivation [ˌderɪˈveɪʃn] *n.* (尤指词语的)起源，派生
[记] 来自derive(*v.* 起源)；de+rive(r)(河)→黄河是中华文明的摇篮→起源

derivative [dɪˈrɪvətɪv] *n.* 派生词，衍生词；派生物

dialect [ˈdaɪəlekt] *n.* 方言(idiolect)
[记] 词根记忆：dia(在…之间)+lect(讲)→一群人中所讲的语言→方言

diction [ˈdɪkʃn] *n.* 措辞，用语(expression)
[记] 词根记忆：dict(说话)+ion→措辞，用语

diffuse [dɪˈfjuːz] *v.* 传播(*travel)；扩散(spread)
[dɪˈfjuːs] *a.* 扩散的；冗长的
[记] 词根记忆：dif(分开)+fus(流)+e→分流→传播；扩散

diffusion [dɪˈfjuːʒn] *n.* 散布，扩散；传播
[搭] air diffusion 空气扩散；cultural diffusion 文化传播

disseminate [dɪˈsemɪneɪt] *v.* 散布，传播(*spread)

[记] 词根记忆：dis(分开)+semin(种子)+ate→把种子播种在不同的地方→散布，传播

editorial [ˌedɪˈtɔːriəl] *n.* 社论 *a.* 社论的

[记] 来自edit(*vt.* 编辑)

embody [ɪmˈbɑːdi] *vt.* 表达，体现(express)；含有，包含(contain)

[记] 词根记忆：em(给予)+body(形体)→给予形体→使有形→体现

emphasize [ˈemfəsaɪz] *vt.* 强调，着重(*stress)

[记] 词根记忆：em(表加强)+phas(说)+ize→强调

empiricism [ɪmˈpɪrɪsɪzəm] *n.* 经验论，经验主义

[记] 词根记忆：em(在…里面)+pir(实验)+ic+ism(表主义，名词后缀)→在内部进行实验→经验论，经验主义

enunciate [ɪˈnʌnsieɪt] *v.* 清晰地发音；表达，发表

[记] 词根记忆：e(出)+nunci(说)+ate→说出来→清晰地发音；表达

exaggerate [ɪgˈzædʒəreɪt] *v.* 夸张，夸大(overstate)

[记] 词根记忆：ex(出)+ag(表加强)+ger(搬运)+ate→运了太多出来→夸张，夸大

exemplify [ɪgˈzemplɪfaɪ] *vt.* 是…的典型；例示，举例证明

expose [ɪkˈspoʊz] *vt.* 使暴露，揭露；使曝光

[记] 词根记忆：ex(出)+pos(放)+e→放出来→使暴露，揭露

[搭] be exposed to 暴露于

exposure [ɪkˈspoʊʒər] *n.* 揭露；曝光(unfoldment)

[记] 来自expose(*vt.* 揭露；使曝光)

far-fetched [ˌfɑːrˈfetʃt] *a.* 牵强的

feedback [ˈfiːdbæk] *n.* 反馈；反馈信息

[记] 组合词：feed(喂养；提供)+back(反)→反馈

figurative [ˈfɪgərətɪv] *a.* 比喻的；象征的

[记] 来自figure(*n.* 外形；象征)

focus [ˈfoʊkəs] *n.* 焦点，(活动、兴趣等的)中心 *v.* (使)聚焦；聚集，(使)集中

[记] 联想记忆：foc(看做 for，为了)+us(我们)→《焦点访谈》的口号是为我们大众服务→焦点

[搭] focus on/upon 集中于；be out of focus 模糊；不聚焦

forefront [ˈfɔːrfrʌnt] *n.* 最前沿；中心(spotlight)

[记] 组合词：fore(前面)+front(前面)→前面的前面→最前沿

formation [fɔːrˈmeɪʃn] *n.* 形成，构成

[记] 词根记忆：form(形式)+ation→具有形式→形成，构成

forum [ˈfɔːrəm] *n.* 论坛；讨论会

[记] 词根记忆：for(门；户外)+um→在室外(进行公开讨论)→论坛

generalization [ˌdʒenrələˈzeɪʃn] *n.* 概括

given [ˈɡɪvn] *a.* 指定的，特定的(specified)；假定的(supposed)

glorify [ˈɡlɔːrɪfaɪ] *vt.* 美化(beautify)；赞扬(praise)

[记] 词根记忆：glor(光荣；赞美)+ify→使光荣→美化；赞扬

heading [ˈhedɪŋ] *n.* 标题；头条新闻

hearsay [ˈhɪrseɪ] *n.* 谣言，传闻

[记] 组合词：hear(听)+say(说)→听说的→传闻

idiom [ˈɪdiəm] *n.* 习惯用语；术语；(在艺术上所表现的)风格，特色(style)

implication [ˌɪmplɪˈkeɪʃn] *n.* 含义(*significance)；暗示，暗指(suggestion)

[记] 词根记忆：im(在…里面)+plic(重叠)+ation→有多重含义→含义；暗示

incentive [ɪnˈsentɪv] *n.* 刺激(stimulus)；动机(motive)

[记] 词根记忆：in(在…里面)+cent(唱歌)+ive→在内心唱歌→刺激

informant [ɪnˈfɔːrmənt] *n.* 提供资料的人；线人

interpret [ɪnˈtɜːrprɪt] *v.* 解释，说明(explain)；理解，领会(comprehend)；翻译

[记] 词根记忆：inter(在…之间)＋pret → 在两种语言之间沟通 → 翻译

issue [ˈɪʃuː] *n.* 问题，争论点；发行；(报刊的)一期 *vt.* 颁布；发行

journal [ˈdʒɜːrnl] *n.* 期刊，杂志；日记，日志

[记] 词根记忆：journ(日)＋al → 每天都要记录的 → 日记，日志

journalism [ˈdʒɜːrnəlɪzəm] *n.* 新闻业；新闻工作

[派] journalist(*n.* 新闻记者)

Latin [ˈlætn] *a.* 拉丁的；拉丁语的 *n.* 拉丁语

layout [ˈleɪaʊt] *n.* (书刊等的)编排，版面设计；规划，布局(arrangement)

[记] 来自词组 lay out(布置，安排)

legible [ˈledʒəbl] *a.* 清楚的(distinct)；清晰易读的(readable)

[记] 词根记忆：leg(读)＋ible → 清晰易读的

libel [ˈlaɪbl] *n.* (文字)诽谤(slander)；诽谤性文字 *vt.* 诽谤(malign)

[记] 词根记忆：lib(文字)＋el → 以文字损害名誉 → (文字)诽谤

[派] libellant(*n.* 诽谤者)

linguist [ˈlɪŋgwɪst] *n.* 语言学家

[记] 词根记忆：lingu(语言)＋ist(表人，名词后缀) → 语言学家

linguistic [lɪŋˈgwɪstɪk] *a.* 语言的，语言学的

literacy [ˈlɪtərəsi] *n.* 有文化，有教养；读写能力

[记] 词根记忆：liter(文字)＋acy → 识字 → 读写能力

logical [ˈlɑːdʒɪkl] *a.* 逻辑的；符合逻辑的；合乎情理的(reasonable)

[记] 来自 logic(*n.* 逻辑；逻辑学)；log(言语)＋ic → 言语正确 → 逻辑

media [ˈmiːdiə] *n.* 媒介，媒体
[记] 词根记忆：medi(中间)＋a→在中间起作用→媒介
[搭] mass media 大众传媒

medium [ˈmiːdiəm] *n.* [*pl.* media] 媒介，媒体；方法，手段(*technique, way, means)

metaphor [ˈmetəfər] *n.* 隐喻，暗喻
[记] 词根记忆：meta(变化)＋phor(带来)→给意义带来变化→隐喻，暗喻

motif [moʊˈtiːf] *n.* (文学作品等的)主题，主旨(subject, theme, motive)；(装饰)图形(*design)
[记] 词根记忆：mot(动)＋if→动力→主旨

motto [ˈmɑːtoʊ] *n.* 座右铭；箴言，格言(proverb)
[记] 词根记忆：mot(动)＋to→给动作以指示→座右铭；箴言，格言

narrate [nəˈreɪt] *v.* 讲述，叙述(relate)

narrative [ˈnærətɪv] *a.* 叙述(性)的 *n.* 叙述，描述(account, depiction)；记叙体

newsletter [ˈnuːzletər] *n.* 时事通讯
[记] 组合词：news(消息，新闻)＋letter(文字)→传递消息的文字→时事通讯

newsprint [ˈnuːzprɪnt] *n.* 新闻纸

nonsense [ˈnɑːnsens] *n.* 胡说，废话(rubbish)
[记] 联想记忆：non(不)＋sense(意义)→无意义的话→废话

nonverbal [ˈnɑːnvɜːrbl] *a.* 非语言的
[搭] nonverbal communication 非语言交际

notate [ˈnoʊteɪt] *vt.* 以符号表示
[记] 词根记忆：not(知道)＋ate(使…)→(通过标志)使人知道→以符号表示

notation [noʊˈteɪʃn] *n.* 符号，记号

notion [ˈnoʊʃn] *n.* 概念，观念(concept)；意图；想法(thought)
[记] 词根记忆：not(知道)＋ion(名词后缀)→知道→有了概念和想法→概念；想法

obituary [oʊˈbɪtʃueri] *n.* 讣闻，讣告

[记] 词根记忆：ob(=to 向，往)+it(走，离去)+uary → 到某地去再相见(去世的委婉说法) → 讣闻

paradox [ˈpærədɑːks] *n.* 似是而非的话；自相矛盾的话

[记] 词根记忆：para(相反的)+dox(观点) → 自相矛盾的话

periodical [ˌpɪriˈɑːdɪkl] *n.* 期刊，杂志 *a.* 周期的，定期的

[记] 来自 period(*n.* 时期，周期)

perspective [pərˈspektɪv] *n.* 展望；观点，看法；远景；透视图；前途

[记] 词根记忆：per(穿过)+spect(看)+ive → 透过某物看 → 展望

pictorial [pɪkˈtɔːriəl] *a.* 图示的；图画的 *n.* 画报，画刊

[记] 词根记忆：pict(画，描绘)+orial → 起描绘作用的 → 图示的

platitude [ˈplætɪtuːd] *n.* 陈词滥调

[记] 词根记忆：plat(平的)+itude → 平庸之词 → 陈词滥调

poetic [poʊˈetɪk] *a.* 诗歌的；诗意的(lyrical)

[派] poetics(*n.* 诗学，诗艺)

poster [ˈpoʊstər] *n.* 海报，招贴画(placard)；(在网络留言板上)发布消息的人

[记] 来自 post(*v.* 张贴)

preach [priːtʃ] *v.* 布道，讲道；宣讲，宣传(生活方式、体制等)；说教

[记] 联想记忆：布道(preach)是想达到(reach)让他人信服的目的

press [pres] *n.* 报刊；新闻界，新闻工作者；报道，评论；出版社；印刷厂

[搭] press conference 新闻发布会，记者招待会

proclaim [prəˈkleɪm] *v.* 宣布，声明(declare, announce)；显示(display)

[记] 词根记忆：pro(在…前面)+claim(叫喊) → 在前面大叫大喊 → 宣布

profile [ˈproʊfaɪl] *n.* 人物专访；概述，传略；面部的侧影；轮廓 *vt.* 扼要介绍

[记] 词根记忆：pro(在…前面) + fil(线条) + e → 在前面看到的线条 → 外部线条 → 轮廓

propagate [ˈprɑːpəgeɪt] *v.* 繁殖(raise, reproduce)；散布，传播(spread, disperse)

[记] 词根记忆：pro(向前) + pag(扎牢，系牢) + ate → 向前系牢 → 让自己的血统一代代地牢固下去 → 繁殖

publication [ˌpʌblɪˈkeɪʃn] *n.* 出版，发行；出版物(edition)

publicize [ˈpʌblɪsaɪz] *vt.* 宣传，推广，宣扬(advertise, promote)

[记] 联想记忆：public(公众) + ize → 使广为公众所知 → 宣传

quarterly [ˈkwɔːrtərli] *n.* 季刊

[记] 来自 quarter(*n.* 季度)

quotation [kwoʊˈteɪʃn] *n.* 引文，引语，语录；报价

[记] 来自 quote(*v.* 引用)

readability [ˈriːdəbɪlɪti] *n.* 可读性

[记] 联想记忆：read(阅读) + abil(能…的) + ity(名词后缀) → 能被阅读的 → 可读性

receptive [rɪˈseptɪv] *a.* (对…)接受得快的；善于接受的，能接纳的

relay [rɪˈleɪ] *vt.* 转播(broadcast)；转达；转发(信号、消息等)

release [rɪˈliːs] *n./vt.* 释放，解放(liberate)；发布，发行(issue)

remark [rɪˈmɑːrk] *v.* 评论(comment)；谈论 *n.* 评论，评语；注释

[记] 联想记忆：re(再，又) + mark(做标记) → 一再做标记 → 评论

reputation [ˌrepjuˈteɪʃn] *n.* 名声，声望(fame)

[记] 词根记忆：re(再，又) + put(想) + ation → 值得反复考虑 → 非常看重的 → 名声，声望

[搭] a good/bad reputation 好/坏的名声

respond [rɪˈspɑːnd] *vi.* (to)回答，答复(reply)；作出反应；响应

[记] 词根记忆：re(再，又)+spond(允诺，约定)→再次约定→回答，答复

respondent [rɪˈspɑːndənt] *n.* 回答者，响应者；调查对象

rhyme [raɪm] *n.* 韵(rhythm)；押韵 *v.* 押韵

[记] 联想记忆：r+hyme(看做hymn，赞美诗)→赞美诗一般是押韵的→韵；押韵

rhythm [ˈrɪðəm] *n.* 节奏，韵律

[记] 本身为词根，意为"节奏"

riddle [ˈrɪdl] *n.* 谜；谜语 *vt.* 使布满窟窿

[记] 联想记忆：谜(riddle)底在中间(middle)

rumor [ˈruːmər] *n.* 传闻，谣言

[记] 联想记忆：rum(看做run，跑)+or→好事不出门，坏事传千里→传闻，谣言

scandal [ˈskændl] *n.* 丑事，丑闻；流言飞语

[记] 联想记忆：scan(扫描)+dal→扫描时事，揭露丑闻→丑闻

schematic [skiːˈmætɪk] *a.* 图解的；纲要的

semantic [sɪˈmæntɪk] *a.* 语义的

[记] 词根记忆：sem(符号)+ant+ic→有关符号的→语义的

semiotics [ˌsemiˈɑːtɪks] *n.* 符号学

[记] 词根记忆：semi(符号)+ot+ics(…学)→符号学

sensational [senˈseɪʃənl] *a.* 轰动性的，引起哗然的

[搭] sensational headlines 耸人听闻的头条新闻

sidebar [ˈsaɪdbɑːr] *n.* 补充报道

simile [ˈsɪməli] *n.* 明喻

[记] 词根记忆：simil(相同)+e→用相同的东西表示→明喻

slogan [ˈsloʊgən] *n.* 标语，口号

[记] 词根记忆：s+log(说)+an→标语，口号

subscribe [səbˈskraɪb] *v.* 订购，订阅；申请，预订

[记] 词根记忆：sub(在…下面)+scrib(写)+e→在下面写上名字→订阅，订购

supplement [ˈsʌplɪmənt] *n.* 补充，增补（*extension）；增刊；(书籍的)补遗，附录 [ˈsʌplɪment] *vt.* 补充，增补（*add to）

[记] 词根记忆：sup(在…下面)+ple(填满)+ment → 在下面填满 → 补充

syllable [ˈsɪləbl] *n.* 音节

[记] 词根记忆：syl(=syn 一起)+lab(拿)+le → 把几个音拿到一起(构成一个音节) → 音节

symbol [ˈsɪmbl] *n.* 符号，标志(sign)；象征

synonym [ˈsɪnənɪm] *n.* 同义词

[记] 词根记忆：syn(共同)+onym(字，词) → 同义词

syntactic [sɪnˈtæktɪk] *a.* 句法的；按照句法的

[记] 词根记忆：syn(共同)+tact(排列)+ic → 把句子排列在一起 → 句法的

terminology [ˌtɜːrməˈnɑːlədʒi] *n.* (某学科的)专门用语，术语(term)；术语学

[记] 词根记忆：termin(界限)+ology(…学) → 仅限于一部分人使用的语言 → 术语

translation [trænsˈleɪʃn] *n.* 翻译

transmit [trænsˈmɪt] *v.* 传送(convey, transfer)；传播，传染(spread)

[记] 词根记忆：trans(穿过)+mit(送) → 从一地送到一地 → 传送

verbalize [ˈvɜːrbəlaɪz] *v.* 用言语(或文字)表达

[记] 词根记忆：verb(言语)+al+ize(动词后缀) → 用言语(或文字)表达

verbiage [ˈvɜːrbiɪdʒ] *n.* 冗词，赘言，废话

version [ˈvɜːrʒn] *n.* 译文，译本(translation)；版本

[记] 词根记忆：vers(转)+ion → 从原文转化而来 → 译本

vocal [ˈvoʊkl] *a.* 声音的，有声的(phonic)；声乐的

[记] 词根记忆：voc(叫喊)+al(形容词后缀) → 声音的

[搭] vocal cords 声带

政治与法律

abolition [ˌæbəˈlɪʃn] *n.* 废除，废止；废奴运动

[记] 来自 abolish(*vt.* 废除，废止)

absolve [əbˈzɑːlv] *vt.* 赦免；免除(责任、义务等)；宽恕

[记] 词根记忆：ab(分离) + solv(松开) + e → 放开(使脱离责任、罪责等) → 赦免

accede [əkˈsiːd] *vi.* 即位，就任；同意

[记] 词根记忆：ac(靠近) + ced(走) + e → 走近(职位等) → 即位，就任

accredit [əˈkredɪt] *vt.* 委任，授权(authorize, license)

[记] 词根记忆：ac + cred(相信) + it → 授权

accuse [əˈkjuːz] *vt.* 谴责(condemn)；指责(blame)；指控(charge)

[记] 词根记忆：ac(反，逆) + cus(=caus 原因) + e → 指责

acquit [əˈkwɪt] *vt.* 宣告无罪

[记] 联想记忆：ac + quit(离开) → 让人离开监牢 → 宣告无罪

adversary [ˈædvərseri] *n.* 对手，敌手

[记] 词根记忆：ad(反，逆) + vers(转) + ary → 转向反方 → 对手，敌手

align [əˈlaɪn] *v.* (使)结盟

[记] 联想记忆：a + lign(看做 line，线) → 排成一条线 → (使)结盟

allege [əˈledʒ] *vt.* 断言，宣称

[记] 词根记忆：al(向) + leg(送) + e → (把话)向某人送去 → 断言

ally [əˈlaɪ] *v.* (使)结盟 [ˈælaɪ] *n.* 同盟国；结盟者，支持者

[记] 联想记忆：all(所有) + y → 所有人站在一起 → (使)结盟

amend [ə'mend] *vt.* 修正，修订(法律文件等)
[派] amendment(*n.* 修正案)

anarchist ['ænərkɪst] *n.* 无政府主义者

annul [ə'nʌl] *vt.* 宣布无效，取消，废除
[记] 词根记忆：an(接近)+n(=ne 没有)+ul → 使接近没有 → 宣布无效

appeal [ə'piːl] *vi.* 上诉，起诉；申诉；呼吁；吸引 *n.* 上诉；申诉；呼吁；吸引力(*attraction)
[记] 词根记忆：ap(向)+peal(=pel 推) → 推过去 → 吸引
[搭] appeal court 上诉法院；take appeal to/against 对…提出上诉

arbitrary ['ɑːrbətreri] *a.* 任意的(random)；专断的
[记] 词根记忆：ar(向)+bitr(进发)+ary → 向着某物进发 → 专断的

aristocratic [əˌrɪstə'krætɪk] *a.* 贵族(统治)的；有贵族气派的
[记] 词根记忆：aristo(最好的)+crat(统治)+ic → 贵族(统治)的

assassinate [ə'sæsəneɪt] *vt.* 暗杀，行刺；中伤

attorney [ə'tɜːrni] *n.* 辩护律师；代理人
[记] 词根记忆：at(向)+torn(转)+ey → 转向他人 →(在法庭上)为他人代言 → 辩护律师

authoritative [ə'θɔːrəteɪtɪv] *a.* 权威性的；专断的

authority [ə'θɔːrəti] *n.* 权力(power)，管辖权；[*pl.*]官方，当局；权威，专家
[记] 联想记忆：作家(author)有权力(authority)主宰主人公的命运

authorize ['ɔːθəraɪz] *vt.* 授权(empower)；批准，许可(permit, sanction)

autonomous [ɔː'tɑːnəməs] *a.* 自治的

autonomy [ɔː'tɑːnəmi] *n.* 自治(权)；人身自由
[记] 词根记忆：auto(自己)+nom(法律)+y → 自己制定法律进行统治 → 自治

bicameral [ˌbaɪ'kæmərəl] *a.* 两院制的，有两个议院的
[搭] bicameral legislature 两院立法

bureau [ˈbjʊroʊ] *n.* 局，署；办公室；机构

[记] 本身为词根，意为“桌子”→ 局

cabinet [ˈkæbɪnət] *n.* 内阁；橱柜

campaign [kæmˈpeɪn] *n.* 竞选活动；战役 *vi.* 竞选；参加战役

[记] 联想记忆：camp(营地) + aign → 军队在野外扎营 → 参加战役

candidate [ˈkændɪdət] *n.* 候选人(nominee)

[记] 联想记忆：can(能) + did(做) + ate → 踏实能干才能成为候选人 → 候选人

canvass [ˈkænvəs] *v.* 游说，拉选票

[记] 联想记忆：在帆布(canvas)上写上标语来拉选票(canvass)

charter [ˈtʃɑːrtər] *n.* 纲领，宣言；宪章(constitution) *vt.* 特许(certify)

civil [ˈsɪvl] *a.* 市民的，公民的(civic)；政府的；民事的

[记] 词根记忆：civ(市民，公民) + il → 市民的，公民的

[搭] civil rights 公民权；civil war 内战

client [ˈklaɪənt] *n.* 委托人，当事人；顾客(customer)

coalition [ˌkoʊəˈlɪʃn] *n.* 联盟，同盟(alliance)；结合，联合(combination)

[记] 词根记忆：co(共同) + alit(变成) + ion → 变成一体 → 联合，结合

[搭] in coalition with 联合

code [koʊd] *n.* 法典，法规(laws, rules)；密码，代码 *vt.* 编纂(法典等)

[搭] code of laws 法典；bar code 条形码

codify [ˈkɑːdɪfaɪ] *vt.* 编成法典，使法律成文化；整理，系统化(systematize)

[记] 来自 code(*n.* 法典，法规)

commission [kəˈmɪʃn] *n.* 委任 *vt.* 委托，授权(appoint, assign)

[记] 词根记忆：com(共同) + miss(送) + ion → 送交给某人 → 委任；委托

committee [kəˈmɪti] *n.* 委员会(council)

[记] 词根记忆：com(共同) + mitt(送) + ee(表人) → 共同发送的人 → 委员会

concord [ˈkɑːŋkɔːrd] *n.* 和睦；公约

[记] 词根记忆：con(共同) + cord(心) → 心与心相连 → 和睦

confederacy [kənˈfedərəsi] *n.* 联盟，同盟，联邦(alliance)

[记] 词根记忆：con(共同) + feder(相信) + acy → 互相信任 → 联盟

confer [kənˈfɜːr] *v.* 授予(award)；协商，商讨

[记] 词根记忆：con(共同) + fer(带来) → 带着某物一起来 → 授予

confession [kənˈfeʃn] *n.* 供认，坦白；供词，供状；承认(admission)

confiscate [ˈkɑːnfɪskeɪt] *vt.* 没收，充公

[记] 词根记忆：con(和) + fisc(箱；金库) + ate → 使和金库分开 → 没收，充公

congress [ˈkɑːŋgrəs] *n.* 议会，国会(parliament)；(代表)大会(convention)

[记] 词根记忆：con(共同) + gress(行走) → 走到一起去开会 → 大会

congressional [kənˈgreʃənl] *a.* 立法机构的；代表大会的；(美国)国会的

[搭] a congressional bill 国会议案

consort [kənˈsɔːrt] *vi.* 结交(associate)

[ˈkɑːnsɔːrt] *n.* (尤指统治者的)配偶；团伙

[记] 联想记忆：con(共同) + sort(类型) → 同类相聚 → 结交

conspiracy [kənˈspɪrəsi] *n.* 密谋；阴谋

constituent [kənˈstɪtʃuənt] *n.* 选民(electorate)；要素，成分(*component, element) *a.* 有宪法制定或修改权的

[记] 词根记忆：con(共同) + stit(=stat 站立) + uent → 站在一起 → 要素，成分

constitute [ˈkɑːnstətuːt] *v.* 组成(make up); 设立(set up, establish); 制定(enact)

[记] 词根记忆: con(共同) + stit(=stat 站立) + ute → 站在一起 → 组成; 设立

constitution [ˌkɑːnstəˈtuːʃn] *n.* 宪法, 章程

convict [kənˈvɪkt] *vt.* 定罪, 宣告…有罪(criminate)

[记] 词根记忆: con(表加强) + vict(征服) → 完全征服 → 定罪

corps [kɔːr] *n.* 军团, 兵团

[记] 词根记忆: corp(身体) + s → 团队 → 军团

corrupt [kəˈrʌpt] *v.* 腐化, 腐蚀; 使腐败 *a.* 堕落的, 腐化的; 腐败的

[记] 词根记忆: cor(表加强) + rupt(断裂) → 完全断裂 → 腐化, 腐蚀

council [ˈkaʊnsl] *n.* 理事会, 委员会

[记] Security Council 联合国安理会

court [kɔːrt] *n.* 法院; 宫廷; 球场(playground, field)

[搭] supreme court 最高法院

crown [kraʊn] *n.* 王冠; 花冠

[记] 联想记忆: crow (乌鸦) + n → 给乌鸦戴帽子 → 王冠

culpable [ˈkʌlpəbl] *a.* 该谴责的, 难辞其咎的

[记] 词根记忆: culp(指责) + able(能…的) → 应该受到指责的 → 该谴责的, 难辞其咎的

decree [dɪˈkriː] *n.* 政令, 法令; 裁定, 判决 *v.* 判决; 颁布

[搭] issue a decree 颁布一项法令

default [dɪˈfɔːlt] *n.* 违约; 弃权 *vi.* 不履行义务; 拖欠

[记] 联想记忆: de(表加强) + fault(过失) → 过失进一步恶化 → 违约

delegate [ˈdelɪɡət] *n.* 代表(representative)

[ˈdelɪɡeɪt] *vt.* 授权(authorize)

[记] 词根记忆: de(分离) + leg(送) + ate → 外派出去 → 代表

democracy [dɪˈmɑːkrəsi] *n.* 民主政体，民主主义

[记] 词根记忆：demo(人民) + cracy(统治) → 人民统治 → 民主政体

democrat [ˈdeməkræt] *n.* 民主主义者；[D-] 民主党人

denounce [dɪˈnaʊns] *vt.* 谴责，公开指责；告发

[记] 词根记忆：de(向下) + nounc(宣布) → 向不好的方面宣布 → 谴责

depose [dɪˈpoʊz] *vt.* 革除，罢免，废黜

[记] 词根记忆：de(向下) + pos(放) + e → (将人)向下放 → 革除

deprive [dɪˈpraɪv] *vt.* 使失去，剥夺(take away)

[记] 词根记忆：de(去掉) + priv(私有的) + e → 使某物离开某人 → 使失去，剥夺

desegregate [ˌdiːˈsegrɪgeɪt] *vt.* 废除种族隔离

[记] 词根记忆：de(反) + se(分离) + greg(群) + ate → 反对分离群体 → 废除种族隔离

diplomat [ˈdɪpləmæt] *n.* 外交官

diplomatic [ˌdɪpləˈmætɪk] *a.* 外交的，从事外交的；策略的，有手腕的(tactful)

disarm [dɪsˈɑːrm] *v.* 解除武装；裁军；消除(疑虑)，消解(怒气等)

[记] 联想记忆：dis(分离) + arm(武器) → 解除武装

district [ˈdɪstrɪkt] *n.* 区域，管区(section, area, region)

empower [ɪmˈpaʊər] *v.* 授权(authorize)；使控制局势

[记] 联想记忆：em + power(权力) → 使有权力 → 授权

empress [ˈemprəs] *n.* 女皇；皇后

enact [ɪˈnækt] *v.* 制定法律，颁布

[记] 联想记忆：en(使…) + act(法令) → 使成为法令 → 制定法律

enactment [ɪˈnæktmənt] *n.* (法律、法案、法令等的)制订，颁布(*establishment)；法律，法规

enlist [ɪnˈlɪst] *v.* 征募；从军，参军
[记] 联想记忆：en(=in 进入) + list(名单) → 进入名单 → 征募

equitable [ˈekwɪtəbl] *a.* 公平的，公正的(just, fair)

exempt [ɪɡˈzempt] *a.* 被免除的，被豁免的 *vt.* 免除，豁免
[记] 词根记忆：ex(出) + empt(拿) → 拿出去 → 免除，豁免

exponent [ɪkˈspoʊnənt] *n.* 拥护者(advocator)

expropriate [eksˈproʊprieɪt] *vt.* 征用，没收(私有财产)
[记] 词根记忆：ex(出) + propr(固有的) + iate → 使人失去其自身所固有的东西 → 征用，没收(私有财产)

faction [ˈfækʃn] *n.* 派别，派系，小集团
[派] factionalism(*n.* 党派之争)

federal [ˈfedərəl] *a.* 联邦的；联邦制的；联邦政府的

feudal [ˈfjuːdl] *a.* 封建(制度)的
[记] 来自 feud(*n.* 世仇)

foment [foʊˈment] *vt.* 煽动(instigate)
[记] 联想记忆：fom(看做 form，形成) + ent → 帮助形成 → 煽动

forfeit [ˈfɔːrfət] *vt.* 被没收，丧失 *n.* 罚款
[记] 词根记忆：for(在门外) + feit(=fact 做) → 没有做的权力 → 被没收，丧失

franchise [ˈfræntʃaɪz] *n.* 特权(privilege)；选举权 *vt.* 赋予特权；赋予选举权

fraud [frɔːd] *n.* 诈骗罪；骗子，冒名顶替者；冒牌货

govern [ˈɡʌvərn] *v.* 治理，管理(administrate)；控制，支配(control)

guideline [ˈɡaɪdlaɪn] *n.* [常 *pl.*] 指导方针；准则，行动纲领
[记] 组合词：guide(指导) + line(路线) → 指导方针

guilty [ˈɡɪlti] *a.* 有罪的；内疚的

homestead [ˈhoʊmsted] *n.* 家宅，农庄；宅地
[搭] the Homestead Act《宅地法》

imperial [ɪmˈpɪriəl] *a.* 帝国的；皇家的；至尊的(sovereign)；专横的

[记] 词根记忆：im（表加强）+ per（安排）+ ial → 有着完全的安排权力的 → 帝国的

implement [ˈɪmplɪment] *vt.* 执行，实施(carry out)

[ˈɪmplɪmənt] *n.* [常 *pl.*] 工具(*tool)

[记] 词根记忆：im（在…里面）+ ple（填满）+ ment → 在里面填满 → 执行，实施

inaugurate [ɪˈnɔːgjəreɪt] *vt.* 为…举行就职典礼；为…举行开幕式；开创

[记] 词根记忆：in(进入) + augur(占卜，预测) + ate → 进入预测好的未来 → 开创

incapacitate [ˌɪnkəˈpæsɪteɪt] *vt.* 使无资格；使失去能力；使不胜任

[记] 词根记忆：in(无) + capac(=cap 握住) + it + ate → 使无力握住 → 使无资格；使失去能力

independent [ˌɪndɪˈpendənt] *a.* 独立的，自立的，自治的(*autonomous) *n.* 无党派者，中立派

indict [ɪnˈdaɪt] *vt.* 控诉，起诉，控告

[记] 词根记忆：in(逆，反) + dict(说) → 逆着某人说 → 起诉，控告

injurious [ɪnˈdʒʊrəriəs] *a.* 侮辱的，诽谤的；造成伤害的，有害的

interrogate [ɪnˈterəgeɪt] *vt.* 审问，讯问，盘问

[记] 词根记忆：inter(在…之间) + rog(问) + ate → 在中间问 → 审问，讯问

item [ˈaɪtəm] *n.* 条，条款(clause)；项目

[搭] item on the agenda 议程条款

juridical [dʒʊˈrɪdɪkl] *a.* 法律的，司法的

justice [ˈdʒʌstɪs] *n.* 法官；司法；正义，公正(equity)

[记] 词根记忆：just(正确的) + ice → 正义，公正

kingdom [ˈkɪŋdəm] *n.* 王国(realm, domain, empire)

[记] 联想记忆：king(国王) + dom(表领域) → 国王统治的领域 → 王国

lapse [læps] *n.* 失误；失足 *vi.*（合同、协议等）期满终止，失效

lawsuit [ˈlɔːsuːt] *n.* 诉讼

legislate [ˈledʒɪsleɪt] *v.* 制定法律；通过立法
[记] 词根记忆：leg（法律）+ isl + ate（使…）→ 使成为法律 → 制定法律；通过立法

legislative [ˈledʒɪsleɪtɪv] *n.* 立法机关 *a.* 立法的，有立法权的；立法机关的

legislature [ˈledʒɪsleɪtʃər] *n.* 立法机关

legitimate [lɪˈdʒɪtɪmət] *a.* 合法的，法定的（legal）；正当的
[记] 词根记忆：leg（法律）+ itim + ate → 合法的，法定的

levy [ˈlevi] *vt.* 征收（税等）*n.* 征收额；税款

mandate [ˈmændeɪt] *n.* 委托书；授权令；任期
[ˌmænˈdeɪt] *v.* 强制执行；授权
[记] 词根记忆：mand（命令）+ ate → 发出命令 → 授权令

mandatory [ˈmændətɔːri] *n.* 强制的，法定的，义务的（imperative, obligatory）

manifesto [ˌmænɪˈfestoʊ] *n.* 宣言；声明
[记] 词根记忆：mani（手）+ fest（打）+ o → 用手打，怒意很明显 → 宣言

mediate [ˈmiːdieɪt] *v.* 调解，调停，斡旋（reconcile）
[记] 词根记忆：medi（中间）+ ate → 在矛盾双方中间 → 调解，调停

military [ˈmɪləteri] *a.* 军事的（martial）*n.* [the ~] 军队（army, troops）
[记] 词根记忆：milit（打架）+ ary → 军事的

mission [ˈmɪʃn] *n.* 代表团，使团（delegation）；任务，使命（task）
[记] 词根记忆：miss（发送）+ ion → 代表团；任务，使命

monarch [ˈmɑːnərk] *n.* 君主（ruler, emperor）
[记] 词根记忆：mon（单个）+ arch（统治）→ 个人统治 → 君主

monarchy [ˈmɑːnərki] *n.* 君主制；君主国

[记] 词根记忆：mon(单个) + archy(统治) → 君主制

municipal [mjuːˈnɪsɪpl] *a.* 市政的(civic)；内政的；地方性的(local)

[记] 词根记忆：muni(服务) + cip(拿) + al → 提供城市公共服务的 → 市政的

naval [ˈneɪvl] *a.* 海军的

[记] 词根记忆：nav(船) + al → 船的 → 在海上的 → 海军的

[搭] naval academy 海军军官学校

nominate [ˈnɑːmɪneɪt] *vt.* 任命，提名(designate, name, propose)

[记] 词根记忆：nomin(名字) + ate → 任命，提名

nominee [ˌnɑːmɪˈniː] *n.* 被提名者，被任命者

official [əˈfɪʃl] *a.* 官方的；正式的

[记] 来自 office(*n.* 政府机关)

[搭] official copy 正式文本

opponent [əˈpoʊnənt] *n.* 对手，反对者(adversary, rival, objector) *a.* 对立的，反对的

[记] 词根记忆：op(反) + pon(放) + ent → 放在相反位置的 → 对立的

outlaw [ˈaʊtlɔː] *n.* 罪犯；反叛者；被剥夺法律权益者

[记] 联想记忆：out(出) + law(法律) → 越出法律范围 → 罪犯

pact [pækt] *n.* 契约，条约，公约；协定

parliament [ˈpɑːrləmənt] *n.* 国会，议会(congress)

[记] 联想记忆：parlia(看做 parle，谈话) + ment → 谈论政务的地方 → 议会

patent [ˈpætnt] *n.* 专利权(privilege) *vt.* 取得专利权

[ˈpeɪtnt] *a.* 有专利的；显而易见的

patriot [ˈpeɪtriət] *n.* 爱国者

[记] 词根记忆：patr(父亲，引申为“祖国”) + iot → 把祖国当父亲看待的人 → 爱国者

penalty [ˈpenəlti] *n.* 处罚，惩罚；罚金

[记] 词根记忆：pen(惩罚)+al+ty→处罚，惩罚；罚金

petition [pəˈtɪʃn] *n.* 请愿；请愿书；诉状 *v.* (向…)请愿，正式请求(appeal)

[记] 词根记忆：pet(寻求)+ition→寻求(帮助)→请愿；请愿书

[搭] sign a petition 签请愿书

piracy [ˈpaɪrəsi] *n.* 海盗行为；抢劫行为；剽窃行为

[记] 来自 pirate(*vt.* 掠夺；盗版)

policy [ˈpɑːləsi] *n.* 政策，方针

[记] 联想记忆：警察(police)严格贯彻国家方针(policy)

politics [ˈpɑːlətɪks] *n.* 政治；政见；政治策略；政治学

premier [prɪˈmɪr] *n.* 首相，总理 *a.* 第一的，首要的；最著名的

[记] 词根记忆：prem(=prim 第一)+ier→第一的，首要的

preside [prɪˈzaɪd] *vi.* 担任主席；主持(会议等)

[记] 词根记忆：pre(在…前面)+sid(坐)+e→坐在前面→担任主席

presidency [ˈprezɪdənsi] *n.* 总统的职位(或任期)(position; term)

pretension [prɪˈtenʃn] *n.* 要求，主张(claim)；自命不凡

[记] 联想记忆：pre(预先)+tension(紧张)→预先感到紧张，要求放松一下→要求，主张

priority [praɪˈɔːrəti] *n.* 优先权(privilege)

[记] 来自 prior(*a.* 在前的)

privilege [ˈprɪvəlɪdʒ] *vt.* 给予特权 *n.* 特权

[记] 词根记忆：priv(单个)+i+leg(法律)+e→在法律上独享→给予特权

proof [pruːf] *n.* 证据(evidence)；证词

proposal [prəˈpoʊzl] *n.* 提议，建议(suggestion)；求婚

[记] 来自 propose(*v.* 提议，建议；求婚)

prosecute [ˈprɑːsɪkjuːt] *v.* 起诉，控告，检举；担任控方律师；继续从事

[记] 词根记忆：pro(在…前面) + secut(跟随) + e → 在大家采取行动前跟随 → 事先追踪行迹 → 起诉

[派] prosecutor(*n.* 公诉人，检察官)

protest [ˈproʊtest] *n.* 抗议，反对

[prəˈtest] *v.* 抗议，反对(object)

[记] 联想记忆：pro + test(测验) → 考试太多，遭到学生反对 → 抗议，反对

ratify [ˈrætɪfaɪ] *vt.* 正式批准(approve)

[记] 词根记忆：rat(清点) + ify → 一一清点 → 正式批准

realm [relm] *n.* 王国，国度(kingdom)；领域(region)

[记] 联想记忆：real(真正的) + m → 真正的好东西(如音乐、艺术等)无国界 → 王国

reconcile [ˈrekənsaɪl] *vt.* 使协调；使和解；使顺从(于)

reign [reɪn] *n.* 统治，支配；在位期

republic [rɪˈpʌblɪk] *n.* 共和国，共和政体

[记] 联想记忆：re + public(公共的) → 公共利益的代表 → 共和国

revoke [rɪˈvoʊk] *vt.* 撤销，撤回；取消，废除

[记] 词根记忆：re(回) + vok(叫喊) + e → 叫回 → 撤销

revolt [rɪˈvoʊlt] *v.* 反叛(rebel) *n.* 起义，叛乱(uprise)

[记] 词根记忆：re(反) + volt(转) → 反转过来 → 反叛

revolution [ˌrevəˈluːʃn] *n.* 革命

scout [skaʊt] *n.* 侦察员；侦察机 *v.* 侦察

[记] 联想记忆：sc + out(外面) → 在外面巡逻 → 侦察

senate [ˈsenət] *n.* 参议院；上院(Upper House)

[记] 词根记忆：sen(老的) + ate → 元老院 → 参议院；上院

senator [ˈsenətər] *n.* 参议员

session [ˈseʃn] *n.* （议会等的）会议；开庭(sitting)；开庭期；一节

slander [ˈslændər] *n.* 诽谤(罪)，诋毁 *vt.* 诽谤，诋毁

[记] 词根记忆：sland(=scandal 障碍物) + er → 设障碍物，使人绊倒 → 诽谤，诋毁

sovereign [ˈsɑːvrən] *n.* 君主，最高统治者 *a.* 君主的；拥有最高统治权的；独立自主的

[记] 词根记忆：sover(=super 在…之上) + (r)eig(=reg 统治) + n → 拥有最高统治权的

statesman [ˈsteɪtsmən] *n.* 政治家(politician)

[记] 组合词：states(国家，政府) + man(人) → 管理国家事务的人 → 政治家

suborn [səˈbɔːrn] *vt.* 收买，买通(使作伪证等)，唆使

[记] 词根记忆：sub(在…下面；秘密地) + orn(装备) → 偷偷摸摸地给予装备 → 收买

substantiate [səbˈstænʃieɪt] *vt.* 证实(*verify)

[记] 联想记忆：substan(ce)(事实；物质) + tiate → 用事实来证明 → 证实

summon [ˈsʌmən] *v.* 传唤，传讯(出庭)；召开(会议)；鼓起(勇气)

[记] 词根记忆：sum(=sub 在…之下) + mon(警告) → 在警告下来到 → 传唤

swindle [ˈswɪndl] *n./vt.* 诈骗，骗取(con)

testimony [ˈtestɪmoʊni] *n.* 证词

[记] 词根记忆：test(目击) + i + mony(声明) → 目击声明 → 证词

tyrannical [tɪˈrænɪkl] *a.* 专制的，残暴的，专横的

ultimatum [ˌʌltɪˈmeɪtəm] *n.* 最后通牒

[记] 词根记忆：ultim(最后的) + atum → 最后通牒

upheaval [ʌpˈhiːvl] *n.* 剧变

[记] 来自 upheave(*v.* 举起，鼓起)

validate [ˈvælɪdeɪt] *vt.* 使有效，使生效

[记] 词根记忆：val(价值) + id + ate(使…) → 使有价值 → 使有效

validity [vəˈlɪdəti] *n.* 有效性，合法性

[搭] the validity of a contract 合同的有效性

verdict [ˈvɜːrdɪkt] *n.* 裁定；判断；意见

[记] 词根记忆：ver(真实的) + dict(说) → 说出事实 → 裁定

verifiable [ˈverɪfaɪəbl] *a.* 可证实的

[记] 来自 verify(*v.* 证实)

veto [ˈviːtoʊ] *n.* 否决权；禁止(ban, prohibition) *vt.* 否决；禁止

[搭] pocket veto 搁置否决权

warrant [ˈwɔːrənt] *n.* 许可证，委任状；执行令 *v.* 保证，担保

welfare [ˈwelfer] *n.* 福利(well-being)

[记] 联想记忆：wel(l)(健康的) + fare(费用) → 让人保持健康的费用 → 福利

[搭] welfare state 福利制度；福利国家

wield [wiːld] *vt.* 支配，行使(权力等)

[记] 联想记忆：支配(wield)，不放弃(yield)

环境与健康

addictive [əˈdɪktɪv] *a.* 使人上瘾的；使人沉醉的，醉心的
[记] 来自 addict(*n.* 瘾君子；对…入迷的人)

additive [ˈædətɪv] *n.* 添加剂 *a.* 添加的；加法的
[记] 联想记忆：add(加) + itive → 添加剂
[搭] food additives 食品添加剂

aggravate [ˈæɡrəveɪt] *vt.* 恶化，加重
[记] 词根记忆：ag(表加强) + grav(重的) + ate(使…) → 使变重 → 恶化

ailment [ˈeɪlmənt] *n.* 小病(sickness, illness)
[记] 词根记忆：ail(痛苦) + ment(名词后缀) → 小病

airborne [ˈerbɔːrn] *a.* 空气传播的
[记] 联想记忆：air(空气) + borne(bear 的过去分词，传播) → 空气传播的

allergic [əˈlɜːrdʒɪk] *a.* 过敏的，(对…)变态反应的
[记] 联想记忆：aller(看做 alert，警报) + gic → 皮肤发出警报 → 过敏的
[搭] be allergic to 对…过敏；反感，厌烦

allergy [ˈælərdʒi] *n.* 过敏性反应
[记] 词根记忆：all(异常的) + erg(起作用) + y → 异常的东西起作用 → 过敏性反应

alleviate [əˈliːvieɪt] *vt.* 减轻，缓和(relieve)
[记] 词根记忆：al(表加强) + lev(轻的) + i + ate(使…) → 使变轻 → 减轻，缓和

antibiotic [ˌæntibaɪˈɑːtɪk] *n.* [常 *pl.*] 抗生素 *a.* 抗菌的
[记] 词根记忆：anti(反) + bio(生命) + tic → 抗生素

arthritis [ɑːrˈθraɪtɪs] *n.* 关节炎
[记] 词根记忆：arthr(联结；关节) + itis(炎症) → 关节炎

asthma [ˈæzmə] *n.* 哮喘(症)

[搭] nasal asthma 鼻性哮喘; mild asthma 轻度哮喘

atrophy [ˈætrəfi] *n.* 萎缩(症)(shrinkage)

[记] 词根记忆: a(无) + troph(营养) + y → 没有营养 → 萎缩(症)

auditory [ˈɔːdətɔːri] *a.* 耳的; 听觉的

[记] 词根记忆: aud(听) + it + ory(形容词后缀) → 听觉的

bacteria [bækˈtɪriə] *n.* 细菌

[记] 联想记忆: bac(看做 back, 背后) + ter + ia(表病) → 总是偷偷让人得病的东西 → 细菌

[搭] bacteria infection 细菌感染

balm [bɑːm] *n.* 香油, 药膏; 镇痛剂

[记] 联想记忆: 镇痛剂(balm)让人镇静(calm)下来

behaviorism [bɪˈheɪvjərɪzəm] *n.* 行为主义

benign [bɪˈnaɪn] *a.* (疾病)良性的(innocuous); 和蔼的(kind)

[记] 词根记忆: ben(善, 好) + ign → 好的 → 良性的

[搭] a benign tumor 良性肿瘤

bosom [ˈbʊzəm] *n.* 胸部; 胸怀

bruise [bruːz] *v.* (使)出现伤痕; 挫伤 *n.* 伤痕; 青肿

[记] 发音记忆: "不如死" → 对她来说, 脸上有伤痕还不如死 → 伤痕

bump [bʌmp] *n.* 肿块 *v.* 撞(破)(hit)

[记] 发音记忆: 物体碰撞时发出的声音

calculus [ˈkælkjələs] *n.* 结石; 微积分

[记] 词根记忆: calcul(石头; 计算) + us → 结石; 微积分

capillary [ˈkæpəleri] *n.* 毛细血管 *a.* 毛状的; 毛细血管的

[记] 词根记忆: capill(毛发) + ary → 毛状的

cardiac [ˈkɑːrdiæk] *a.* 心脏的, 心脏病的

[记] 词根记忆: card(心) + iac → 心脏的

[搭] cardiac muscle 心肌

cartilage [ˈkɑːrtɪlɪdʒ] *n.* 软骨

cascara [kæsˈkɑːrə] *n.* 缓泻剂

cavity [ˈkævəti] *n.* 腔；洞，窟窿(pit, crater)

[记] 来自 cave(*n.* 洞穴)

[搭] cranial cavity 颅腔；abdominal cavity 腹腔

cerebral [səˈriːbrəl] *a.* 大脑的；理智的(intellectual)

chafe [tʃeɪf] *v.* 擦破，擦痛(abrade, rub)；(因受限制而)恼怒，焦躁

cholesterol [kəˈlestərɔːl] *n.* 胆固醇

[记] 词根记忆：chole(胆，胆汁) + ster(固体的) + ol(油) → 胆固醇

chronical [ˈkrɑːnɪkl] *a.* 慢性的，延续很长的(inveterate)

[记] 词根记忆：chron(时间) + ical → 长时间的 → 慢性的

clinic [ˈklɪnɪk] *n.* 门诊部(dispensary)

contagious [kənˈteɪdʒəs] *a.* 传染性的(infectious)；有感染力的(catching)

[记] 词根记忆：con(通过) + tag(接触) + ious → 通过接触传播的 → 传染性的

contaminate [kənˈtæmɪneɪt] *vt.* 污染(pollute)

[记] 词根记忆：con(共同) + tamin(触摸) + ate → 共同触摸脏东西 → 污染

contamination [kənˌtæmɪˈneɪʃn] *n.* 污染(pollution)；玷污

curative [ˈkjʊrətɪv] *a.* 有疗效的；医疗的 *n.* 药物

[记] 词根记忆：cura(治疗) + tive → 有疗效的

deadly [ˈdedli] *a.* 致命的(deathful, fatal)

delirium [dɪˈlɪriəm] *n.* 精神错乱(insanity, madness)

descent [dɪˈsent] *n.* 血统(ancestry)；下降(drop)

[记] 来自 descend(*v.* 遗传；下降)

detectable [dɪˈtektəbl] *a.* 可发觉的，可看穿的(apparent)

diagnose [ˌdaɪəgˈnoʊs] *v.* 诊断

[记] 词根记忆：dia(穿过) + gnos(知道) + e → 古时通过望、闻、问、切诊断病情，透过表面看实质 → 诊断

disease [dɪˈziːz] *n.* 疾病(illness, sickness)
[记] 联想记忆：dis(不)+ease(安心)→身心不安→疾病
[搭] viral disease 病毒性疾病；heart disease 心脏病

disorder [dɪsˈɔːrdər] *n.* 杂乱，混乱(chaos)；紊乱，失调(maladjustment)
[记] 联想记忆：dis(不)+order(顺序)→无序→混乱；失调

dosage [ˈdoʊsɪdʒ] *n.* 剂量，服用量
[记] 词根记忆：dos(给予)+age(集体名词后缀)→医生给予的量→剂量

drowsy [ˈdraʊzi] *a.* 昏昏欲睡的；催眠的
[搭] make sb. drowsy 使某人昏昏欲睡

effluent [ˈefluənt] *n.* 废水，污水
[记] 词根记忆：ef(出)+flu(流)+ent→流出来的→废水，污水

embryo [ˈembrioʊ] *n.* 胚，胚胎；雏形
[记] 词根记忆：em+bryo(变大)→种子等变大→胚胎

endangered [ɪnˈdeɪndʒərd] *a.* 将要灭绝的
[搭] endangered species 濒危物种

environmental [ɪnˌvaɪrənˈmentl] *a.* 有关环境的，自然环境的；环境的
[搭] environmental science class 环境科学课

epidemic [ˌepɪˈdemɪk] *n.* 流行(popularity)；流行病 *a.* 流行性的
[记] 词根记忆：epi(在…之间)+dem(人民)+ic→在一群人之间→流行

eviscerate [ɪˈvɪsəreɪt] *vt.* 取出内脏(gut, disembowel)；除去主要部分
[记] 联想记忆：e(出)+viscera(内脏)+te→取出内脏

excise [ɪkˈsaɪz] *vt.* 切除；删去
[记] 词根记忆：ex(出)+cis(切)+e→切除

exhaust [ɪɡˈzɔːst] *n.* 废气；排气管 *vt.* 耗尽(drain)
[搭] exhaust emission 尾气排放

feeble [ˈfiːbl] *a.* 虚弱的，无力的(weak, frail)
[记] 联想记忆：fee(费用)+ble → 需要花钱看病 → 虚弱的，无力的

flu [fluː] *n.* 流行性感冒

garbage [ˈɡɑːrbɪdʒ] *n.* 垃圾(rubbish)；废物(waste)

germ [dʒɜːrm] *n.* 微生物，细菌(bacteria, microbe, microorganism)；萌芽
[记] 本身是词根，意为"芽" → 微生物，细菌

gland [ɡlænd] *n.* 腺
[记] 联想记忆：g+land(地带，地区) → 体内的特殊地带 → 腺

healing [ˈhiːlɪŋ] *a.* 有治疗功用的(*curative) *n.* 康复
[记] 来自 heal(*v.* 治疗，治愈)

healthful [ˈhelθfl] *a.* 有益健康的

hemp [hemp] *n.* 大麻(纤维)；由大麻制成的麻醉药

hereditary [həˈredɪteri] *a.* 遗传(性)的；世袭的
[记] 词根记忆：her(继承人)+edit+ary(形容词后缀) → 继承下来的 → 遗传(性)的

holistic [hoʊˈlɪstɪk] *a.* 整体的，全面的；功能整体性的
[搭] holistic medicine 整体医学

hormone [ˈhɔːrmoʊn] *n.* 激素；荷尔蒙
[记] 词根记忆：horm(冲动)+one → 激素；荷尔蒙

hygiene [ˈhaɪdʒiːn] *n.* 卫生(sanitation)；卫生学
[记] 在古希腊神话中有一个女神叫 Hygeia，被奉为健康女神，她的名字所基于的希腊词根 hygi 含有"健康的"之意，现在作为医学术语，表示"卫生；卫生学"
[搭] personal hygiene 个人卫生

ideomotor [ˌɪdiəˈmoʊtər] *a.* 观念运动的
[搭] ideomotor action 观念运动；ideomotor theory 念动说

illusion [ɪˈluːʒn] *n.* 幻觉；错觉(delusion)

[记] 词根记忆：il(不，无)+lus(看做词根 lust，光)+ion → 看到根本没有的光 → 幻觉；错觉

immune [ɪˈmjuːn] *a.* 免疫的；不受影响的

[记] 词根记忆：im(没有)+mun(作用)+e → 没有作用 → 免疫的

[搭] immune system 免疫系统

immunity [ɪˈmjuːnəti] *n.* 免疫力；保护(*protection)；免除(exemption)

impulse [ˈɪmpʌls] *n.* 冲动(urge)；脉冲(pulse)

[记] 词根记忆：im(使…)+puls(推)+e → 推动 → 冲动

indigestion [ˌɪndɪˈdʒestʃən] *n.* 消化不良

[记] 来自 digest(*v.* 消化)

infection [ɪnˈfekʃn] *n.* 传染，感染；传染病

[记] 来自 infect(*vt.* 传染，感染)

[搭] respiratory infection 呼吸道感染

infectious [ɪnˈfekʃəs] *a.* 传染性的，传染病的(contagious)

[搭] infectious disease 传染病

infest [ɪnˈfest] *vt.* 大批滋生

[记] 联想记忆：in(进入)+fest(集会) → 拥挤着参加集会 → 大批滋生

[搭] be infested with 多得成灾

infirm [ɪnˈfɜːrm] *a.* 虚弱的

inflammation [ˌɪnfləˈmeɪʃn] *n.* 炎症，发炎

influenza [ˌɪnfluˈenzə] *n.* 流行性感冒

[记] 联想记忆：流行性感冒(influenza)会影响(influence)很多人的生活

inject [ɪnˈdʒekt] *vt.* 注射(药液等)；注入，灌输

[记] 词根记忆：in(进入)+ject(投，掷) → 投进去 → 注射(药物等)

insanity [ɪnˈsænəti] *n.* 精神错乱，疯狂(madness)

[记] 来自 insane(*a.* 精神失常的，疯狂的)；in(不)+san(健全的)+e → 精神不健全的 → 精神失常的

insulin [ˈɪnsəlɪn] *n.* 胰岛素

[记] 词根记忆：insul(岛屿) + in → 胰岛素

internship [ˈɪntɜːrnʃɪp] *n.* 实习医师；实习医师期

intuitive [ɪnˈtuːɪtɪv] *a.* 直觉的

invalid [ɪnˈvælɪd] *a.* 有病的；供病人用的；无效的

[记] 词根记忆：in(无) + val(价值) + id → 无价值的 → 无效的

larynx [ˈlærɪŋks] *n.* 喉

latent [ˈleɪtnt] *a.* 潜在的，隐伏的(hidden)

[记] 联想记忆：late(晚的) + nt → 晚到的 → 潜在的，隐伏的

[搭] latent heat 潜伏热；latent period 潜伏期

lethal [ˈliːθl] *a.* 有害的，致命的(deadly)

[记] 词根记忆：leth(死，僵) + al → 有害的，致命的

longevity [lɔːnˈdʒevəti] *n.* 长寿(long life)

[记] 词根记忆：long(长的) + ev(时间) + ity → 活得时间长 → 长寿

malnutrition [ˌmælnuːˈtrɪʃn] *n.* 营养不良

[记] 联想记忆：mal(坏) + nutrition(营养) → 营养不好 → 营养不良

medication [ˌmedɪˈkeɪʃn] *n.* 药物治疗；药物(medicine)

[记] 词根记忆：med(医疗，治疗) + ic + ation(表物，名词后缀) → 药物

[搭] be on medication (for ...) (为…病而)吃药

microbe [ˈmaɪkroʊb] *n.* 微生物，细菌(bacteria, germ)

[记] 词根记忆：micro(微小的) + be(=bio 生命) → 微生物

microorganism [ˌmaɪkrəˈɔːrgənɪzəm] *n.* 微生物

[记] 联想记忆：micro(微小的) + organism(生物) → 微生物

microscope [ˈmaɪkrəskoʊp] *n.* 显微镜

[记] 词根记忆：micro(微小的) + scop(看) + e → 用来看小东西 → 显微镜

microscopic [ˌmaɪkrəˈskɑːpɪk] *a.* 用显微镜可见的；极小的

myopic [maɪˈɑːpɪk] *a.* 近视的；缺乏远见的

[记] 词根记忆：my(闭上)+op(眼睛)+ic→闭上眼睛的→缺乏远见的

nicotine [ˈnɪkətiːn] *n.* 尼古丁

[记] 来自人名Nicot，1560年他将烟草引入法国

nightmare [ˈnaɪtmer] *n.* 噩梦；无法摆脱的恐惧；可怕的事

[记] 联想记忆：night(夜晚)+mare(阴暗区)→夜里的阴暗区域→噩梦

nostalgia [nɑːˈstældʒə] *n.* 思乡病，乡愁(homesickness)；怀旧之情

[记] 词根记忆：nost(回家)+alg(痛)+ia→想回家想到心痛→思乡病

nourishment [ˈnɜːrɪʃmənt] *n.* 营养品

noxious [ˈnɑːkʃəs] *a.* 有害的(*harmful, injurious)；有毒的(poisonous)

[记] 词根记忆：nox(毒)+ious→有毒的

nutrient [ˈnuːtriənt] *n.* 滋养物，营养品(nourishment) *a.* 有营养的

[记] 词根记忆：nutri(营养)+ent→滋养物，营养品

nutrition [nuˈtrɪʃn] *n.* 营养；营养学

[记] 词根记忆：nutri(营养)+tion→营养；营养学

olfactory [ɑːlˈfæktəri] *a.* 嗅觉的

[记] 词根记忆：ol(气味)+fact(做)+ory→使有气味的→嗅觉的

optic [ˈɑːptɪk] *a.* 眼的；视觉的；光学上的

[记] 词根记忆：opt(眼睛)+ic→眼的

optimistic [ˌɑːptɪˈmɪstɪk] *a.* 乐观的(affirmative)

[记] 词根记忆：optim(最好)+istic→什么都往最好的一面去想→乐观的

pancreas [ˈpæŋkriəs] *n.* 胰腺

[记] 词根记忆：pan(全部)+creas(肉)→给身体生长提供营养的器官→胰腺

paralyze [ˈpærəlaɪz] *vt.* 使瘫痪，使麻痹

[记] 词根记忆：para(半) + lyz(分开) + e → 身体的一边像是分开了 → 使麻痹

parasite [ˈpærəsaɪt] *n.* 寄生物

[记] 词根记忆：para(在…旁边) + sit(食物) + e → 坐在旁边白吃的 → 寄生物

passive [ˈpæsɪv] *a.* 被动的，消极的(inactive)

[记] 词根记忆：pass(感情) + ive(形容词后缀) → 感情用事的 → 被动的，消极的

pathological [ˌpæθəˈlɑːdʒɪkl] *a.* 病态的；病理学的

pathology [pəˈθɑːlədʒi] *n.* 反常，变态(abnormality)；病理学；病态

[记] 词根记忆：path(病) + ology(…学) → 病理学；病态

patient [ˈpeɪʃnt] *n.* 病人，患者 *a.* 有耐心的，能忍耐的

penicillin [ˌpenɪˈsɪlɪn] *n.* 青霉素

perception [pərˈsepʃn] *n.* 感知，感觉；认识，观念

[记] 词根记忆：per(全部) + cept(抓住) + ion → 全部抓住 → 感知，感觉

pesticide [ˈpestɪsaɪd] *n.* 杀虫剂，农药

[记] 词根记忆：pest(瘟疫) + i + cide(杀) → 杀虫剂

pharmacy [ˈfɑːrməsi] *n.* 药店(drugstore)；药剂学

[记] 词根记忆：pharmac(药)+y→ 药店；药剂学

physician [fɪˈzɪʃn] *n.* 内科医生

[记] 词根记忆：physi(自然) + c + ian(表人，名词后缀) → 内科医生

physiology [ˌfɪziˈɑːlədʒi] *n.* 生理学

[记] 词根记忆：physi(自然) + ology(…学) → 研究身体的自然状态的学科 → 生理学

plague [pleɪg] *n.* 瘟疫，传染病(epidemic)；祸患，灾害

plasma [ˈplæzmə] *n.* 血浆

poisonous [ˈpɔɪzənəs] *a.* 有毒的；恶毒的

[记] 来自 poison(*n.* 毒药)

pollutant [pəˈluːtənt] *n.* 污染物质，有害物质

[记] 来自 pollute(*vt.* 污染)

powder [ˈpaʊdər] *n.* 粉末(dust); 散剂

precautionary [prɪˈkɔːʃəneri] *a.* 预防的

prescription [prɪˈskrɪpʃn] *n.* 处方，药方

[记] 词根记忆：pre(在…前面) + script(写) + ion → 提前写下的 → 药方

[搭] prescription drugs 处方药

psychoanalysis [ˌsaɪkoʊəˈnæləsɪs] *n.* 心理分析，精神分析

[记] 联想记忆：psycho(灵魂，精神) + analysis(分析) → 精神分析

[派] psychoanalyst(*n.* 心理分析学者)

psychology [saɪˈkɑːlədʒi] *n.* 心理学; 心理(mentality)

[记] 词根记忆：psycho(灵魂，精神) + (o)logy(…学) → 心理学

[搭] clinical psychology 临床心理学

pulse [pʌls] *n.* 脉搏(throb); 脉冲

[记] 词根记忆：puls(推) + e → 脉搏; 脉冲

[搭] electronic pulse 电子脉冲

rash [ræʃ] *n.* 疹，皮疹

[记] 联想记忆：r + ash(灰) → 民间秘方，可以用草木灰治疹子 → 皮疹

receptor [rɪˈseptər] *n.* 感受器; 受体

[记] 词根记忆：re(表加强) + cept(拿，取) + or → 用力拿住 → 感受器

recessive [rɪˈsesɪv] *a.* 隐性的

[记] 词根记忆：re(向后) + cess(行走) + ive(形容词后缀) → 向后走的 → 隐性的

recycle [ˌriːˈsaɪkl] *v.* 回收利用

[记] 联想记忆：re(再，又) + cycle(循环) → 再循环 → 回收利用

relieve [rɪˈliːv] *vt.* 缓解，减轻(ease)

[记] 词根记忆：re(再，又) + liev(=lev 举起) + e → 再次举起 → 缓解，减轻

reliever [rɪˈliːvər] *n.* 救济者；缓解物

[搭] pain reliever 止痛药

sanitation [ˌsænɪˈteɪʃn] *n.* 卫生(*health)；卫生设施

[记] 词根记忆：san(健康的) + it + ation → 要想健康，得讲卫生 → 卫生

scan [skæn] *vt.* 细察(*examine, scrutinize)；扫描 *n.* 扫描检查

[记] 发音记忆："四看" → 四处看 → 扫描

scar [skɑːr] *n.* 疤痕(seam)；创伤 *v.* (给…)留下伤痕(blemish)

[记] 联想记忆：s + car(汽车) → 被汽车撞了一下 → 留下伤痕

[搭] scar tissue 疤痕组织

scrutinize [ˈskruːtənaɪz] *v.* 仔细检查，细察

[记] 词根记忆：scrut(检查) + in + ize(动词后缀) → 仔细检查

secrete [sɪˈkriːt] *vt.* 分泌(excrete)；藏匿

[记] 联想记忆：他把那封秘密(secret)信件藏在(secrete)角落里

sensory [ˈsensəri] *a.* 感觉的，感官的

[记] 词根记忆：sens(感觉) + ory → 感觉的

sewage [ˈsuːɪdʒ] *n.* 污水，污物(waste)

sewerage [ˈsuːərɪdʒ] *n.* 排水系统(drainage)

skeletal [ˈskelətl] *a.* 骨骼的

[记] 来自 skeleton(*n.* 骨骼)

skull [skʌl] *n.* 颅骨；脑袋；头脑

[记] 联想记忆：据说脑袋(skull)大的人掌握技能(skill)比较快

slumber [ˈslʌmbər] *n.* [常 *pl.*] 睡眠，安睡(sleep, doze)

[记] 联想记忆：s + lumber(木材) → 睡得很沉，像根木头 → 安睡

soothe [suːð] *vt.* 缓和，减轻(relieve)；抚慰(calm)

[记] 词根记忆：sooth(真实的) + e → 通过证明他人的话属实使其得到安慰 → 抚慰

sporadic [spəˈrædɪk] *a.* 偶发的

sprain [spreɪn] *n./v.* 扭伤

subconscious [ˌsʌbˈkɑːnʃəs] *a.* 下意识的，潜意识的 *n.* 下意识，潜意识

[搭] subconscious desires 下意识的欲望

subliminal [ˌsʌbˈlɪmɪnl] *a.* 下意识的，潜意识的

[记] 词根记忆：sub(在…下面) + limin(= limen 最小限度的神经刺激) + al → 下意识的，潜意识的

[搭] subliminal advertising 潜意识广告

surgeon [ˈsɜːrdʒən] *n.* 外科医师

[记] 联想记忆：surge(波动) + on → 做外科医师，情绪不能总波动 → 外科医师

surgery [ˈsɜːrdʒəri] *n.* 外科手术；外科学；手术室，诊疗室

[搭] Heart Bypass Surgery 心脏搭桥手术

susceptible [səˈseptəbl] *a.* 易受感染的；敏感的(sensitive)；易受影响的(*subject to)

[记] 词根记忆：sus(表加强) + cept(捕捉) + ible(能…的) → 容易被捕捉的 → 易受影响的

sustainable [səˈsteɪnəbl] *a.* 不破坏生态平衡的，可持续的

[搭] sustainable development 可持续发展

sweat [swet] *n.* 汗(水) *v.* (使)出汗

[记] 联想记忆：辛勤的汗水(sweat)过后是甜蜜的(sweet)果实

[搭] sweat gland 汗腺

symptom [ˈsɪmptəm] *n.* 症状；征兆(sign)

[记] 词根记忆：sym(共同) + pto(掉下) + m → 一起掉下来的东西 → 症状

syndrome [ˈsɪndroʊm] *n.* 综合征

[记] 词根记忆：syn(共同) + drom(跑) + e → 疾病的症状同时发生 → 综合征

therapy [ˈθerəpi] *n.* 治疗，疗法(treatment)

[记] 词根记忆：therap(照看；治疗) + y → 治疗，疗法

trance [træns] *n.* 恍惚；昏睡状态

transplant [ˈtrænsplænt] *n.* (器官等的)移植(transfer)
[træns ˈplænt] *vt.* 移植(器官等); 使移居
[记] 词根记忆: trans(转移) + plant(种植) → 移植; 使移居

trauma [ˈtraʊmə] *n.* 精神创伤; 外伤

vaccine [vækˈsiːn] *n.* 疫苗(bacterin)
[记] 词根记忆: vacc(牛) + ine → 牛痘苗 → 疫苗

vascular [ˈvæskjələr] *a.* 血管的, 脉管的
[记] 词根记忆: vas(管) + cul + ar → 血管的

vein [veɪn] *n.* 静脉; 叶脉

vessel [ˈvesl] *n.* 血管, 脉管(vein); 船(*cargo); 容器(container)

viral [ˈvaɪrəl] *a.* 病毒(性)的

virus [ˈvaɪrəs] *n.* 病毒
[搭] a virus infection 病毒感染

wan [wɑːn] *a.* 苍白的; 虚弱的, 病态的

wholesome [ˈhoʊlsəm] *a.* 有利健康的(healthful)
[记] 联想记忆: whole(整体) + some → 能保存一个整体的 → 有利健康的

wrench [rentʃ] *v.* 扭伤; 猛拉 *n.* 扭伤; (离别的)痛苦

生物与化学

acid [ˈæsɪd] *n.* 酸 *a.* 酸的

[记] 本身是词根，意为"酸"

acidity [əˈsɪdəti] *n.* 酸度，酸性

adhesive [ədˈhiːsɪv] *n.* 胶合剂 *a.* 带黏性的

[记] 词根记忆：ad(表加强) + hes(=her 黏附) + ive → 带黏性的；胶合剂

alga [ˈælgə] *n.* [*pl.* algae] 藻类，海藻(seaweed)

alkali [ˈælkəlaɪ] *n.* 碱

alloy [ˈælɔɪ] *n.* 合金 [əˈlɔɪ] *vt.* 使成合金

[记] 联想记忆：all(所有的) + oy → 把所有金属混在一起 → 合金

aluminum [ˌæljəˈmɪniəm] *n.* 铝

amino [əˈmiːnoʊ] *a.* 氨基的

[搭] amino acid 氨基酸

ammonia [əˈmoʊniə] *n.* 氨，氨水

amphibious [æmˈfɪbiəs] *a.* 两栖的；水陆两用的

[记] 词根记忆：amphi(两的) + bio(生活；生命) + us → 以两种方式生存的 → 两栖的

anatomy [əˈnætəmi] *n.* 解剖构造；解剖(学)(dissection)

[记] 词根记忆：ana(分开) + tomy(切) → 切开 → 解剖

angiosperm [ˈændʒɪəʊspɜːr] *n.* 被子植物

aquatic [əˈkwætɪk] *a.* 水生的；水上的(marine)

[记] 词根记忆：aqua(水) + tic → 水中的

arboreal [ɑːrˈbɔːriəl] *a.* 树栖的(tree-dwelling)；树木的(treelike)

[记] 词根记忆：arbor(树) + eal → 树木的

atom [ˈætəm] *n.* 原子；微粒，微量

[搭] atom of …的原子

atomic [əˈtɑːmɪk] *a.* 原子的；原子能的（nuclear）
[记] 来自 atom(*n.* 原子)
[搭] atomic energy 原子能

bark [bɑːrk] *n.* 树皮

beak [biːk] *n.* 鸟嘴，喙

beaver [ˈbiːvər] *n.* 海狸

biochemical [ˌbaɪoʊˈkemɪkl] *a.* 生物化学的

biologist [baɪˈɑːlədʒɪst] *n.* 生物学家

bleach [bliːtʃ] *n.* 漂白剂

bloom [bluːm] *n.* 花；开花(期) *v.* (使)开花（blossom）
[记] 联想记忆：杜鹃花开（bloom）鲜红如血（blood）

blossom [ˈblɑːsəm] *n.* 花 *vi.* 开花（bloom）
[记] 联想记忆：bloom 中间开出两朵 s 形的花

botany [ˈbɑːtəni] *n.* 植物学
[记] 联想记忆：bot(看做 about，关于) + any(任何) → 关于任何(植物) → 植物学

breathing [ˈbriːðɪŋ] *n.* 呼吸（respiration）

breed [briːd] *n.* 品种 *v.* 饲养（raise）；繁殖（reproduce）
[记] 联想记忆：用面包(bread)来饲养(breed)动物，成本真够高的啊

bud [bʌd] *n.* 芽，蓓蕾 *v.* 发芽，萌芽
[记] 联想记忆：泥土(mud)中发出的芽(bud)

buffalo [ˈbʌfəloʊ] *n.* 水牛；(北美)野牛

bulb [bʌlb] *n.* (植物的)球茎；球形物；灯泡

cactus [ˈkæktəs] *n.* [*pl.* cacti] 仙人掌

calcium [ˈkælsiəm] *n.* 钙
[记] 词根记忆：calc(石头) + ium → 像石头一样硬 → 钙
[搭] calcium carbonate 碳酸钙

caribou [ˈkærɪbuː] *n.* 北美驯鹿

carbohydrate [ˌkɑːrboʊˈhaɪdreɪt] *n.* 碳水化合物
[记] 词根记忆：carbo(碳) + hydr(水) + ate → 碳水化合物

carbon [ˈkɑːrbən] *n.* 碳

[搭] carbon dioxide 二氧化碳; carbon monoxide 一氧化碳

carnivore [ˈkɑːrnɪvɔːr] *n.* 食肉动物

[记] 词根记忆: carn(肉) + i + vor(吃) + e → 食肉动物

carp [kɑːrp] *n.* 鲤鱼

catalyst [ˈkætəlɪst] *n.* 催化剂; 触媒

[记] 词根记忆: cata(在…下面) + lyst(分开) → 在下面起分解作用 → 催化剂; 同根词: analyst (*n.* 分析家)

category [ˈkætəgɔːri] *n.* 种类(kind); 范畴

[记] 词根记忆: cate(在…下面) + gor(收集) + y → 在下面细细收集 → 种类

caterpillar [ˈkætərpɪlər] *n.* 毛虫

cell [sel] *n.* 细胞; 基层组织; 单人房间

[搭] blood cells 血细胞

charcoal [ˈtʃɑːrkoʊl] *n.* 木炭

[记] 组合词: char(烧焦) + coal(煤) → 像烧焦的煤 → 木炭

chimpanzee [ˌtʃɪmpænˈziː] *n.* 黑猩猩

chlorine [ˈklɔːriːn] *n.* 氯

chromosome [ˈkroʊməsoʊm] *n.* 染色体

[记] 词根记忆: chrom(o)(颜色) + som(体) + e → 染色体

cluster [ˈklʌstər] *n.* 串, 丛; 群 (*group) *vi.* 丛生; 群集 (*concentrate, assemble)

[记] 词根记忆: clust(=clot 凝块) + er → 凝成块 → 丛生; 群集

coexist [ˌkoʊɪgˈzɪst] *vi.* 共存

[搭] coexist with 与…共存

colonize [ˈkɑːlənaɪz] *vt.* 聚居于, 大批生长于; 开拓(或建立)殖民地, 移居于(settle)

[记] 来自 colony(*n.* 殖民地; 群体)

colony [ˈkɑːləni] *n.* (生物)群体(community); 殖民地(settlement)

[记] 词根记忆: col(耕种) + on(在…上) + y(表场所, 名词后缀) → 在某处耕种 → 殖民地

combination [ˌkɑːmbɪˈneɪʃn] *n.* 结合(体)(mixture); 组合, 联合; 化合(compounding)

[记] 来自 combine(*v.* 联合, 结合)

component [kəmˈpoʊnənt] *n.* 成分, 组成部分(*part, element) *a.* 构成的(*constituent)

[记] 词根记忆: com(共同) + pon(放) + ent → 放到一起(的东西) → 成分

compound [ˈkɑːmpaʊnd] *n.* 化合物, 复合物 *a.* 化合的, 复合的

[记] 词根记忆: com(共同) + pound(放置) → 放到一起使合成 → 化合物

coral [ˈkɔːrəl] *n.* 珊瑚(虫) *a.* 珊瑚色的, 红色的

[记] 联想记忆: cor(看做 core, 核心) + al → 大海的核心之处有珊瑚 → 珊瑚(虫)

[搭] coral reefs 珊瑚礁

corrosion [kəˈroʊʒn] *n.* 腐蚀(状态), 侵蚀

[记] 来自 corrode(*v.* 腐蚀, 侵蚀); cor(表加强) + rod(咬) + e → 用力咬掉 → 腐蚀, 侵蚀

corrosive [kəˈroʊsɪv] *a.* 腐蚀(性)的(erosive)

cortex [ˈkɔːrteks] *n.* 皮层, 皮质; 树皮

[搭] the cerebral cortex 大脑皮层

crow [kroʊ] *n.* 乌鸦

[记] 联想记忆: 一只乌鸦(crow)停在牛(cow)背上

crustacean [krʌˈsteɪʃn] *n.* 甲壳类动物

[记] 联想记忆: crust(壳) + acean(看做 ocean, 海洋) → 海洋中有壳的动物 → 甲壳类动物

cultivate [ˈkʌltɪveɪt] *vt.* 耕种; 培养(bring up, foster)

[记] 词根记忆: cult(种植; 培养) + iv + ate(动词后缀) → 耕种; 培养

deciduous [dɪˈsɪdʒuəs] *a.* (树木等)落叶的

[记] 词根记忆：de(向下)＋cid(落下)＋uous → 落叶的

[搭] deciduous trees 落叶树

decompose [ˌdiːkəmˈpoʊz] *v.* (使)分解(disintegrate)；(使)腐烂(decay, rot)

[记] 联想记忆：de(分离)＋compose(组成) → 把组合在一起的东西分开 → (使)分解

degenerate [dɪˈdʒenəreɪt] *vi.* 退化；衰退

[dɪˈdʒenərət] *a.* 堕落的；退化的

[记] 词根记忆：de (去掉)＋gen (产生)＋erate → 毁掉所产生的东西 → 退化

dehydrate [diːˈhaɪdreɪt] *v.* (使)脱水(dry, desiccate)

[记] 词根记忆：de(分离)＋hydr(水)＋ate(使…) → (使)脱水

detergent [dɪˈtɜːrdʒənt] *n.* 清洁剂 *a.* 净化的，清洁的

[记] 词根记忆：de(分离)＋terg(擦)＋ent → 擦掉脏东西 → 清洁剂

dilute [daɪˈluːt] *vt.* 稀释(water down)；淡化(attenuate)

[记] 词根记忆：di(=dis 分离)＋lu(冲洗)＋te → 冲开 → 稀释；淡化

dioxide [daɪˈɑːksaɪd] *n.* 二氧化物

[记] 联想记忆：di(二)＋oxide(氧化物) → 二氧化物

[搭] sulphur dioxide 二氧化硫

diversity [daɪˈvɜːrsəti] *n.* 多样性(variety)

[记] 词根记忆：di(分离)＋vers(转)＋ity → 可以向多个方向转 → 多样性

[搭] biological diversity 生物差异；species diversity 物种多样性

dorsal [ˈdɔːrsl] *a.* 背部的，背脊的(back)

[记] 词根记忆：dors(背)＋al(形容词后缀) → 背部的

[搭] dorsal fin 背鳍

dragonfly [ˈdræɡənflaɪ] *n.* 蜻蜓

ecological [ˌiːkəˈlɑːdʒɪkl] *a.* 生态学的；生态的

[搭] ecological balance 生态平衡；ecological disaster 生态灾难

ecology [iˈkɑːlədʒi] *n.* 生态；生态学；生态环境

[记] 词根记忆：eco（家庭）+ logy（…学）→ 研究地球这个大家庭的学科 → 生态学

ecosystem [ˈiːkoʊsɪstəm] *n.* 生态系统

[记] 联想记忆：eco（家庭的）+ system（系统）→ 有关地球这个大家庭的系统 → 生态系统

[搭] balanced ecosystem 平衡的生态系统

electrolysis [ɪˌlekˈtrɑːləsɪs] *n.* 电解作用；电解术

[记] 词根记忆：electr(o)（电流）+ lys（松开）+ is → 用电来进行分解 → 电解作用

element [ˈelɪmənt] *n.* 元素，要素(component)；[常 *pl.*] 基本原理，基础(foundation)

elm [elm] *n.* 榆树

emanate [ˈeməneɪt] *vt.* 散发(声音、气味、热等)；发源

[记] 词根记忆：e（出，外）+ man（流）+ ate → 向外流 → 散发

emission [iˈmɪʃn] *n.* 散发(物)，发射

[记] 词根记忆：e（出，外）+ miss（送）+ ion（名词后缀）→ 送出来的东西 → 发射，散发（物）

[搭] zero emission 零排放，无污染

emit [iˈmɪt] *vt.* 发出(*give off, *produce)；放射(beam, radiate)；排放

[记] 词根记忆：e（出，外）+ mit（送）→ 发出；放射；排放

encrust [ɪnˈkrʌst] *v.* 使在表面形成硬壳；结壳

[记] 联想记忆：en（使…）+ crust（外壳）→ 使有外壳 → 使在表面形成硬壳

enzyme [ˈenzaɪm] *n.* 酶，酵素

[记] 词根记忆：en（在…里）+ zym（酵母）+ e → 在里面放入酵母 → 酶，酵素

erode [ɪˈroʊd] *v.* 侵蚀，腐蚀(corrode, rot)
[记] 词根记忆：e(去掉) + rod(咬) + e → 咬掉 → 侵蚀，腐蚀

erosion [ɪˈroʊʒn] *n.* 侵蚀，腐蚀(corrosion)；削弱，减少
[记] 来自 erode(*v.* 侵蚀，腐蚀)
[搭] soil erosion 土壤侵蚀

evergreen [ˈevərɡriːn] *a.* 常绿的 *n.* 常绿树；常绿植物
[搭] evergreen trees 常青树

evolution [ˌiːvəˈluːʃn] *n.* 发展，演变，进化(development, progression)
[记] 来自 evolve(*v.* (使)进化)

evolve [iˈvɑːlv] *v.* 发展(develop)；(使)进化
[记] 词根记忆：e(出) + volv(转，滚) + e → 转出来 → 发展；(使)进化

explosive [ɪkˈsploʊsɪv] *n.* 爆炸物，炸药 *a.* 爆炸(性)的，爆发(性)的；使人冲动的
[搭] explosive news 爆炸性新闻；explosive device 引爆装置

extinct [ɪkˈstɪŋkt] *a.* 灭绝的；(火山)不再活跃的
[记] 词根记忆：ex(出) + tinct(刺) → 用针刺使没有 → 灭绝的
[搭]extinct species 已灭绝的物种；extinct volcano 死火山

extract [ɪkˈstrækt] *vt.* 取出(*remove)；提取(distill)
[ˈekstrækt] *n.* 提出物(selection)；精，汁(juice)；摘录
[记] 词根记忆：ex(出) + tract(拉) → 拉出 → 提取；提出物

falcon [ˈfælkən] *n.* 猎鹰
[搭] peregrine falcon 游隼

fauna [ˈfɔːnə] *n.* 动物群
[记] 来自 Fannus(潘纳斯，希腊神话中的动物神)

ferment [fərˈment] *v.* (使)发酵
[记] 词根记忆：ferm(=ferv 热) + ent → (使)发酵

fibrous [ˈfaɪbrəs] *a.* 含纤维的；纤维状的
[记] 来自 fibre(*n.* 纤维)

fin [fɪn] *n.* 鳍；鳍状物

finch [fɪntʃ] *n.* 雀类
[记] 联想记忆：fin(鳍) + ch(音似：翅) → 雀类和鱼类都有翅 → 雀类

flagellum [fləˈdʒeləm] *n.* [*pl.* flagella] 鞭毛
[记] 词根记忆：flagell(鞭子) + um → 鞭毛

flank [flæŋk] *n.* 肋腹，(四足动物身体的)侧边；(军队等的)侧翼

flask [flæsk] *n.* 细颈瓶；烧瓶
[记] 联想记忆：水在烧瓶（flask）里闪闪发光(flash)

flora [ˈflɔːrə] *n.* 植物群
[记] 来自 Flora(弗洛拉，希腊神话中的花神)

floral [ˈflɔːrəl] *a.* 植物群的；花的，像花的；饰以花的
[记] 词根记忆：flor(花) + al → 花的

foliage [ˈfoʊliɪdʒ] *n.* (植物的)叶(leaf)
[记] 词根记忆：foli(叶) + age → 叶

forage [ˈfɔːrɪdʒ] *n.* 草料，饲料(*feed, fodder) *vi.* 觅食(*search for food)；搜寻(rummage)
[记] 联想记忆：for(为了) + age(年龄) → 为了成长寻找草料 → 草料；觅食

fragrant [ˈfreɪgrənt] *a.* 芬芳的，香的(aromatic, spicy)
[记] 和 flagrant(*a.* 恶名昭著的)一起记；fragrant中间的两个 r 像两朵花，所以是“香的”

fungi [ˈfʌŋgiː] *n.* 真菌
[记] 发音记忆：“房盖”→ 真菌的形状像茅草房的顶部 → 真菌

fungus [ˈfʌŋgəs] *n.* [*pl.* fungi] 真菌
[记] 联想记忆：fun(有趣的) + g + us(我们) → 我们去采了蘑菇，真有趣 → 真菌

furry [ˈfɜːri] *a.* 毛皮似的；盖着毛皮的；生苔的

gaseous [ˈgæsiəs] *a.* (含)气体的，气态的
[记] 来自 gas(*n.* 气体)

gasoline [ˈɡæsəliːn] *n.* 汽油(petrol)

[记] 联想记忆：gas(气体) + o + line(排队) → 人们排着队去给车加油 → 汽油

gender [ˈdʒendər] *n.* 性别(sex)

[搭] gender differences 性别差异

genetic [dʒəˈnetɪk] *a.* 基因的，遗传(学)的

[记] 来自 gene(*n.* 基因)

[搭] genetic code 遗传密码；genetic engineering 遗传工程(学)

genetics [dʒəˈnetɪks] *n.* 遗传学

germinate [ˈdʒɜːrmɪneɪt] *v.* (使)发芽；发展

[记] 词根记忆：germ(芽) + in + ate → (使)发芽

giraffe [dʒəˈræf] *n.* 长颈鹿

gorilla [ɡəˈrɪlə] *n.* 大猩猩

[记] 联想记忆：go(去) + rill(小河) + a → 到小河边去看大猩猩 → 大猩猩

grasshopper [ˈɡræshɑːpər] *n.* 蚂蚱，蝗虫(locust)

[记] 组合词：grass(草地) + hopper(跳跃者) → 草地上的跳跃者 → 蚂蚱

gull [ɡʌl] *n.* 鸥，海鸥

[记] 联想记忆：一只海鸥(gull)落在一只呆呆的(dull)公牛(bull)背上

habitat [ˈhæbɪtæt] *n.* (动物或植物的)自然环境，栖息地(home)

[记] 词根记忆：hab(生活，居住) + it + at → 住的地方 → 栖息地

[搭] natural habitat 天然栖息地

hatch [hætʃ] *v.* 孵化，孵出

[记] 联想记忆：hat(帽子) + ch → 像扣上一顶帽子一样孵卵 → 孵化

haven [ˈheɪvn] *n.* 庇护所(shelter)；栖息处(habitat)

[记] 联想记忆：与天堂(heaven)只有一(e)步之遥的地方 → 庇护所(haven)

hawk [hɔːk] *n.* 鹰(eagle)
[记] 联想记忆：美国的两个党派：鹰派(Hawk)和鸽派(Dove)

hazel [ˈheɪzl] *n.* 榛树 *a.* 榛树的；浅褐色的

herb [ɜːrb] *n.* 药草，(调味用的)香草；草本植物
[记] 本身为词根，意为"草"

herbivore [ˈɜːrbɪvɔːr] *n.* 食草动物
[记] 词根记忆：herb(i)(草)+vor(吃)+e → 食草动物

herd [hɜːrd] *n.* 牧群；兽群
[记] 联想记忆：牧群(herd)逐草(herb)而居

hibernation [ˌhaɪbərˈneɪʃn] *n.* 冬眠(dormancy)；休眠，蛰伏
[记] 来自 hibernate(*vi.* 冬眠)；hibern(冬天)+ation → 冬眠

hive [haɪv] *n.* 蜂箱，蜂房(cell)
[记] 联想记忆：蜜蜂生活(live)忙，建蜂房(hive)

homing [ˈhoʊmɪŋ] *a.* 有返回原地本能的
[搭] homing pigeon 信鸽

homogeneous [ˌhoʊməˈdʒiːniəs] *a.* 同类的，同质的(*uniform)
[记] 联想记忆：homo(同类的)+gene(基因)+ous → 基因相同的 → 同类的

hoof [huːf] *n.* (牛马的)蹄

hop [hɑːp] *v.* (人)单足跳跃；(鸟、昆虫等)齐足跳跃

hummingbird [ˈhʌmɪŋbɜːrd] *n.* 蜂鸟
[记] 组合词：humming(嗡嗡叫)+bird(鸟) → 扇动翅膀发出嗡嗡声的鸟 → 蜂鸟

hybrid [ˈhaɪbrɪd] *n.* 杂交植物(或动物)；合成物；混血儿 *a.* 杂交产生的；混合的

hydrogen [ˈhaɪdrədʒən] *n.* 氢
[记] 词根记忆：hydro(水)+gen(产生) → 参与生成水的物质 → 氢

hydrothermal [ˌhaɪdroʊˈθɜːrml] *a.* 热液的
[记] 词根记忆：hydro(水)+therm(热)+al → 热液的

immature [ˌɪməˈtʃʊr] *a.* 未成熟的(unripe)
[记] 联想记忆：im(不) + mature(成熟的) → 未成熟的

inactivate [ɪnˈæktɪveɪt] *vt.* 使不活动，使不活跃；使钝化
[记] 联想记忆：in(不) + activate(使活动) → 使不活动

inanimate [ɪnˈænɪmət] *a.* 无生命的；无生气的(dull)
[记] 词根记忆：in(无) + anim(生命) + ate → 无生命的

incense [ˈɪnsens] *n.* 熏香
[记] 词根记忆：in + cens(=cand 光亮的) + e → 能发出亮光的 → 熏香
[搭] incense burner 香炉

incinerate [ɪnˈsɪnəreɪt] *vt.* 焚化(cremate)
[记] 词根记忆：in + ciner(灰) + ate(使…) → 使成灰 → 焚化

incubate [ˈɪŋkjubeɪt] *v.* 孵化(hatch)；培育(细菌)
[记] 词根记忆：in(在…里面) + cub(躺) + ate → 躺在里面 → 孵化

inert [ɪˈnɜːrt] *a.* 惰性的(inactive)
[记] 词根记忆：in(不) + ert(工作) → 不工作的 → 惰性的
[搭] inert element 惰性元素

infancy [ˈɪnfənsi] *n.* 幼年(babyhood)；(发展或生长的)初期(beginning)
[记] 来自 infant(*n.* 婴儿，幼儿)
[搭] in one's infancy 处于初创期

infant [ˈɪnfənt] *n.* 婴儿，幼儿(baby)

inhabit [ɪnˈhæbɪt] *vt.* 居住于，(动物)栖居于(*live)
[记] 词根记忆：in(在…里面) + hab(居住，生活) + it → 住在里面 → 居住于，栖居于

inherit [ɪnˈherɪt] *v.* 继承，遗传而得
[记] 词根记忆：in + her(继承人) + it → 继承

insect [ˈɪnsekt] *n.* 昆虫，虫

invertebrate [ɪnˈvɜːrtɪbrət] *n.* 无脊椎动物 *a.* 无脊椎的

[记] 词根记忆：in(无) + vertebr(椎骨) + ate → 无脊椎动物

jaw [dʒɔː] *n.* 颌，颚；[常 *pl.*] 嘴(包括颌骨和牙齿)

[记] 发音记忆："嚼"→他下颌脱臼了，没法嚼东西→颌

joint [dʒɔɪnt] *n.* 关节；接合处

[记] 词根记忆：join(结合，连接) + t → 关节

juvenile [ˈdʒuːvənl] *n.* 幼体 *a.* 不成熟的

[记] 词根记忆：juven(年轻) + ile → 幼稚的 → 幼体；不成熟的

kernel [ˈkɜːrnl] *n.* (硬壳果)仁；(谷物去核后的)粒

[记] 词根记忆：kern(=corn 谷粒) + el → 仁；粒

kerosene [ˈkerəsiːn] *n.* 煤油，火油

laboratory [ˈlæbrətɔːri] *n.* 实验室

[记] 联想记忆：labor(工作) + at(在) + ory(表地点，名词后缀) → 工作的地方 → 实验室

larva [ˈlɑːrvə] *n.* [*pl.* larvae] 幼虫，幼体

[记] 发音记忆："lover"→幼虫是两条虫子爱情的结晶→幼虫

lichen [ˈlaɪkən] *n.* 青苔，地衣

limb [lɪm] *n.* 肢，臂

[记] 联想记忆：没有四肢(limb)，难以攀爬(climb)

lipid [ˈlɪpɪd] *n.* 脂质，类脂

livestock [ˈlaɪvstɑːk] *n.* 〈总称〉家畜，牲畜

[记] 组合词：live(活的) + stock(东西) → 活物 → 家畜

lizard [ˈlɪzərd] *n.* 蜥蜴

[记] 联想记忆：有些巫师(wizard)像蜥蜴(lizard)一样恶毒

lodge [lɑːdʒ] *n.* (海狸等的)巢穴

[记] 发音记忆："落脚"→落脚的地方→巢穴

magnesium [mæɡˈniːziəm] *n.* 镁

maize [meɪz] *n.* 玉米

[记] 发音记忆："麦子"→ 麦子和玉米都属于农作物 → 玉米

male [meɪl] *a.* 雄的，公的；男性的 *n.* 男子；雄性动物

mammal [ˈmæml] *n.* 哺乳动物

[记] 联想记忆：mamma（妈妈）+ l → 靠吃妈妈的奶长大 → 哺乳动物

mate [meɪt] *n.* 配偶（spouse）*v.* 交配（copulate）

melanin [ˈmelənɪn] *n.* 黑色素

melt [melt] *v.* （使）融化，（使）溶化（dissolve, liquefy）；（使）消散

membrane [ˈmembreɪn] *n.* 薄膜；细胞膜

[记] 词根记忆：membr（成分）+ ane → 身体上起保护作用的部分 → 薄膜；细胞膜

metabolic [ˌmetəˈbɑːlɪk] *a.* 新陈代谢的

[记] 词根记忆：meta（越过）+ bol（扔）+ ic → 往别的地方扔 → 改变体内的机制 → 新陈代谢的

methane [ˈmeθeɪn] *n.* 甲烷，沼气（firedamp）

methanol [ˈmeθənɔːl] *n.* 甲醇

molecular [məˈlekjələr] *a.* 分子的；由分子组成的

[搭] molecular structure 分子结构

molecule [ˈmɑːlɪkjuːl] *n.* 分子

[记] 词根记忆：mol（颗粒）+ e + cule（小的）→ 小颗粒 → 分子

molten [ˈmoʊltən] *a.* 熔化的，熔融的（melted）

[搭] molten glass 熔化玻璃，玻璃液；molten lava 熔岩

monster [ˈmɑːnstər] *n.* 怪物；巨兽

[记] 联想记忆：mon（音似：猛）+ ster → 凶猛可怕的 → 怪物；巨兽

morphology [mɔːrˈfɑːlədʒi] *n.* 形态学

[记] 词根记忆：morph（形状）+ ology（…学）→ 形态学

mosquito [məˈskiːtoʊ] *n.* 蚊子(skeeter)

[记] 发音记忆:"貌似黑头"→像鼻子上的黑头→蚊子

moss [mɔːs] *n.* 苔藓

moth [mɔːθ] *n.* 蛾

[记] 发音记忆: "莫死"→不畏死→飞蛾扑火不畏死→蛾

muscular [ˈmʌskjələr] *a.* 肌肉的;肌肉发达的;强健的(strong, well-built)

[记] 来自 muscul(e)(*n.* 肌肉)

[搭] muscular cell 肌细胞; muscular tissue 肌肉组织

mushroom [ˈmʌʃrʊm] *n.* 蘑菇(fungus)

[记] 联想记忆: mush(软块) + room(房子)→蘑菇的样子很像软软的小房子→蘑菇

nectar [ˈnektər] *n.* 花蜜

[记] 原指希腊和罗马神话中如花蜜般的神酒,后引申为"花蜜"

neon [ˈniːɑːn] *n.* 氖

[搭] neon lights 霓虹灯

nerve-cell [ˈnɜːrvˈsel] *n.* 神经细胞,神经元

nest [nest] *n.* 巢,窝 *v.* 做窝,筑巢

[记] 联想记忆: 在巢(nest)里休息(rest)

neuron [ˈnʊrɑːn] *n.* 神经元,神经细胞

[记] 词根记忆: neur(神经) + on→神经元

niche [niːʃ] *n.* 生态位;壁龛(alcove)

[记] 联想记忆: nice(好)中间加 h→比 nice 还多一点,更好更合适→生态位

nitrogen [ˈnaɪtrədʒən] *n.* 氮

[记] 词根记忆: nitro(硝酸) + gen(产生)→产生硝酸→氮

[搭] nitrogen dioxide 二氧化氮

nocturnal [nɑːkˈtɜːrnl] *a.* 夜行性的

[记] 词根记忆: noct(夜) + urnal→夜行性的

nucleus [ˈnuːkliəs] *n.* [*pl.* nuclei] 核；细胞核；核心(core)

oak [oʊk] *n.* 橡树，橡木

octopus [ˈɑːktəpəs] *n.* 章鱼

[记] 词根记忆：octo（八）+ pus（脚）→ 长八只脚的"鱼"→ 章鱼

offensive [əˈfensɪv] *a.* 攻击性的(aggressive)

[记] 词根记忆：of + fens（打，击）+ ive → 打击别人 → 攻击性的

orchid [ˈɔːrkɪd] *n.* 兰，兰花

[记] 联想记忆：or + chid（看做 child，儿童）→ 儿童天真纯洁像兰花 → 兰花

organic [ɔːrˈɡænɪk] *a.* 有机的；器官的

[搭] organic chemistry 有机化学；organic being 有机体

organism [ˈɔːrɡənɪzəm] *n.* 生物，有机物(a living being)；有机体

[记] 词根记忆：organ（仪器）+ ism → 生物

oxide [ˈɑːksaɪd] *n.* 氧化物

[记] 词根记忆：ox(=oxy 氧) + ide → 氧化物

oxygen [ˈɑːksɪdʒən] *n.* 氧，氧气

[记] 词根记忆：oxy（酸；氧）+ gen（产生）→ 产生酸的东西 → 氧，氧气

owl [aʊl] *n.* 猫头鹰

[记] 发音记忆："嗷"→ 像猫头鹰的叫声；注意不要和 awl(*n.* 尖锥)相混

paddle [ˈpædl] *n.* 桡足

[记] 联想记忆：pad（动物的肉趾，如鸭蹼）+ dle → 鳍状肢 → 桡足

palate [ˈpælət] *n.* 上腭

[记] hard palate 硬腭

particle [ˈpɑːrtɪkl] *n.* 微粒，颗粒(grain, mote)

[记] 联想记忆：part（部分）+ icle（看做 article，物品）→ 物品的一部分 → 颗粒

perch [pɜːrtʃ] *n.* (鸟类的)栖息处 *v.* (鸟)飞落，栖息

petroleum [pə'troʊliəm] *n.* 石油
[记] 词根记忆：petr(石)+oleum → 石油；同根词：petrifaction(*n.* 石化作用)

pheromone ['ferəmoʊn] *n.* 信息素

photodissociation [ˌfoʊtoʊdɪˌsoʊsi'eɪʃn] *n.* 光解(作用)
[记] 组合词：photo(光)+dissociation(离解，电解) → 光解(作用)

photosynthesis [ˌfoʊtoʊ'sɪnθəsɪs] *n.* 光合作用
[记] 组合词：photo(光)+synthesis(合成) → 光合作用

pigeon ['pɪdʒɪn] *n.* 鸽子
[记] 发音记忆："批准" → 非常时期养鸽子也要经过批准 → 鸽子

pine [paɪn] *n.* 松树

plankton ['plæŋktən] *n.* 浮游生物

plumage ['pluːmɪdʒ] *n.* 鸟类羽毛(feather)

polish ['pɑːlɪʃ] *v.* 磨光，擦亮(burnish, gloss) *n.* 上光剂
[记] 联想记忆：波兰的(Polish)上光剂(polish)

pollen ['pɑːlən] *n.* 花粉

pollinate ['pɑːləneɪt] *vt.* 给…授粉
[记] 联想记忆：pollin(看做pollen，花粉)+ate → 给…授粉

pore [pɔːr] *n.* 气孔，小孔(*hole)
[搭] pore space 孔隙

potassium [pə'tæsiəm] *n.* 钾

predator ['predətər] *n.* 捕食性动物；食肉动物；掠夺者
[记] 词根记忆：pred(掠夺)+at+or(表人或物，名词后缀) → 掠夺肉食 → 食肉动物

primate ['praɪmeɪt] *n.* 灵长类动物

proliferate [prə'lɪfəreɪt] *vi.* 激增，迅速繁殖(multiply, propagate, reproduce)
[记] 词根记忆：prol(i)(子孙)+fer(带来)+ate → 带来子孙后代 → 繁殖

protein [ˈproʊtiːn] *n.* 蛋白质

[记] 词根记忆：prot(首先) + ein → 维持生命首要之物 → 蛋白质

recipient [rɪˈsɪpiənt] *n.* 接受者，收受者

[记] 词根记忆：re(反) + cip(拿，取) + ient → 不主动拿的人 → 接受者

reproduce [ˌriːprəˈduːs] *v.* 繁殖，生育；复制(*copy)

[记] 联想记忆：re(再，又) + produce(生产) → 不断生产 → 繁殖；复制

reptile [ˈreptaɪl] *n.* 爬行动物，爬虫类

[记] 词根记忆：rept(爬) + ile(表物，名词后缀) → 爬行动物

resin [ˈrezn] *n.* 树脂

respire [rɪˈspaɪər] *v.* 呼吸

[记] 词根记忆：re(再，又) + spir(呼吸) + e → 呼吸

reversible [rɪˈvɜːrsəbl] *a.* 可逆的

[记] 词根记忆：re(反) + vers(转) + ible(能…的) → 能反转的 → 可逆的

rhinoceros [raɪˈnɑːsərəs] *n.* 犀牛

rodent [ˈroʊdnt] *n.* 啮齿目动物(如松鼠、海狸等)

[记] 词根记忆：rod(咬) + ent → 喜欢用牙咬的动物 → 啮齿目动物

roe [roʊ] *n.* 鱼卵

[记] 发音记忆："肉" → 鱼卵也是鱼妈妈身上的一块肉 → 鱼卵

roost [ruːst] *n.* (鸟类的)栖息处，鸟巢 *vi.* 栖息 (alight, perch)

[记] 联想记忆：鸟巢(roost)是鸟落脚(root)之地

[搭] rule the roost 当家

sac [sæk] *n.* 囊，液囊

[记] 联想记忆：sacred(神圣的)中去了red(红色)，只剩下实质的囊(sac)

salamander [ˈsæləmændər] *n.* 火蜥蜴

sanctuary [ˈsæŋktʃueri] *n.* 动物保护区；避难所(shelter, refuge)；圣所，圣殿

[记] 词根记忆：sanct(神圣的) + u + ary(表地方，名词后缀)→神圣的地方→圣所，圣殿；避难所

[搭] natural sanctuary 自然保护区；wildlife sanctuary 野生动植物保护区

sap [sæp] *n.* 液，汁(fluid) *vt.* 使衰竭(drain, exhaust)

saturation [ˌsætʃəˈreɪʃn] *n.* 饱和(状态)(satiety)

[记] 词根记忆：sat(充足的) + ur + ation → 充足 → 饱和

[搭] saturation point 饱和点，极限

scavenger [ˈskævɪndʒər] *n.* 清道夫(ashman)；食腐动物

[记] 来自 scavenge(*v.* 打扫；以腐肉为食)

scorch [skɔːrtʃ] *v.* 烧焦(*burn, sear)

[记] 联想记忆：用火把(torch)烤焦(scorch)

sedentary [ˈsednteri] *a.* 土生的，不迁徙的(*unchangeable, settled)；沉积的

[记] 词根记忆：sed(坐) + ent + ary → 久坐于此的 → 不迁徙的

sequoia [sɪˈkwɔɪə] *n.* 美洲杉，红杉(redwood)

shell [ʃel] *n.* 壳；外壳(crust)；炮弹

[记] 联想记忆：坏蛋被炮弹(shell)轰进地狱(hell)

shellfish [ˈʃelfɪʃ] *n.* 贝类，有壳的水生动物

[记] 组合词：shell(外壳) + fish(鱼) → 有外壳的鱼 → 贝类

shrub [ʃrʌb] *n.* 灌木(丛)

[记] 联想记忆：sh + rub(摩擦) → 走过灌木丛，被擦伤了 → 灌木(丛)

silicate [ˈsɪlɪkeɪt] *n.* 硅酸盐

silicon [ˈsɪlɪkən] *n.* 硅

[搭] silicon chip 硅片；silicon resin 硅树脂

sleek [sliːk] *a.* (毛发等)光滑而有光泽的；线条流畅的 *vt.* 使(头发等)平整光亮
[记] 联想记忆：一直想找到(seek)一辆线条流畅的(sleek)小汽车

sloth [sloʊθ] *n.* 树懒；懒散
[记] 联想记忆：slo(看做 slow，慢的) + th → 行动缓慢 → 树懒；懒散
[搭] ground sloth 地懒

soda [ˈsoʊdə] *n.* 苏打，纯碱
[搭] soda lime 碱石灰

sodium [ˈsoʊdiəm] *n.* 钠

soluble [ˈsɑːljəbl] *a.* 可溶的；可解决的
[记] 词根记忆：solu(解开；溶解) + ble(能…的) → 可溶的；可解决的
[搭] soluble material 可溶性物质

solution [səˈluːʃn] *n.* 溶液(liquor)；解答，解决(办法)
[记] 词根记忆：solu(解开；溶解) + tion → 让其充分溶解 → 溶液

solvent [ˈsɑːlvənt] *a.* 有溶解力的；有偿付能力的 *n.* 溶剂
[记] 词根记忆：solv(=solu 解开；溶解) + ent → 有溶解力的

spawn [spɔːn] *v.* 产卵(fertilize)；产生，促成(*create, bring forth)
[记] 联想记忆：大虾(prawn)产卵(spawn)

specimen [ˈspesɪmən] *n.* 标本(sample)；范例，样品
[记] 词根记忆：spec(看，观察) + imen → 观察时用来参照的 → 范例；标本

species [ˈspiːʃiːz] *n.* 物种，类群(group, class)

spiny [ˈspaɪni] *a.* 长满刺的，带刺的

sprout [spraʊt] *v.* 发芽，抽条，生长(grow, flourish) *n.* 新芽，苗
[记] 联想记忆：spr(看做 spring，春天) + out(出) → 春天来了，柳树发芽了 → 发芽；新芽

squirrel [ˈskwɜːrəl] *n.* 松鼠

stalk [stɔːk] *n.* 茎，柄(stem)

starch [stɑːrtʃ] *n.* 淀粉(fecula)；[*pl.*] 淀粉类食物
[记] 联想记忆：star（星星）+ ch → 星星碎了，洒落下来成了淀粉 → 淀粉

stimulus [ˈstɪmjələs] *n.* [*pl.* stimuli] 刺激(物)；促进因素
[记] 词根记忆：stimul(刺激) + us → 刺激
[搭] sensory stimulus 感官刺激；conditioned stimulus 条件刺激

sting [stɪŋ] *n.* (昆虫的)尾刺；刺痛
[记] 发音记忆："死叮" → 刺痛

subspecies [ˌsʌbˈspiːʃiːz] *n.* 亚种(subgroup)
[记] 联想记忆：sub(在…下面) + species(物种) → 下一等的物种 → 亚种

sulfur [ˈsʌlfər] *n.* 硫，硫黄
[记] 联想记忆：吸入过多的硫(sulfur)让人十分痛苦(suffer)

sulfuric [ˈsʌlfərɪk] *a.* 硫的，含硫的
[搭] sulfuric acid 硫酸

swan [swɑːn] *n.* 天鹅
[记] 联想记忆：天鹅(swan)在湖里游泳(swam，swim 的过去式)

synthesize [ˈsɪnθəsaɪz] *vt.* 合成；综合
[记] 词根记忆：syn(共同) + thes(放) + ize → 放到一起 → 合成

synthetic [sɪnˈθetɪk] *a.* 合成的，综合的；人造的(artificial)
n. [常 *pl.*] 合成物
[搭] synthetic dye 合成染料；synthetic product 合成产品

tactile [ˈtæktl] *a.* 触觉的；有触觉的；可感触的
[记] 词根记忆：tact(触摸) + ile → 触觉的
[搭] tactile stimuli 触觉刺激

tendon [ˈtendən] *n.* 腱

tentacle [ˈtentəkl] *n.* 触角，触须(antenna)
[记] 词根记忆：tent(感觉) + acle(表物，名词后缀) → 用于感知的东西 → 触角

tissue [ˈtɪʃuː] *n.* [常 *pl.*] 组织

[搭] soft tissue 软组织

toed [toʊd] *a.* 有趾的

toxic [ˈtɑːksɪk] *a.* 有毒的(poisonous)

[记] 发音记忆："逃(一)个是(一)个"→酒里有毒，赶快逃→有毒的

turtle [ˈtɜːrtl] *n.* 龟

[记] 发音记忆："特逗"→龟(turtle)的样子特逗→龟

twig [twɪg] *n.* 嫩枝

variant [ˈveriənt] *n.* 变体，变形

[记] 词根记忆：vari(改变)+ant→变体

vegetation [ˌvedʒəˈteɪʃn] *n.* 植物(plant)；植被

vegetative [ˈvedʒɪteɪtɪv] *a.* 植物的；有生长力的

[搭] vegetative reproduction 营养生殖

venom [ˈvenəm] *n.* (蛇等分泌的)毒液(poison)

[记] 词根记忆：ven(=venen 毒药)+om→(蛇等分泌的)毒液

venomous [ˈvenəməs] *a.* 有毒的，分泌毒液的；恶意的，狠毒的

vertebrate [ˈvɜːrtɪbrət] *n.* 脊椎动物 *a.* 有脊椎的

[记] 来自 vertebra(*n.* 椎骨)

[搭] vertebrate animals 脊椎动物

viscous [ˈvɪskəs] *a.* 黏滞的；黏性的

volatile [ˈvɑːlətl] *a.* 挥发性的，易挥发的；易变的，不稳定的(unstable)

[记] 词根记忆：vol(飞)+atile→挥发性的

walnut [ˈwɔːlnʌt] *n.* 胡桃，胡桃木

wasp [wɑːsp] *n.* 黄蜂

wax [wæks] *n.* 蜡；蜡状物

weed [wiːd] *n.* 杂草；水草

[记] 联想记忆：种子(seed)在杂草(weed)中顽强地发芽、成长

wick [wɪk] *n.* 蜡烛芯；灯芯

willow [ˈwɪloʊ] *n.* 柳树；柳木制品

[记] 联想记忆：在天气好的日子把枕头(pillow)晒在柳树(willow)上

yolk [joʊk] *n.* 蛋黄，卵黄

[记] 联想记忆：民间(folk)有说法，蛋黄(yolk)是大补品

zinc [zɪŋk] *n.* 锌

Note

天文与地理

aerial [ˈeriəl] *a.* 空中的，地表以上的；航空的

[记] 词根记忆：aer(空气)+ial(形容词后缀)→空中的

aggregate [ˈæɡrɪɡət] *n.* 聚成岩；聚集物

[记] 词根记忆：ag(往，靠近)+greg(群)+ate→聚成一群→聚集物

alien [ˈeɪliən] *n.* 外星人；组织之外的人 *a.* 外星的；不同的(different, foreign)

altitude [ˈæltɪtuːd] *n.* 海拔，高度(height)；[常 *pl.*] 高处

[记] 词根记忆：alt(高)+it+ude(表状态，名词后缀)→海拔，高度

aquifer [ˈækwɪfər] *n.* 含水土层

[记] 词根记忆：aqui(=aqua 水)+fer(带)→带来水的地方→含水土层

artesian [ɑːrˈtiːʒn] *a.* 自流水的，喷水的

[搭] artesian spring 自流泉；artesian well 自流井

asteroid [ˈæstərɔɪd] *n.* 小行星

[记] 词根记忆：aster(星星)+oid(形状)→小行星

astronomical [ˌæstrəˈnɑːmɪkl] *a.* 天文学的；极大的，庞大的

[记] 来自 astronomy(*n.* 天文学)

[搭] astronomical observation 天文观测；astronomical object 天体

astronomy [əˈstrɑːnəmi] *n.* 天文学

[记] 词根记忆：astro(星星)+nomy(规则；学科)→研究星星的学科→天文学

atmosphere [ˈætməsfɪr] *n.* 大气，空气(*air)；气氛(tone)

[记] 词根记忆：atmo(蒸汽)+spher(球体)+e→地球周围的气体→大气

aurora [ɔːˈrɔːrə] *n.* 极光

[记] 注意和 aurore(*a.* 朝霞色的)相区分

avalanche [ˈævəlæntʃ] *n.* 雪崩(snowslide); 山崩(landslide)

aviation [ˌeɪviˈeɪʃn] *n.* 航空(navigation); 飞行(fly); 航空制造业

[记] 词根记忆: avi(鸟) + at + ion(名词后缀) → 像鸟一样飞 → 航空; 飞行

basin [ˈbeɪsn] *n.* 盆地

belt [belt] *n.* 地带(area)

blizzard [ˈblɪzərd] *n.* 暴风雪, 大风雪

bluff [blʌf] *n.* 悬崖, 峭壁 *v.* 虚张声势, 吓唬

[记] 联想记忆: 北美野牛(buffalo)虚张声势(bluff)

bog [bɑːg] *n.* 沼泽, 湿地(swamp)

bonanza [bəˈnænzə] *n.* 富矿带; 带来好运的事

boulder [ˈboʊldər] *n.* 巨石

[记] 联想记忆: 肩(shoulder)扛巨石(boulder)

boundary [ˈbaʊndri] *n.* 分界线; 边界(bound, border)

[记] 联想记忆: bound(被束缚的) + ary(表场所) → 加以束缚的地方 → 分界线; 边界

breeze [briːz] *n.* 微风, 和风

[记] 联想记忆: 春天到了, 和风(breeze)阵阵, 结冰(freeze)的河流解冻了

bubble [ˈbʌbl] *n.* (气、水)泡; 泡沫 *vi.* 冒泡, 起泡

[记] 发音记忆: 拟声词, 指水冒泡的声音

bush [bʊʃ] *n.* 灌木(丛)(shrub); 荒野

[搭] beat about the bush 拐弯抹角地讲话

canyon [ˈkænjən] *n.* 峡谷

cape [keɪp] *n.* 海角, 岬

cascade [kæˈskeɪd] *n.* 小瀑布(waterfall)

[记] 词根记忆: cas(落下) + cad(落下) + e → 水一再落下 → 小瀑布

cavern [ˈkævərn] *n.* 大洞穴, 大山洞

celestial [sə'lestʃl] *a.* 天空的，天上的(*astronomical, heavenly)

[记] 词根记忆：cel(天空)+est+ial→天空的

[搭] celestial body 天体

chamber ['tʃeɪmbər] *n.* 洞穴(cavity)；房间(room, compartment)

choppy ['tʃɑːpi] *a.* 波浪起伏的；(指风等)不断改变方向的；不连贯的

clay [kleɪ] *n.* 泥土，黏土(earth, mud)

[记] 联想记忆：c+lay(层)→泥土成一层一层分布→泥土

cliff [klɪf] *n.* 悬崖，绝壁(precipice, bluff)

climate ['klaɪmət] *n.* 气候；社会风气

collide [kə'laɪd] *vi.* 碰撞；冲突(conflict)

comet ['kɑːmət] *n.* 彗星

[记] 联想记忆：come(来)+t→很多年才来一次的星星→彗星

compass ['kʌmpəs] *n.* 罗盘；[*pl.*] 圆规；范围(range, scope)

[记] 词根记忆：com(共同)+pass(脚步)→共同通过脚步丈量，进行均分→范围

configuration [kənˌfɪgjə'reɪʃn] *n.* 布局，格局；构造，外形(structure, shape)

[记] 来自configure(*vt.* 安置，设定)

conservationist [ˌkɑːnsər'veɪʃənɪst] *n.* (自然资源等的)保护管理论者

contiguous [kən'tɪgjuəs] *a.* 接壤的，毗邻的(neighboring)

[记] 词根记忆：con(和)+tig(=ting 接触)+uous→相接触的→接壤的

continent ['kɑːntɪnənt] *n.* 大陆，陆地(mainland)；洲

copilot ['koʊˌpaɪlət] *n.* (飞机等的)副驾驶员

[记] 联想记忆：co(共同)+pilot(飞行员)→(飞机等的)副驾驶员

core [kɔːr] *n.* 地核；中心，核心(center)

[记] 词根记忆：cor(心)+e→核心

corona [kəˈroʊnə] *n.* 日冕(sunglow); 光环(aura)

[记] 词根记忆: coron(冠状物) + a → 日晷; 光环

cosmic [ˈkɑːzmɪk] *a.* 宇宙的

[记] 词根记忆: cosm(宇宙) + ic → 宇宙的

[搭] cosmic dust 宇宙尘埃; cosmic ray 宇宙光

cosmos [ˈkɑːzmoʊs] *n.* 宇宙(universe)

[记] 词根记忆: cosm(宇宙) + os → 宇宙

crater [ˈkreɪtər] *n.* 火山口; (弹)坑

crescent [ˈkresnt] *n.* 新月; 新月形(物) *a.* 新月形的; 逐渐增强的

[记] 联想记忆: cre + scent(香味) → 新月长到满月, 月饼飘香 → 新月

crevice [ˈkrevɪs] *n.* 缺口, 裂缝(gap)

crust [krʌst] *n.* 地壳; 外壳

[记] 联想记忆: 这个铁制品的外壳(crust)上布满一层锈(rust)

crustal [krʌstl] *a.* 地壳的; 外壳的

crystal [ˈkrɪstl] *n.* 水晶; 晶体 *a.* 透明的(clear); 结晶状的

[记] 联想记忆: cry(哭泣) + stal(看做 star, 星星) → 水晶像星星哭泣时掉下的泪 → 水晶

current [ˈkɜːrənt] *n.* (液体、气体的)流(stream); 潮流; 趋势(tendency) *a.* 当前的(ongoing)

[搭] air currents 气流

damp [dæmp] *a.* 潮湿的(moist) *n.* 潮湿, 湿气

[记] 联想记忆: dam(水坝) + p → 水坝上总是很潮湿 → 潮湿的

dawn [dɔːn] *n.* 黎明; 开端(outset)

daylight [ˈdeɪlaɪt] *n.* 日光(sunlight); 白昼

[记] 组合词: day(白天) + light(光) → 白天的光 → 日光

[搭] daylight hours 白天

debris [dəˈbriː] *n.* 岩屑; 残骸(ruins, remains); 碎屑(fragment)

[记] 发音记忆: "堆玻璃" → 一堆碎玻璃 → 碎屑; 残骸

delta [ˈdeltə] *n.* (河流的)三角洲

[搭] the Nile Delta 尼罗河三角洲

deposit [dɪˈpɑːzɪt] *v.* 沉淀(settle); 堆积(accumulate); 储蓄 *n.* 沉积物, 堆积物(accumulation)

[记] 词根记忆: de(向下) + pos(放) + it → 向下放 → 沉淀; 堆积

domain [doʊˈmeɪn] *n.* 领土(territory); 领域(*field)

[记] 词根记忆: dom(统治) + ain → 领土; 领域

[搭] public domain 公有土地

dormancy [ˈdɔːrmənsɪ] *n.* 休眠; 催眠状态; 隐匿

[记] 词根记忆: dorm(睡眠) + ancy → 休眠; 催眠状态

dormant [ˈdɔːrmənt] *a.* 静止的(idle, inactive); 休眠的(resting)

[搭] a dormant volcano 休眠火山

drench [drentʃ] *vt.* 使湿透(soak)

drift [drɪft] *n./v.* 漂流; 漂泊

[搭] continental drift 大陆漂移

drought [draʊt] *n.* 干旱(期)

[记] 联想记忆: dr(看做 dry, 干的) + ought(应该) → 处于干旱期到处都应该很干 → 干旱(期)

eclipse [ɪˈklɪps] *n.* 日食, 月食 *vt.* (月球、地球等)遮住(…的)光; 使相形见绌

[记] 词根记忆: ec(没有) + lip(离开) + se → 日月的光华滑走 → 日食, 月食

[搭] lunar/solar eclipse 月/日食

equator [ɪˈkweɪtər] *n.* 赤道

[记] 词根记忆: equ(相等) + at + or → 将地球进行等分 → 赤道

erupt [ɪˈrʌpt] *vi.* 爆发(burst out)

[记] 词根记忆: e(出) + rupt(断裂) → 断裂后喷出 → 爆发

fertile [ˈfɜːrtl] *a.* 肥沃的(rich); 能繁殖的(productive)

[记] 词根记忆: fer(带来) + tile → 可带来果实的 → 肥沃的

fold [fould] *n.* (地壳岩石层中的)褶皱(pleat) *v.* 合拢(bend)

forecast [ˈfɔːrkæst] *vt./n.* 预报(predict); 预测(foretell)

[记] 联想记忆：fore(前面) + cast(扔) → 预先扔下 → 预测

[搭] weather forecast 天气预报

fossil [ˈfɑːsl] *n.* 化石 *a.* 陈腐的; 化石的

fragment [ˈfrægmənt] *n.* 碎片，断片(*debris, patch)

frigid [ˈfrɪdʒɪd] *a.* 寒冷的(freezing, wintry); 冷淡的(cold, icy)

[记] 词根记忆：frig(冷的)+id→寒冷的; 冷淡的

frost [frɔːst] *n.* 霜; 霜冻 *v.* 结霜

galaxy [ˈgæləksi] *n.* 星系; [G-] 银河; 群英

[记] 源自希腊文 galaxias，词根 gala 意为"乳汁；乳状物"，古希腊人认为银河是天后赫拉的乳汁流淌而成的。

gem [dʒem] *n.* 宝石

gemstone [ˈdʒemstoun] *n.* 经雕琢的宝石

[记] 组合词：gem(宝石) + stone(石头) → 宝石

geology [dʒiˈɑːlədʒi] *n.* 地质学; 地质概况

[记] 词根记忆：geo(地球，地) + logy(…学) → 地质学

glacier [ˈgleɪʃər] *n.* 冰川，冰河

[记] 词根记忆：glaci(冰) + er → 冰川，冰河

granite [ˈgrænɪt] *n.* 花岗岩

[记] 词根记忆：gran(=grain 颗粒) + ite → 颗粒状石头 → 花岗岩

gravel [ˈgrævl] *n.* 沙砾，砾石

[记] 词根记忆：grav(重的) + el(表小玩意、小东西，名词后缀) → 重的小东西 → 沙砾

hail [heɪl] *n.* 冰雹

[记] 联想记忆：冰雹(hail)让航行(sail)计划流产(fail)了

hemisphere [ˈhemɪsfɪr] *n.* (地球等的)半球；大脑半球(*side)

[记] 词根记忆：hemi(半的) + spher(球体) + e → 半球

hinterland [ˈhɪntərlænd] *n.* 内地，腹地(backland)

[记] 组合词：hinter(=hinder 后面的) + land(土地) → 位于海岸后方的土地 → 内地，腹地

humid [ˈhjuːmɪd] *a.* 潮湿的(damp)；湿润的(wettish)

[记] 联想记忆：hum(嗡嗡声) + id → 蚊虫发出嗡嗡声，而潮湿的地方多蚊虫 → 潮湿的

humidity [hjuːˈmɪdəti] *n.* 湿度；潮湿

[搭] relative humidity 相对湿度

hurricane [ˈhɜːrəkən] *n.* 飓风，暴风(storm)

[记] 联想记忆：hurri(看做 hurry，匆忙) + cane → 来得很匆忙的风 → 飓风

iceberg [ˈaɪsbɜːrg] *n.* 冰山

igneous [ˈɪgniəs] *a.* 火的，似火的；火成的，火成岩的

[记] 词根记忆：ign(火) + eous → 火的

interstellar [ˌɪntərˈstelər] *a.* 星际的

[记] 词根记忆：inter(在…之间) + stell(星星) + ar(形容词后缀) → 星际的

Jupiter [ˈdʒuːpɪtər] *n.* 木星

landing [ˈlændɪŋ] *n.* 登陆；着陆，降落

landmass [ˈlændmæs] *n.* 地块，大片陆地

[记] 组合词：land(陆地) + mass(大量) → 大片陆地

landscape [ˈlændskeɪp] *n.* 风景；地貌，地形(landform)；风景画

[记] 组合词：land(陆地) + scape(景色) → 风景

landslide [ˈlændslaɪd] *n.* 山崩，塌方；压倒性胜利

latitude [ˈlætɪtuːd] *n.* 纬度；[常 *pl.*] 纬度地区

[记] 词根记忆：lat(宽的) + it + ude → 纬度

lava [ˈlɑːvə] *n.* 岩浆，熔岩(magma)

[记] 联想记忆：幼虫(larva)掉入岩浆(lava)，熔化了

layer [ˈler] *n.* 层，层次

[记] 来自 lay(*n.* 层面)

lightning [ˈlaɪtnɪŋ] *n.* 闪电

[记] 联想记忆：light(光) + ning → 极强的光 → 闪电

lime [laɪm] *n.* 石灰

[记] 联想记忆：烧石灰(lime)需要时间(time)

limestone [ˈlaɪmstoʊn] *n.* 石灰石

[记] 组合词：lime(石灰) + stone(石头) → 石灰石

lithosphere [ˈlɪθəsfɪr] *n.* 岩石圈

[记] 词根记忆：litho(石) + spher(球体) + e → 岩石圈

longitude [ˈlɑːndʒətuːd] *n.* 经度，经线

[记] 词根记忆：long(长的) + it + ude → 连接南北两极的长线叫经线 → 经线

lunar [ˈluːnər] *a.* 月亮的

[搭] lunar day 太阴日，月球日

magma [ˈmægmə] *n.* 岩浆

magnitude [ˈmægnɪtuːd] *n.* 星体的亮度；巨大(greatness)；量级(*extent)

[记] 词根记忆：magn(大) + it + ude(表状态，名词后缀) → 巨大

marble [ˈmɑːrbl] *n.* 大理石

[记] 联想记忆：mar(三月) + ble → 大理三月好风光 → 大理石

maritime [ˈmærɪtaɪm] *a.* 海的；航海的

[记] 联想记忆：mari(海) + time(时间) → 海上的时间 → 航海的

marsh [mɑːrʃ] *n.* 沼泽，湿地(swamp)

[记] 联想记忆：红军长征(march)过沼泽地(marsh)

mercury [ˈmɜːrkjəri] *n.* [M-] 水星；水银

[记] 联想记忆：mer(音似：没) + cury(看做cure，治愈) → 水银中毒没治了 → 水银

meridian [məˈrɪdiən] *n.* 子午线

meteor [ˈmiːtiər] *n.* 流星

meteorite [ˈmiːtiəraɪt] *n.* 陨石

meteorological [ˌmiːtiərəˈlɑːdʒɪkl] *a.* 气象学的；气象的

[记] 来自 meteorology(*n.* 气象学)

[搭] meteorological data 气象数据

meteorologist [ˌmiːtiəˈrɑːlədʒɪst] *n.* 气象学者

meteorology [ˌmiːtiəˈrɑːlədʒi] *n.* 气象学(aerography)

[记] 词根记忆：meteor(陨石；天气)+ology(…学)→古代根据陨石判断天气→气象学

mine [maɪn] *n.* 矿(山) *v.* 采矿

missile [ˈmɪsl] *n.* 发射物；导弹，飞弹

[记] 词根记忆：miss(发送)+ile(表物)→发送出去的物体→发射物

moist [mɔɪst] *a.* 潮湿的(damp, humid)；多雨的(rainy)

[记] 联想记忆：薄雾(mist)中湿漉漉的(moist)城市

moisture [ˈmɔɪstʃər] *n.* 潮湿，湿气(humidity)

moor [mʊr] *n.* 沼泽；旷野，荒野

[记] 联想记忆：清冷的月光(moon)下，那个可怜的(poor)老人走在旷野(moor)中

mound [maʊnd] *n.* 土墩，土丘；堆，垛

mount [maʊnt] *n.* 山，山峰(hill, mountain) *v.* 增加(increase)

mountainous [ˈmaʊntənəs] *a.* 多山的(hilly)

[搭] a mountainous terrain 多山的地形

muggy [ˈmʌgi] *a.* (天气)闷热的(fuggy)

navigate [ˈnævɪgeɪt] *v.* 航行；飞行(flight)；测定位置和路线，导航

[记] 词根记忆：nav(船)+ig(开动)+ate(动词后缀)→开动船只→航行

oasis [oʊˈeɪsɪs] *n.* 绿洲；避风港

observatory [əbˈzɜːrvətɔːri] *n.* 天文台，天文观测站

orbit [ˈɔːrbɪt] *n.* 轨道(track)

[记] 词根记忆：orb(轨道)+it→轨道

orbital [ˈɔːrbɪtl] *a.* 轨道的

ore [ɔːr] *n.* 矿；矿物，矿石（mineral）

orient [ˈɔːriənt] *n.* [O-] 东方 *a.* 上升的 *vt.* 使适应

[记] 词根记忆：ori（升起）+ent → 太阳升起的地方 → 东方

panorama [ˌpænəˈræmə] *n.* 全景，全貌；概观

[记] 词根记忆：pan（全）+orama（景色）→ 全景

pasture [ˈpæstʃər] *n.* 牧场，草原（grassland, meadow）

[记] 词根记忆：past（喂养）+ure → 喂养牛羊的地方 → 牧场，草原

peak [piːk] *n.* 最高点，顶峰（*maximum, summit）*a.* 最高的

[记] 发音记忆："匹克" → 奥林匹克的精神之一就是挑战极限，达到顶峰 → 顶峰

pebble [ˈpebl] *n.* 小圆石，鹅卵石；水晶石

peninsula [pəˈnɪnsələ] *n.* 半岛

[记] 词根记忆：pen（几乎）+insul（岛屿）+a → 几乎是岛 → 半岛

phase [feɪz] *n.* 相位，月相；阶段，时期（period）

pinnacle [ˈpɪnəkl] *n.* 山顶，顶峰；顶点；小尖塔

[记] 词根记忆：pinna（顶点）+cle → 山顶，顶峰

pit [pɪt] *n.* 深坑（*hole, cavity）；矿井（mine）；陷阱（trap）

[记] 联想记忆：猪（pig）拱了个大坑（pit）

planet [ˈplænɪt] *n.* 行星

planetary [ˈplænəteri] *a.* 行星的

[搭] planetary motions 行星运动；a planetary system 行星系

plateau [plæˈtoʊ] *n.* 高原（tableland）

[记] 联想记忆：plat（平的）+eau → 高出平地的地 → 高原

polar [ˈpoʊlər] *a.* （南、北）极的，极地的

[搭] polar bear 北极熊；polar expedition 极地探险

pole [poʊl] *n.* 地极；磁极

porous [ˈpɔːrəs] *a.* 多孔的；能渗透的

[记] 词根记忆：por（开口）+ ous → 有开口的 → 多孔的

prairie [ˈpreri] *n.* 大草原

[记] 联想记忆：pr + air（空气）+ ie → 大草原上空气好 → 大草原

probe [proʊb] *v.* 探查，探测（explore）；探索 *n.* 探测器，探测飞船（detector）；探索

[记] 词根记忆：prob（检测）+ e → 探查；探索

prospector [ˈprɑːspektər] *n.* 勘探者，采矿者

[记] 词根记忆：pro（向前）+ spect（看）+ or（表人，名词后缀）→ 向前看的人 → 负责向地下探测的人 → 勘探者

puddle [ˈpʌdl] *n.* 水坑，水洼（sump）

[记] 注意不要和 peddle（*v.* 沿街叫卖）相混

pump [pʌmp] *n.* 泵 *vt.* （用泵）抽

quarry [ˈkwɔːri] *n.* 采石场；猎物（prey）

[记] 联想记忆：大老远地运送（carry）物资到采石场（quarry）

quartz [kwɔːrts] *n.* 石英

[记] 联想记忆：quart（看做 quarter，一刻钟）+ z → 钟表，石英钟 → 石英

quasar [ˈkweɪzɑːr] *n.* 类星体

rainbow [ˈreɪnboʊ] *n.* 彩虹

[记] 组合词：rain（雨）+ bow（弓）→ 雨后天上出现的弓状物 → 彩虹

rainfall [ˈreɪnfɔːl] *n.* 降雨；降雨量

[记] 组合词：rain（雨）+ fall（下降）→ 降雨

ravine [rəˈviːn] *n.* 沟壑，峡谷（gorge）

reef [riːf] *n.* 礁，暗礁

region [ˈriːdʒən] *n.* （大气等的）层；地区，区域（district）

[记] 词根记忆：reg（统治）+ ion → 统治的地方 → 地区，区域

reservoir [ˈrezərvwɑːr] *n.* 水库，蓄水池

[记] 词根记忆：re（再，又）+ serv（保持）+ oir → 保存 → 水库

ribbon [ˈrɪbən] *n.* 带状物；丝带；绶带

[记] 联想记忆：rib（肋骨）+ bon（看做 bone，骨头）→ 像肋骨一样狭长 → 带状物

[搭] ribbon development 带状住宅区；ribbon lake 带状湖

ridge [rɪdʒ] *n.* 脊；山脊；高压脊

[记] 联想记忆：桥梁（bridge）去掉 b 只剩下了脊（ridge）

rotational [roʊˈteɪʃnl] *a.* 旋转的；轮流的

[记] 词根记忆：rot（旋转）+ ation + al → 旋转的；轮流的

rough [rʌf] *a.* 粗糙不平的（coarse）；粗暴的（tough）；艰难的 *n.* 高低不平的地面

satellite [ˈsætəlaɪt] *n.* 卫星；人造卫星

[搭] weather satellite 气象卫星；satellite channel 卫星频道

Saturn [ˈsætɜːrn] *n.* 土星

scrub [skrʌb] *n.* 灌木丛（shrub）；丛林地带

[记] 联想记忆：走过灌木丛（scrub），腿上被擦破（rub）好几处

seashore [ˈsiːʃɔːr] *n.* 海岸，海滨（coast, beach, shore）

season [ˈsiːzn] *n.* 季节；时节；时期（period）

sediment [ˈsedɪmənt] *n.* 沉淀物，沉积物（deposit）

[记] 词根记忆：sed（坐）+ iment → 长久坐下来的东西 → 沉淀物

sedimentary [ˌsedɪˈmentri] *a.* 沉积的，沉淀性的（precipitable）

seismic [ˈsaɪzmɪk] *a.* 地震（引起）的

[记] 词根记忆：seism（震动）+ ic → 地震的

[搭] seismic waves 震波

seismograph [ˈsaɪzməgræf] *n.* 地震仪

[记] 词根记忆：seism（震动）+ o + graph（写；图）→ 能描绘地震情况的（仪器）→ 地震仪

seismology [saɪz'mɑːlədʒi] *n.* 地震学

[记] 词根记忆：seism（震动）+ ology（…学）→ 地震学

shallow ['ʃæloʊ] *a.* 浅的（superficial）*n.* 浅滩

sheer [ʃɪr] *a.* 陡峭的（steep）；绝对的（absolute）

[记] 联想记忆：绵羊（sheep）在陡峭的（sheer）山坡上吃草

shore [ʃɔːr] *n.* 海滨，岸（coast, beach）

shower ['ʃaʊər] *n.* 阵雨；淋浴（器）（bath）

shuttle ['ʃʌtl] *n.* 航天飞机 *v.* 穿梭往返

[记] 联想记忆：shut（关闭）+ tle → 封闭的空间 → 航天飞机

signal ['sɪgnəl] *n.* 信号，标志（sign, indication）；信号灯 *v.* 发信号

[记] 联想记忆：sign（签名）+ al → 用签名作为自己的标志 → 标志

silica ['sɪlɪkə] *n.* 硅石，硅土

sinuous ['sɪnjuəs] *a.* 蜿蜒的（winding）

[记] 词根记忆：sinu（曲线）+ ous → 弯曲的 → 蜿蜒的

snowflake ['snoʊfleɪk] *n.* 雪花

[记] 组合词：snow（雪）+ flake（薄片）→ 雪花

solar ['soʊlər] *a.* 太阳的；（利用）太阳能的

[记] 词根记忆：sol（太阳）+ ar → 太阳的

[搭] solar year 阳历年

spacecraft ['speɪskræft] *n.* 航天器，宇宙飞船

[记] 组合词：space（太空）+ craft（技术）→ 太空技术造出的机器 → 宇宙飞船

[搭] a manned spacecraft 载人宇宙飞船

spatial ['speɪʃl] *a.* 空间的

spew [spjuː] *v.* 喷涌（exude, vomit）

sphere [sfɪr] *n.* 球（体）（ball, globe）；范围，领域

[记] 词根记忆：spher（球）+ e → 球（体）

spherical [ˈsferɪkl] *a.* 球形的，球状的(round)；天体的

spring [sprɪŋ] *n.* 泉(stream)；弹簧 *v.* 跳跃(leap, jump)

[记] 联想记忆：sp + ring(铃声) → 泉水叮咚似铃声 → 泉

steep [stiːp] *a.* 陡峭的；急剧的(sharp)

[记] 联想记忆：本来挺陡的台阶(step)中又加一(e)级就更陡峭(steep)了

steer [stɪr] *v.* 驾驶；引导(guide)

[记] 联想记忆：驾驶(steer)一艘钢铁(steel)打造的大船

stellar [ˈstelər] *a.* 星的，恒星的；精彩的

stratigraphy [ˌstræˈtɪgræfi] *n.* 地层学；地层中的岩石组成

[记] 词根记忆：strat(散布) + i + graph(写；图) + y → 有关(岩石的)分布情况的 → 地层学

stratum [ˈstreɪtəm] *n.* [*pl.* strata] 地层

stream [striːm] *n.* 溪流(brook)；股(strand) *v.* 涌(flow)

[记] 联想记忆：梦想(dream)是一条奔流不息的溪流(stream)

summit [ˈsʌmɪt] *n.* 峰顶，极点(peak)

sunset [ˈsʌnset] *n.* 日落(sundown)

[记] 组合词：sun(太阳) + set(下沉) → 日落

swamp [swɑːmp] *n.* 沼泽(marsh) *vt.* 使应接不暇(overwhelm)

swampy [ˈswɑːmpi] *a.* 沼泽(多)的；松软的

tableland [ˈteɪbllænd] *n.* 高原(plateau)

tectonic [tekˈtɑːnɪk] *a.* 地壳构造的

[记] 词根记忆：tect(构造) + on + ic(形容词后缀) → 有关(地球表面)构造的 → 地壳构造的

tectonics [tekˈtɑːnɪks] *n.* 构造地质学

[搭] the theory of plate tectonics 板块构造学说

telescope [ˈtelɪskoʊp] *n.* 望远镜

[记] 词根记忆：tele(远的) + scop(看) + e → 往远处看所借助的工具 → 望远镜

temperate [ˈtempərət] *a.* (气候等)温和的(benign)

[记] 词根记忆：temper(节制)+ate→有节制的→温和的

[搭] temperate climate 温带气候

terrain [təˈreɪn] *n.* 地势，地形(landform)；地区，地带

[记] 词根记忆：terr(地)+ain→地势，地形

terrestrial [təˈrestriəl] *a.* 陆地的，陆生的；地球的

[记] 词根记忆：terr(地)+estr+ial→陆地的，陆生的

territory [ˈterətɔːri] *n.* 领土，领域(domain)

tide [taɪd] *n.* 潮，潮汐；潮流，趋势(trend)

[记] 联想记忆：潮(tide)起潮(tide)落，岁月(time)如歌

topography [təˈpɑːgrəfi] *n.* 地形学；表面状况

[记] 联想记忆：top(顶部)+o+graph(图)+y→图示地球的表面情况→地形学

topsoil [ˈtɑːpsɔɪl] *n.* 表层土

[记] 组合词：top(顶部)+soil(土地)→表层土

tornado [tɔːrˈneɪdoʊ] *n.* 飓风，龙卷风(whirlwind, gale)

[记] 词根记忆：torn(转动)+ado→能转动万物的风→飓风，龙卷风

torrent [ˈtɔːrənt] *n.* 洪流，急流；迸发(rush)

[记] 词根记忆：torr(=torn 转动)+ent→水流转动不停地前进→迸发

track [træk] *n.* 跑道；小路(path)；轨道；足迹 *v.* 跟踪，追踪

trench [trentʃ] *n.* 沟渠，壕沟(ditch)；战壕

[记] 联想记忆：不小心掉进沟渠(trench)，全身湿透(drench)

tributary [ˈtrɪbjəteri] *n.* 支流(branch)；进贡者 *a.* 支流的；进贡的；辅助的

[记] 词根记忆：tribut(给予)+ary→进贡者

troposphere [ˈtroʊpəsfɪr] *n.* 对流层

tropic [ˈtrɑːpɪk] *n.* 回归线；热带地区 *a.* 热带的

[记] 词根记忆：trop(转) + ic → 太阳每年在回归线来回转 → 回归线

tundra [ˈtʌndrə] *n.* 苔原，冻土地带

[记] 联想记忆：t + undra(看做 under，在…之下) → 在冰雪覆盖之下 → 冻土地带

universe [ˈjuːnɪvɜːrs] *n.* 宇宙(cosmos)；世界(world)

[记] 词根记忆：uni(单一) + vers(转) + e → 一个旋转着的整体空间 → 宇宙

vacuum [ˈvækjuəm] *n.* 真空；真空状态，空虚

[记] 词根记忆：vac(空的) + uum → 真空

[搭] vacuum cleaner 真空吸尘器；in a vacuum 与世隔绝，脱离实际

variation [ˌveriˈeɪʃn] *n.* 变化，变动；变种，变异

[记] 词根记忆：vari(改变) + ation(名词后缀) → 变化，变动

[搭] climate variations 气候变化

volcano [vɑːlˈkeɪnoʊ] *n.* 火山

[记] 该词源于古罗马的火神 Vulnus

weathering [ˈweðərɪŋ] *n.* (岩石的)侵蚀，风化(corrosion)

wintry [ˈwɪntri] *a.* 冬天的；寒冷的；冷淡的

wreck [rek] *vt.* 使失事；破坏(destroy) *n.* 沉船

zone [zoʊn] *n.* 地域，地带(region, area)

物 理 学

abrasion [əˈbreɪʒn] *n.* 表面磨损

[记] 词根记忆：ab(离去) + ras(擦) + ion → 擦掉 → 表面磨损

assortment [əˈsɔːrtmənt] *n.* 分类；混合物

asymmetrical [ˌeɪsɪˈmetrɪkl] *a.* 不均匀的，不对称的(uneven, unbalanced)

axis [ˈæksɪs] *n.* 轴(shaft)

backlighting [ˈbæklaɪtɪŋ] *n.* 逆光

battery [ˈbætri] *n.* 电池

[记] 联想记忆：batt(看做 bat，蝙蝠) + ery → 给蝙蝠飞行提供能量 → 电池

beam [biːm] *n.* (粒子的)束，波束；横梁(timber, bar)

[记] 联想：be + am → 做我自己，成为国家的栋梁 → 横梁

[搭] a laser beam 激光束；a beam of sunlight 一束阳光

blip [blɪp] *n.* 雷达上显示的点

bulk [bʌlk] *n.* 容积，体积；大部分(majority)

buoyant [ˈbuːjənt] *a.* 有浮力的，漂浮的；轻快的；繁荣的

cable [ˈkeɪbl] *n.* 缆绳；电缆(wire)；电报(telegraph)

[搭] wire cable 多股缆；钢丝绳

cement [sɪˈment] *n.* 水泥；胶合剂 *vt.* 巩固

centigrade [ˈsentɪɡreɪd] *a.* 百分度的；摄氏温度的

[记] 联想记忆：centi(百) + grade(等级) → 百分度的；摄氏温度的

circuit [ˈsɜːrkɪt] *n.* 电路；线路；巡回(tour)

[记] 词根记忆：circ(圆，环形) + uit → 巡回

[搭] short circuit 短路；closed circuit 闭合电路

cohesion [koʊˈhiːʒn] *n.* 内聚力，凝聚力；结合(*unity)
[记] 词根记忆：co(共同)+hes(黏附)+ion→黏在一起→结合
[搭] cohesion-tension theory 内聚力(学)说

combustible [kəmˈbʌstəbl] *a.* 可燃的，易燃的(flammable)
[记] 词根记忆：combus(燃烧)+t+ible(能…的)→可燃的

composite [kəmˈpɑːzət] *n.* 混合物，合成物；复合材料 *a.* 合成的，复合的
[记] 词根记忆：com(共同)+pos(放)+ite→放在一起→合成的

concave [kɑːnˈkeɪv] *a.* 凹的
[记] 词根记忆：con(表加强)+cav(空的)+e→凹的
[搭] concave lens 凹透镜

concentration [ˌkɑːnsnˈtreɪʃn] *n.* 浓度，浓缩；专心；集中

concrete [ˈkɑːŋkriːt] *n.* 混凝土(cement) *a.* 混凝土制的；具体的(material)
[记] 词根记忆：con(共同)+cret(增长)+e→一起增长→坚固的→具体的

condense [kənˈdens] *v.* (使)压缩(compress)；(使)凝结(contract)
[记] 联想记忆：con+dense(密集的)→变得密集→(使)压缩

conductivity [ˌkɑːndʌkˈtɪvəti] *n.* 传导性；传导率

conservation [ˌkɑːnsərˈveɪʃn] *n.* 守恒；保守，保存，保持(preservation)
[记] 来自 conserve(*vt.* 保存)

consistency [kənˈsɪstənsi] *n.* 浓度，密度；一致性，协调；连接，结合
[记] 来自 consistent(*a.* 一致的；持续的)

convection [kənˈvekʃn] *n.* 对流；传送(conveying, transmission)
[记] 词根记忆：con(共同)+vect(搬运)+ion→一起搬运→对流

convex [ˈkɑːnveks] *a.* 凸出的(bulgy)
[搭] convex lens 凸透镜

crystallize [ˈkrɪstəlaɪz] *v.* (使)结晶

deform [dɪˈfɔːrm] *v.* (使)变形(distort)
[记] 词根记忆：de(离去)+form(形式)→(使)没有形式→(使)变形

dimension [daɪˈmenʃn] *n.* 维；尺寸(measure)；方面(aspect)；[常*pl.*]大小，规模
[记] 词根记忆：di+mens(测量)+ion→尺寸

discharge [ˈdɪstʃɑːrdʒ] *n.* 流出物；放电
[dɪsˈtʃɑːrdʒ] *v.* 释放(release)；放(电)
[记] 联想记忆：dis(分离)+charge(电荷)→放电；释放

dissolve [dɪˈzɑːlv] *v.* (使)溶解(melt, liquefy)；清除，消除(eliminate)
[记] 词根记忆：dis(分离)+solv(松开)+e→松开，分散→(使)溶解

ductile [ˈdʌktaɪl] *a.* 有延伸性的，韧性的(plastic)
[记] 词根记忆：duct(拉)+ile→易拉伸的→有延伸性的
[搭] ductile metals 韧性金属

dye [daɪ] *n.* 颜料，染料 *v.* 染色
[记] 联想记忆：劣质染料(dye)居然会致人死亡(die)

dynamical [daɪˈnæmɪkl] *a.* 动态的；动力的；充满活力的
[记] 词根记忆：dynam(力量)+ical→力量的→动态的；动力的

elasticity [ˌiːlæˈstɪsəti] *n.* 弹力；弹性

electricity [ɪˌlekˈtrɪsəti] *n.* 电；电流

electrode [ɪˈlektroʊd] *n.* 电极

electron [ɪˈlektrɑːn] *n.* 电子

entity [ˈentəti] *n.* 实体，存在物

evaporate [ɪˈvæpəreɪt] *v.* (使)蒸发(vaporize)；消失(disappear, vanish)
[记] 词根记忆：e(出)+vapor(水汽)+ate(使…)→使水汽出去→(使)蒸发

evaporation [ɪˌvæpəˈreɪʃn] *n.* 蒸发

Fahrenheit [ˈfærənhaɪt] *n.* 华氏温度计

fiber [ˈfaɪbər] *n.* 纤维；光纤

[记] 联想记忆：多食富含纤维(fiber)的食物，有助于消化降火(fire)

filter [ˈfɪltər] *n.* 过滤器(strainer) *vt.* 过滤(percolate, screen)

flexible [ˈfleksəbl] *a.* 易弯曲的；柔韧的(pliable)；灵活的(elastic)

[记] 词根记忆：flex(弯曲)+ible→易弯曲的；柔韧的

float [floʊt] *v.* (使)漂浮(drift)

[记] 联想记忆：船(boat)漂浮(float)在水面上

fluid [ˈfluːɪd] *n.* 液体，流体 *a.* 流动的；液体的

[记] 词根记忆：flu(流动)+id→液体；流动的

focalize [ˈfoʊkəlaɪz] *v.* 调节焦距；使聚焦；使集中

freeze [friːz] *v.* (使)结冰，(使)凝固

[搭] freeze over 冰封；freeze up (机器、引擎等中的水)结冰

friction [ˈfrɪkʃn] *n.* 摩擦；摩擦力；冲突(clash, conflict)

[记] 联想记忆：润滑油的功能(function)是减少摩擦(friction)

fuse [fjuːz] *n.* 保险丝；引信 *v.* 熔合(mix, melt)；合并(combine)；熔化

fusion [ˈfjuːʒn] *n.* 熔化，熔解；熔合；核聚变；联合

[记] 词根记忆：fus(流)+ion→流到一起→熔化；联合

gear [gɪr] *n.* 齿轮，传动装置；设备(equipment)

[记] 联想记忆：耳朵(ear)是用于听(hear)的设备(gear)

granular [ˈgrænjələr] *a.* 颗粒状的

[记] 词根记忆：gran(=grain 颗粒)+ular→颗粒状的

graphite [ˈɡræfaɪt] *n.* 石墨

[记] 词根记忆：graph(写；图)+ite → 用来写字、画画的东西 → 石墨

gravitational [ˌɡrævɪˈteɪʃənl] *a.* 重力的，万有引力的

[记] 来自gravitation(*n.* 万有引力)

[搭] gravitational force 引力，重力；gravitational field 引力场，重力场

gravity [ˈɡrævəti] *n.* 重力

[记] 词根记忆：grav(重的)+ity → 重力

hydraulic [haɪˈdrɔːlɪk] *a.* 水力的，液压的

[记] 词根记忆：hydr(水)+aulic → 水力的

impermeable [ɪmˈpɜːrmiəbl] *a.* 不可渗透的，不透水的

[记] 词根记忆：im(不)+per(穿过)+mea(流过)+(a)ble(能…的) → 不能流过的 → 不可渗透的

inertia [ɪˈnɜːrʃə] *n.* 惯性

infiltrate [ˈɪnfɪltreɪt] *vt.* 渗透；(使)悄悄进入

[记] 联想记忆：in(进入)+filtrate(滤液) → 使进入滤液 → 渗透

infrared [ˌɪnfrəˈred] *a.* 红外线的 *n.* 红外线

[记] 联想记忆：infra(在…下面)+red(红色) → 在红色之下 → 红外线的

kinetic [kɪˈnetɪk] *a.* 运动的，运动引起的

[记] 词根记忆：kine(动)+tic → 运动的

[搭] kinetic energy 动能；kinetic molecular theory 分子运动论

leach [liːtʃ] *v.* 过滤；溶解 *n.* 过滤器；过滤剂

lens [lenz] *n.* 透镜；镜头；镜片

[记] 联想记忆：透镜(lens)借(lend)给你

liquefy [ˈlɪkwɪfaɪ] *v.* (使)溶解，(使)液化

[记] 词根记忆：liqu(液体)+efy(=ify 使…) → (使)液化

liquid [ˈlɪkwɪd] *n.* 液体；液态 *a.* 液体的，流体的

locomotion [ˌloʊkəˈmoʊʃn] *n.* 移动(力)(remotion); 运动(力)(movement)

[记] 词根记忆: loco(地方) + mot(动) + ion → 从一个地方移动到另一个地方 → 移动; 运动

lubricant [ˈluːbrɪkənt] *n.* 润滑剂

[记] 词根记忆: lubr(光滑的) + ic + ant(表物, 名词后缀) → 使变光滑的东西 → 润滑剂

luminosity [ˌluːmɪˈnɑːsəti] *n.* 亮度, 发光度(brightness, radiance); 光明

luminous [ˈluːmɪnəs] *a.* 发光的, 明亮的(light)

[记] 词根记忆: lumin(光) + ous → 发光的

magnet [ˈmæɡnət] *n.* 磁铁, 磁体

magnetic [mæɡˈnetɪk] *a.* 磁的, 有磁性的; 有吸引力的

[搭] magnetic field 磁场; magnetic tape 磁带

mass [mæs] *n.* 质量; 块, 团(block) *a.* 大量的(large-scale)

mechanics [məˈkænɪks] *n.* 机械学, 力学; 技巧

mechanize [ˈmekənaɪz] *vt.* 机械化(automate)

[派] mechanism(*n.* 机械装置; 机制, 机理)

metallic [məˈtælɪk] *a.* 金属(般)的; 含金属的

[记] 来自 metal(*n.* 金属)

momentum [moʊˈmentəm] *n.* 动量; 动力

[记] 联想记忆: moment(瞬间) + um → 在瞬间爆发, 需要动力 → 动力

neutron [ˈnuːtrɑːn] *n.* 中子

[记] 词根记忆: ne(不, 没有) + utr(=uter 两者之间) + on(名词后缀) → 不偏向任何一方 → 中子

odorous [ˈoʊdərəs] *a.* 有气味的

opaque [oʊˈpeɪk] *a.* 不透明的, 不透光的(impenetrable)

[搭] an opaque finish 一种绝光的涂料

parameter [pəˈræmɪtər] *n.* 参数, 参量

[记] 词根记忆: para(旁边) + meter(测量) → 在一旁辅助测量 → 参数, 参量

percolate [ˈpɜːrkəleɪt] *v.* 过滤 *n.* 滤液

[记] 词根记忆：per(贯穿) + col(过滤) + ate → 过滤

physical [ˈfɪzɪkl] *a.* 物理的；物质的(substantial)；身体的(corporal) *n.* 体检

[记] 词根记忆：physi(自然) + cal → 物质的

[搭] physical attribute 物理属性；身体素质

plaster [ˈplæstər] *n.* 灰浆，石膏 *v.* 在…上抹灰泥

pliable [ˈplaɪəbl] *a.* 易弯曲的，柔韧的(flexible, supple)

[记] 词根记忆：pli(=ply 弯，折) + able(能…的) → 能弯的 → 柔韧的

pulp [pʌlp] *n.* 纸浆

[记] 发音记忆："啪扑" → 纸被砸成纸浆发出的声音 → 纸浆

quality [ˈkwɑːləti] *n.* 质量(degree, grade)；品质(*nature)；特性(property)

radar [ˈreɪdɑːr] *n.* 雷达

[记] 发音记忆："雷达"

radiate [ˈreɪdieɪt] *v.* 发光；发热；辐射

[记] 词根记忆：radi(光线) + ate → 发出光线 → 发光；辐射

radiation [ˌreɪdiˈeɪʃn] *n.* 放射；辐射

[搭] solar radiation 太阳辐射；radiation therapy 放射疗法

radioactive [ˌreɪdioʊˈæktɪv] *a.* 放射性的

[记] 词根记忆：radi(光线) + o + act(行动) + ive → 光线行动活跃的 → 放射性的

reactor [riˈæktər] *n.* 反应堆

[记] 联想记忆：react(反应) + or → 发生反应的东西 → 反应堆

[搭] reactor pot 反应堆容器

receptacle [rɪˈseptəkl] *n.* 容器(container)；插座

[记] 词根记忆：re(再，又) + cept(拿，取) + acle → 能一再拿住东西的 → 容器

recharge [ˌriːˈtʃɑːrdʒ] *v.* 充电；休整；再装弹药
[搭] recharge batteries 为电池充电

recoil [rɪˈkɔɪl] *vi.* 弹回，反冲(rebound, resile)
[记] 词根记忆：re(向后)+coil(卷，盘绕)→卷回去→弹回

reflect [rɪˈflekt] *vt.* 反射；反映(mirror)
[记] 词根记忆：re(向后)+flect(弯曲)→向后弯曲→反射

refraction [rɪˈfrækʃn] *n.* 折射(deflection)
[记] 词根记忆：re(向后)+fract(折断)+ion→向后折断→折射

resilience [rɪˈzɪliəns] *n.* 弹力，弹性；复原力；适应性
[记] 词根记忆：re(向后)+sil(跳)+ience→向后跳的能力→弹力，弹性

resonance [ˈrezənəns] *n.* 共振；共鸣
[记] 词根记忆：re(再，又)+son(声音)+ance→声音再次响起→共振；共鸣

rub [rʌb] *n./v.* 擦，摩擦

rust [rʌst] *n.* 锈，铁锈；【植】锈病 *v.* (使)生锈
[记] 联想记忆：铁不磨一定(must)会生锈(rust)

rustproof [ˈrʌstpruːf] *a.* 不锈的

solid [ˈsɑːlɪd] *a.* 固体的；实心的；稳固的(*substantial, firm) *n.* 固体(substance)
[搭] solid fuel 固体燃料；solid particle 固体颗粒

spectrum [ˈspektrəm] *n.* 谱，光谱；范围(extension, range)
[记] 词根记忆：spect(看)+rum→看到光的颜色→光谱

spun [spʌn] *a.* 拉成丝的
[搭] spun glass 玻璃纤维

static [ˈstætɪk] *a.* 静态的，静止的(stationary)；静电的 *n.* 静电；静电噪声
[记] 词根记忆：stat(站立)+ic→静止的

strain [streɪn] *n.* 拉力，压力，张力 *vt.* 扭伤(sprain)
[记] 本身为词根，意为"拉紧"

supersonic [ˌsuːpərˈsɑːnɪk] *a.* 超音速的，超声波的（ultrasonic）*n.* 超声波

sympathetic [ˌsɪmpəˈθetɪk] *a.* 感应的，交感的；有同情心的；体谅的

[记] 词根记忆：sym（共同）+ path（感觉）+ et + ic → 有着共同感觉的 → 感应的

[搭] sympathetic vibration 共振

thaw [θɔː] *v.* (使)融化，(使)解冻（melt, defrost）

thermal [ˈθɜːrml] *a.* 热的，热量的 *n.* 热气流

[记] 词根记忆：therm（=thermo 热）+ al → 热的

ultraviolet [ˌʌltrəˈvaɪələt] *a.* 紫外(线)的

[记] 联想记忆：ultra（超出）+ violet（紫罗兰；紫色）→ 紫外(线)的

vapor [ˈveɪpər] *n.* 蒸汽，水汽（steam）

[记] 发音记忆："外喷" → 蒸汽向外喷 → 蒸汽

vaporize [ˈveɪpəraɪz] *v.* (使)蒸发，(使)汽化

velocity [vəˈlɑːsəti] *n.* 速度，速率（speed, rate）；迅速

[记] 词根记忆：veloc（快的）+ ity → 速度，速率

vibrate [ˈvaɪbreɪt] *v.* (使)颤动，(使)振动（swing）

[记] 词根记忆：vibr（摆动）+ ate → (使)颤动，(使)振动

vibration [vaɪˈbreɪʃn] *n.* 振动，颤动（libration, quiver）

voltage [ˈvoʊltɪdʒ] *n.* 电压

volume [ˈvɑːljuːm] *n.* 体积，容量（amount, capacity）；音量；卷（book）

waggle [ˈwæɡl] *v./n.* 摆动

X-ray [ˈeks reɪ] *n.* X 射线，X 光

数　学

addition [əˈdɪʃn] *n.* 加，加法；附加(物)
[记] 联想记忆：add(加)+ition → 加，加法
[搭] in addition 另外；in addition to 除…之外

algebra [ˈældʒɪbrə] *n.* 代数

approximation [əˌprɑːksɪˈmeɪʃn] *n.* 近似值；接近
[记] 来自 approximate(*vt.* 接近)；ap(向)+prox(近)+imate → 向…靠近 → 接近

arithmetic [əˈrɪθmətɪk] *n.* 算术
[记] 词根记忆：arithm(数字)+etic(表学问、学科，名词后缀) → 算术

bisect [baɪˈsekt] *vt.* 把…二等分，对半分
[记] 词根记忆：bi(二)+sect(切割) → 一切为二 → 把…二等分，对半分

calculable [ˈkælkjələbl] *a.* 可计算的；能预测的；可信的
[记] 词根记忆：calcul(计算)+able(能…的) → 可计算的

calculate [ˈkælkjuleɪt] *v.* 计算(compute, count, figure)；推测(speculate)；打算(*determine)
[记] 词根记忆：calcul(计算)+ate(动词后缀) → 计算；推测

circular [ˈsɜːrkjələr] *a.* 圆形的，环形的(round)；循环的
[记] 词根记忆：circ(圆，环形)+ular → 圆形的；循环的

circumference [sərˈkʌmfərəns] *n.* 周边(periphery)；圆周(perimeter)；圆周长
[记] 词根记忆：circum(周围)+fer(带来)+ence → 带来一圈 → 圆周

compute [kəmˈpjuːt] *v.* 计算(calculate, reckon)
[记] 词根记忆：com(表加强)+put(思考)+e → 一再思考 → 计算

coefficient [ˌkoʊɪˈfɪʃnt] *n.* 系数

concentric [kənˈsentrɪk] *a.* 同心的

[记] 词根记忆：con(共同)+centr(中心)+ic→有着共同中心的→同心的

[搭] concentric circle 同心圆

contour [ˈkɑːntʊr] *n.* 等高线；轮廓(outline)

cube [kjuːb] *n.* 立方体；立方

curve [kɜːrv] *n.* 曲线；曲线图；弯曲 *v.* 弄弯(bend)

[记] 联想记忆：在雕刻(carve)时，曲线(curve)很难处理

cylinder [ˈsɪlɪndər] *n.* 圆柱体；气缸

decimal [ˈdesɪml] *a.* 十进位的，小数的 *n.* 小数

[记] 词根记忆：deci（十分之一）+mal→十进位的

[搭] the decimal system 十进制

deduct [dɪˈdʌkt] *vt.* 扣除，减去(subtract)

[记] 词根记忆：de(向下)+duct(拉)→向下拉→扣除，减去

diagonal [daɪˈæɡənl] *a.* 斜线的，对角线的 *n.* 斜线，对角线

[记] 词根记忆：dia(穿过)+gon(角)+al→在某个角度穿过中心→斜线，对角线

[搭] diagonal stripes 斜纹

diagram [ˈdaɪəɡræm] *n.* 图表(graph, chart)

[记] 词根记忆：dia(穿过)+gram(写；图)→画带有交叉点的图→图表

diameter [daɪˈæmɪtər] *n.* 直径

[记] 词根记忆：dia(穿过)+meter(测量)→穿过圆的中心进行测量→直径

differential [ˌdɪfəˈrenʃl] *a.* 微分的 *n.* 微分

dividend [ˈdɪvɪdend] *n.* 被除数；红利，股息

[搭] dividend payment 股息支付

division [dɪˈvɪʒn] *n.* 除，除法；划分(partition)；分歧

[记] 来自 divide(*v.* 划分；除以)；di(分离)+vid(看)+e→分别看→划分

dot [dɑːt] *n.* 点，圆点；小数点 *v.* 星罗棋布于(scatter across)

[记] 联想记忆：壶(pot)上有很多可爱的小圆点(dot)

ellipse [ɪˈlɪps] *n.* 椭圆，椭圆形

elliptical [ɪˈlɪptɪkl] *a.* 椭圆(形)的；隐晦的

[记] 来自 ellipse(*n.* 椭圆，椭圆形)

equation [ɪˈkweɪʒn] *n.* (数学)等式，方程式；相等；均衡

[记] 词根记忆：equ(相等的，平等的) + ation → 等式

even [ˈiːvn] *a.* 偶数的；平均的

extrapolate [ɪkˈstræpəleɪt] *v.* 外推；推断，推知

factor [ˈfæktər] *n.* 因数；变量(variable)；要素，因素(element, ingredient)

formula [ˈfɔːrmjələ] *n.* 公式，方程式；分子式；配方

[记] 联想记忆：form(形式) + ula → 使具有形式的方式 → 公式

gauge [ɡeɪdʒ] *n.* 标准，规格；测量仪表，计量器 *vt.* 测量，度量

[记] 发音记忆："规矩" → 规格；测量仪表

geometric [ˌdʒiːəˈmetrɪk] *a.* 几何的，几何学的

[搭] geometric progression 几何数列，等比数列

geometry [dʒiˈɑːmətri] *n.* 几何，几何学

[记] 词根记忆：geo(地) + metr(测量) + y → 测量地表的学科 → 几何学

gradient [ˈɡreɪdiənt] *n.* 倾斜度，斜率(inclination)；变化率，梯度

[记] 词根记忆：grad(走) + ent → 倾斜度；梯度

[搭] temperature gradient 温度梯度

graph [ɡræf] *n.* 图表(diagram)；曲线图

[记] 本身为词根，意为"写；图"

horizontal [ˌhɔːrəˈzɑːntl] *a.* 水平的(level)

[记] 来自 horizon(*n.* 地平线)

[搭] horizontal movement 水平运动

linear [ˈlɪniər] *a.* 线的，直线的；线性的

[记] 来自 line(*n.* 直线)

[搭] linear algebra 线性代数；linear equation 线性方程

mathematics [ˌmæθəˈmætɪks] *n.* 数学(math)

measure [ˈmeʒər] *n.* 尺寸(size)；测量；度量单位；[常 *pl.*] 措施(step) *v.* 测量

[搭] measure up 测量；衡量

metric [ˈmetrɪk] *a.* 米制的；公制的

[记] 词根记忆：metr(测量) + ic(形容词后缀) → 米制的；公制的

[搭] metric measurements 公制尺寸

minus [ˈmaɪnəs] *prep.* 减(去) *a.* 减的，负的 *n.* 负数

multiple [ˈmʌltɪpl] *a.* 多样的(various)；多重的(manifold) *n.* 倍数

[记] 词根记忆：multi(多的) + ple(折叠) → 多重的；多样的

multiplicative [ˌmʌltɪplɪˈkeɪtɪv] *a.* 倍增的；乘法的

numeric [nuːˈmerɪk] *a.* 数字的

[记] 词根记忆：numer(数字) + ic(形容词后缀) → 数字的

[搭] numeric data 数字数据

oblong [ˈɑːblɔːŋ] *n.* 矩形，长方形；椭圆形 *a.* 矩形的，长方形的；椭圆形的

[记] 词根记忆：ob(向) + long(长的) → 向一边变长 → 矩形；椭圆形

odd [ɑːd] *a.* 单数的 (singular)；奇数的；奇异的 (bizarre) *n.* [常 *pl.*] 可能性(possibility)

[记] 联想记忆：奇数(odd)相加(add)为偶

ordinal [ˈɔːrdənl] *n.* 序数词 *a.* 序数的；顺序的

[记] 词根记忆：ordin(顺序) + al → 顺序的

ordinate [ˈɔːrdɪnət] *n.* 纵坐标

perimeter [pəˈrɪmɪtər] *n.* 周长

[记] 词根记忆：peri(周围) + meter(测量) → 周边的长度 → 周长

perpendicular [ˌpɜːrpənˈdɪkjələr] *a.* 垂直的，直立的(vertical, upright)
[记] 词根记忆：per(自始至终)+pend(悬挂)+icular → 自始至终挂着的 → 垂直的

polygon [ˈpɑːligɑːn] *n.* 多角形，多边形
[记] 词根记忆：poly(多的)+gon(角) → 多角形，多边形
[搭] convex polygon 凸多边形

proportion [prəˈpɔːrʃn] *n.* 比例(ratio)；部分(share)；均衡(equipoise)
[记] 联想记忆：pro+portion(部分)→比例；部分

quadruple [kwɑːˈdruːpl] *a.* 四部分组成的；四倍的 *n.* 四倍 *v.* (使)成四倍
[记] 词根记忆：quadr(u)(四)+ple(折叠) → 折叠四次 → 四倍的

quantify [ˈkwɑːntɪfaɪ] *vt.* 以数量表示，量化
[记] 词根记忆：quant(数量)+ify(使…) → 使变成数字 → 以数量表示，量化

quantitative [ˈkwɑːntəteɪtɪv] *a.* 数量的，定量的
[记] 来自 quantity(*n.* 数量，数目)

quotient [ˈkwoʊʃnt] *n.* 商；份额
[记] 词根记忆：quot(多少)+ient→有多少→商；份额

radius [ˈreɪdiəs] *n.* 半径；周围，范围
[记] 词根记忆：radi(光线)+us → 半径就像是从同一点发散出来的许多光线 → 半径

ratio [ˈreɪʃioʊ] *n.* 比，比率(proportion)
[记] 词根记忆：rat(清点)+io → 比，比率
[搭] ratio analysis 比率分析

reciprocal [rɪˈsɪprəkl] *n.* 倒数 *a.* 互惠的，交互的

rectangle [ˈrektæŋgl] *n.* 长方形，矩形
[记] 词根记忆：rect(直的)+angl(角)+e → 四个角都为直角 → 矩形

remainder [rɪˈmeɪndər] *n.* 差数，余数；剩余物(remains)
[记] 来自 remain(*v.* 保留)

sequence [ˈsiːkwəns] *n.* 序列(order)；顺序，次序

[记] 词根记忆：sequ(跟随)+ence→序列；顺序，次序

spheroid [ˈsfɪrɔɪd] *n.* 球状体，椭圆体

[记] 词根记忆：spher(球)+oid→球状体

square [skwer] *a.* 正方形的；平方的 *n.* 正方形；平方；广场(plaza)

statistic [stəˈtɪstɪk] *n.* 统计数值；[*pl.*] 统计学

[记] 联想记忆：stat(看做 state，国家)+istic→统计数值一般都由国家或政府部门完成并公之于众→统计数值

subtract [səbˈtrækt] *v.* 减，减去

[记] 词根记忆：sub(在…下面)+tract(拉)→拉下去→减去

sum [sʌm] *n.* 和，总数；数额(*amount)；算术 *v.* 合计(total)

[搭] in sum 总而言之；sum up 总结，概括

symmetry [ˈsɪmətri] *n.* 对称；对称性

[记] 词根记忆：sym(共同)+metr(测量)+y→测量结果相同→对称

[搭] radial symmetry 径向对称，放射对称

tangent [ˈtændʒənt] *n.* 切线；正切 *a.* 切线的，相切的

[记] 词根记忆：tang(接触)+ent→和圆相接触→切线

triangle [ˈtraɪæŋgl] *n.* 三角(形)

[记] 联想记忆：tri(三)+angle(角)→三角(形)

[搭] equilateral triangle 等边三角形

triple [ˈtrɪpl] *a.* 三部分的；三部的 *v.* (使)增至三倍

uneven [ʌnˈiːvn] *a.* 不平均的(unequal)

variable [ˈveriəbl] *n.* 变数，变量 *a.* 易变的(fluctuating, inconstant)；可变的

[记] 词根记忆：vari(改变)+able(能…的)→能改变的→可变的

vertical [ˈvɜːrtɪkl] *a.* 垂直的，竖直的(upright, erect) *n.* 垂直线

[记] 联想记忆：电影《垂直极限》的英文名为 *Vertical Limit*

Note

经 济

accounting [əˈkaʊntɪŋ] *n.* 会计学

afford [əˈfɔːrd] *v.* 买得起；冒险做；提供(*provide, supply)

[记] 联想记忆：af + ford(看做Ford，美国福特家族)→财大气粗→买得起

allot [əˈlɑːt] *vt.* 分配，配给

amass [əˈmæs] *vt.* 积聚(accumulate)

[记] 联想记忆：a+mass(团)→变成一团→积聚

amount [əˈmaʊnt] *n.* 总额(sum)；数量，数额(quantity) *vi.* 总计(totalize)

[搭] amount to 总计达…

asset [ˈæset] *n.* 资产，财产；有价值的人(或物)；长处，优点(advantage)

[记] 词根记忆：as(靠近)+set(充分)→在近处充分拥有→资产，财产

auction [ˈɔːkʃn] *n./v.* 拍卖

[记] 词根记忆：auc(提高)+tion→努力提高价格→拍卖

bargain [ˈbɑːrgən] *n.* 廉价货；交易；契约，合同 *vi.* 讨价还价

[记] 联想记忆：bar(障碍)+gain(获得)→高价是得到物品的障碍，所以要讨价还价→讨价还价

barter [ˈbɑːrtər] *n./v.* 实物交易，以物易物(trade, deal)

[记] 联想记忆：bar(酒吧)+ter→人们通常在酒吧谈交易→实物交易

bill [bɪl] *n.* 账单，票据；钞票；议案

board [bɔːrd] *n.* 膳食费用；委员会

[搭] room and board 食宿

boom [buːm] *n.* 繁荣(*expansion) *vi.* 迅速增长

[搭] baby boom 生育高峰

boycott [ˈbɔɪkɑːt] *vt.* 联合抵制，拒绝购买

brand [brænd] *n.* 商标；品牌

[搭] name brand 名牌；brand image 品牌形象

buck [bʌk] *n.* 美元

budget [ˈbʌdʒɪt] *n.* 预算 *v.* 做预算

[搭] budget deficit 预算赤字

burgeon [ˈbɜːrdʒən] *vi.* 迅速成长，发展(bloom, flourish)

[记] 词根记忆：burg(=bud 花蕾) + eon → 像花蕾一样成长 → 迅速成长

cashier [kæˈʃɪr] *n.* 收银员，出纳员

check/cheque [tʃek] *n.* 支票；账单 *v.* 检查

[搭] check in 登记，报到；check out 付账后离开

commerce [ˈkɑːmɜːrs] *n.* 贸易，商业(trade, business)；交往，交流

[记] 词根记忆：com(共同) + merc(交易) + e → 双方进行交易 → 贸易，商业

compensation [ˌkɑːmpenˈseɪʃn] *n.* 补偿，赔偿；赔偿金

[记] 词根记忆：com(以) + pens(偿还) + ation → 用某物来偿还 → 补偿，赔偿

consume [kənˈsuːm] *vt.* 消耗，损耗(spend, use up)；消费

[记] 词根记忆：con(表加强) + sum(拿，取) + e → 全部拿出来(花掉) → 消费

[派] consumer(*n.* 消费者，用户)

consumption [kənˈsʌmpʃn] *n.* 消耗(量)；消费(量)；食用(*eating)

[搭] consumption pattern 消费模式

copper [ˈkɑːpər] *n.* 铜；铜币

[记] 联想记忆：cop(警察) + per → 警察制服上的铜扣 → 铜

corporate [ˈkɔːrpərət] *a.* 法人的，公司的(incorporated)；共同的，团体的

[记] 词根记忆：corp(身体) + or + ate → 团体的

count [kaʊnt] *v.* 数，计算(calculate)；算入；看做，认为 *n.* 计数，计算；总数
[搭] count on 算上；lose count(of) 数不清，不知道

curtail [kɜːr ˈteɪl] *vt.* 缩减，削减(经费等)
[记] 词根记忆：curt(短的) + ail → 变短 → 缩减，削减(经费等)

customs [ˈkʌstəmz] *n.* 关税，进口税(duties, tax)；海关
[搭] customs duties 进口税；customs union 关税同盟

deal [diːl] *n.* 交易，买卖(transaction, business) *v.* 处理(handle)；给予；做买卖，经营
[派] dealer(*n.* 商人，经销商)

debt [det] *n.* 债务(liability)
[记] 发音记忆："贷的"，贷款 → 债务

deficit [ˈdefɪsɪt] *n.* 赤字，逆差
[记] 词根记忆：de(向下) + fic(做) + it → 经济走下坡路 → 赤字

discount [ˈdɪskaʊnt] *n.* 折扣
[记] 联想记忆：dis(分离) + count(计算) → 不计算在内的部分 → 折扣
[搭] at a discount 打折

economic [ˌiːkəˈnɑːmɪk] *a.* 经济的；经济上的，经济学的
[记] 词根记忆：eco(家) + nom(管理) + ic → 管理家庭开支的 → 经济的
[搭] economic conditions 经济情况

economical [ˌiːkəˈnɑːmɪkl] *a.* 节约的(thrifty)；经济的

endorse [ɪnˈdɔːrs] *v.* (在支票背后)签名；宣传，代言；签署，批准
[记] 词根记忆：en(在…里面) + dors(背面) + e → 在(票据)背面写上名字 → (在支票背后)签名

entrepreneur [ˌɑːntrəprəˈnɜːr] *n.* 企业家(businessperson)

estimate [ˈestɪmeɪt] *v.* 评估，估计(*judge, *reckon)；估价(value) [ˈestɪmət] *n.* 估计；估价
[记] 联想记忆：评估(estimate)地产(estate)

excess [ˈekses] *a.* 过量的；额外的(extra)
[ɪkˈses] *n.* 过度，超过(superfluity)
[记] 词根记忆：ex(出) + cess(走) → 走出界限 → 过量的

exchange [ɪksˈtʃeɪndʒ] *v.* 兑换(change)；交易(trade)；交换 *n.* 交易(所)；兑换(率)
[记] 联想记忆：ex + change(更换) → 双方相互交换 → 交易
[搭] New York Stock Exchange 纽约证券交易所

exorbitant [ɪɡˈzɔːrbɪtənt] *a.* (价格等)过高的，不合理的
[记] 词根记忆：ex(出) + orbit(轨道；常规) + ant → 超出常规的 → 过高的，不合理的

externality [ˌekstɜːrˈnæləti] *n.* 外部性，外界效应
[记] 来自external(*a.* 外部的)

fare [fer] *n.* 费用(charge) *vi.* 进展(evolve)

finance [ˈfaɪnæns] *vt.* 给…提供资金(*subsidize) *n.* 财政，金融；[常*pl.*] 财务情况
[记] 词根记忆：fin(最后) + ance → 最后起作用的东西 → 财政，金融

financial [faɪˈnænʃl] *a.* 财政的，金融的
[记] 来自finance(*n.* 财政，金融)
[搭] financial plan 金融计划

fluctuation [ˌflʌktʃuˈeɪʃn] *n.* 波动，起伏

fund [fʌnd] *n.* 基金，专款；储备；[常*pl.*] 存款，资金(capital) *vt.* 为…提供资金
[记] 发音记忆："放的" → 发放资金 → 专款

funding [ˈfʌndɪŋ] *n.* 基金，资金；提供资金

gross [ɡroʊs] *a.* 总的，毛的 *vt.* 总收入为 *n.* 一罗(为12打，144个)；[常*pl.*] 毛收入，总收入
[搭] gross weight 毛重

import [ˈɪmpɔːrt] *n.* 进口(商品)，输入(额)
[ɪmˈpɔːrt] *vt.* 进口，输入

inflate [ɪnˈfleɪt] *v.* (使)涨价；使膨胀(expand)；鼓吹，吹捧

[记] 词根记忆：in(进入)+flat(吹)+e→往里面吹气→鼓吹

inflation [ɪnˈfleɪʃn] *n.* 通货膨胀

[搭] inflation rate 通货膨胀率

insolvent [ɪnˈsɑːlvənt] *a.* 财力不足的，破产的(bankrupt)

insurance [ɪnˈʃʊrəns] *n.* 保险；保险费；保险业

[记] 来自insure(*v.* 为…保险；买卖保险)

interest [ˈɪntrəst] *n.* 利息；[常*pl.*]权益，利益(benefit)

load [loʊd] *n.* 负荷(量)，负担(*weight) *vt.* 装载，使负担(burden)

loan [loʊn] *n.* 贷款；出借，借出 *v.* 借出(lead)

[记] 发音记忆："漏"→因为把钱借出去了，所以账本有漏洞→出借，借出

[搭] student loan 学生贷款；loan application 贷款申请

lucrative [ˈluːkrətɪv] *a.* 赚钱的，获利的

[记] 词根记忆：lucr(钱；利益)+ative→赚钱的

manufacture [ˌmænjuˈfæktʃər] *vt.* 大量制造，成批生产(mass-produce) *n.* 大量制造；[*pl.*]制造品，产品(product)

[记] 词根记忆：manu(手)+fact(制作，做)+ure→用手制作→大量制造

mercantile [ˈmɜːrkəntaɪl] *a.* 商业的(commercial)

[记] 词根记忆：merc(交易)+ant+ile→商业的

merchandise [ˈmɜːrtʃəndaɪs] *n.* 商品，货物(goods，wares，commodities)

merchant [ˈmɜːrtʃənt] *n.* 商人

mint [mɪnt] *v.* 铸造(硬币)(coin) *n.* 造币厂

monetary [ˈmʌnɪteri] *a.* 金钱的，货币的

[记] 联想记忆：monet(看做money，钱)+ary→金钱的

[搭] monetary policy 货币政策

monopoly [mə'nɑːpəli] *n.* 垄断，专卖；垄断商品，专卖商品

[记] 词根记忆：mono(单个)+poly(多)→独占多数市场份额→垄断

mortgage ['mɔːrɡɪdʒ] *n.* 抵押贷款，按揭(贷款)；抵押证书 *vt.* 用…做抵押

[记] 词根记忆：mort(死)+gage(誓言；抵押)→以东西做抵押，以免交易失败→抵押贷款

necessity [nə'sesəti] *n.* 必需品

[记] 词根记忆：ne(不)+cess(走)+ity→不能让它走的东西→必备之物→必需品

negotiate [nɪ'ɡoʊʃieɪt] *v.* 谈判，商议

[记] 词根记忆：neg(否定)+oti+ate→(通过谈判)消除否定→谈判

negotiation [nɪˌɡoʊʃi'eɪʃn] *n.* 商议，谈判(treaty)

nickel ['nɪkl] *n.* 镍；五分镍币

[记] 发音记忆："你抠"→连五分镍币都舍不得给→五分镍币

output ['aʊtpʊt] *n.* 产量(yield)；输出(export)；生产(production)

[记] 来自词组put out(产生)

overcharge [ˌoʊvər'tʃɑːrdʒ] *vt.* 讨价过高，索价过高；使过量装填 *n.* 过高的要价；过重的负担；超载

[记] 组合词：over(过度)+charge(收费)→索价过高

partnership ['pɑːrtnərʃɪp] *n.* 合伙，合股；伙伴关系

[记] 联想记忆：partner(伙伴)+ship(表身份)→合伙人身份→合伙

patron ['peɪtrən] *n.* 赞助人(benefactor)；顾客(client)

[记] 词根记忆：patr(父亲)+on→像父亲一样进行帮助→赞助人

patronize ['peɪtrənaɪz] *v.* 以高人一等的态度对待；光顾；赞助，资助

[记] 词根记忆：patr(父亲)+on+ize→扮演父亲的角色→赞助

perquisite [ˈpɜːrkwɪzɪt] *n.* 津贴；利益；特权

plantation [plænˈteɪʃn] *n.* 种植园

[记] 来自plant(*n.* 植物；种植)

[搭] plantation economy 种植园经济

premise [ˈpremɪs] *n.* (企业、机构等使用的)房屋和地基，经营场址；前提，假设

[记] 词根记忆：pre(在…前面) + mis(放) + e → 放在前面的东西 → 前提

prodigious [prəˈdɪdʒəs] *a.* 巨大的(colossal, enormous)

[记] 来自prodigy(*n.* 惊人的事物)

productivity [ˌprɑːdʌkˈtɪvəti] *n.* 生产力，生产率(fertility)

[记] 来自product(*n.* 产物，产品)

property [ˈprɑːpərti] *n.* 财产，所有物(possession)；所有权(ownership)；房产，地产(real estate)；特性(characteristic)

[记] 词根记忆：proper(固有的) + ty(表物) → 固有物 → 财产，所有物

proprietor [prəˈpraɪətər] *n.* 所有者，业主(owner)

provision [prəˈvɪʒn] *n.* 供应，供应品(supply)；条款；准备，预备(preparation)

[记] 来自provide(*vt.* 供应，提供)

purchase [ˈpɜːrtʃəs] *n.* 购买；购买的物品 *vt.* 购买(buy, shop)

[记] 联想记忆：pur + chase(追逐) → 为了得到紧俏的商品而竞相追逐 → 购买

quota [ˈkwoʊtə] *n.* 配额，限额，定额(ration)

[记] 发音记忆："阔的" → 出手阔绰，没有限额 → 限额

ranch [ræntʃ] *n.* 大牧场

[记] 联想记忆：马在大牧场(ranch)里驰骋(ran)

ration [ˈræʃn] *n.* 配给量，定量(quota)；给养 *vt.* 配给，定量供应

[记] 词根记忆：rat(清点) + ion → 清点财物，进行分配 → 配给量，定量

rebate [ˈriːbeɪt] *n.* 回扣，折扣

recession [rɪˈseʃn] *n.* (经济的)衰退，萧条时期；撤回

[记] 词根记忆：re(向后) + cess(行走) + ion → 向后走 → 衰退；撤回

reciprocity [ˌresɪˈprɑːsəti] *n.* 互惠，互助

recoup [rɪˈkuːp] *vt.* 收回(成本)，弥补(亏损)(recover)

redeem [rɪˈdiːm] *vt.* 赎回；偿清，付清；兑换；弥补，补救(compensate for)

[记] 词根记忆：red(=re 再，又) + eem(买) → 买回来 → 赎回；偿清

reform [rɪˈfɔːrm] *v./n.* 改革，革新(innovate)

[记] 词根记忆：re(再，又) + form(形式) → 给予新形式 → 改革，革新

refund [rɪˈfʌnd] *vt.* 退还(钱款)，偿付

[ˈriːfʌnd] *n.* 退款

[记] 联想记忆：re(向后) + fund(资金) → 返回资金 → 退还(钱款)

regulate [ˈregjuleɪt] *v.* 管理，控制(control, manage)；调节(adjust)

[记] 词根记忆：reg(统治) + ul + ate(动词后缀) → 管理，控制

revenue [ˈrevənuː] *n.* 收入(income)；税收

[记] 词根记忆：re(回) + ven(来) + ue → 回来的东西 → 收入

[搭] financial revenue 财政收入

reward [rɪˈwɔːrd] *n.* 奖赏，报酬(prize, pay) *vt.* 奖赏；酬谢

stagnant [ˈstægnənt] *a.* 不景气的；停滞的；迟钝的

[记] 词根记忆：stagn(池塘) + ant(形容词后缀) → 池塘里的水是死的 → 停滞的

stake [steɪk] *n.* 股份；赌注；利害关系

[搭] at stake 有风险，成败难料

stock [stɑːk] *n.* 库存；股票(share)；世系 *vt.* 库存(store)

storage [ˈstɔːrɪdʒ] *n.* 库房(warehouse); 贮藏; 存储
[记] 来自store(*vt.* 储存; 库存)
[搭] storage space 储藏室; storage shed 仓库

subsidiary [səbˈsɪdieri] *n.* 子公司; 附属机构; 支流 *a.* 次要的; 辅助的

subsidy [ˈsʌbsədi] *n.* 补助金, 津贴, 补贴(*financing, allowance)
[记] 词根记忆: sub(在…下面) + sid(坐) + y → 坐在下面(给予帮助) → 补助金
[搭] production subsidy 生产补贴

supplier [səˈplaɪər] *n.* 供应者, 补充者; 厂商

surcharge [ˈsɜːrtʃɑːrdʒ] *n.* 额外费用, 附加费 *vt.* 收取额外费用
[记] 联想记忆: sur(在…之上; 超过) + charge(收费) → 收取额外费用

surplus [ˈsɜːrpləs] *n.* 盈余, 顺差; 过剩(量)(excess)
[记] 联想记忆: sur(在…之上; 超过) + plus(加) → 过剩(量)
[搭] surplus value 剩余价值

tariff [ˈtærɪf] *n.* 关税(tax, duty); 税率(tax rate)

trade [treɪd] *n.* 贸易, 商业; 交易; 职业, 行业 *v.* 交易, 买卖

transact [trænˈzækt] *v.* 交易
[记] 词根记忆: trans(穿过) + act(做) → 在两者之间进行 → 交易

transaction [trænˈzækʃn] *n.* 交易(deal)

tycoon [taɪˈkuːn] *n.* (商界)巨头, 大亨(magnate)
[记] 发音记忆: "太酷" → 那些商界巨头真是酷 → (商界)巨头

well-heeled [ˈwelˈhiːld] *a.* 富有的, 有钱的

worth [wɜːrθ] *n.* 价值(value); 财产 *a.* 值…的, 价值…的, 值得…的

yield [jiːld] *v.* 出产(*provide) *n.* 产量(output); 收益(income)
[记] 联想记忆: 这片地(field)出产(yield)西瓜

科　技

artificial [ˌɑːrtɪˈfɪʃl] *a.* 人造的(synthetic); 假的(false)

[记] 词根记忆: arti(技巧) + fic(做, 制作) + ial(形容词后缀) → 通过技巧制作的 → 人造的; 假的

[搭] artificial intelligence 人工智能

audio [ˈɔːdioʊ] *a.* 音频的(acoustic); 声音的(vocal)

[记] 词根记忆: aud(听) + io → 声音的

automatic [ˌɔːtəˈmætɪk] *a.* 自动的(self-acting)

[记] 词根记忆: auto(自己) + mat(想) + ic → 自己就能想的 → 自动的

binary [ˈbaɪnəri] *a.* 二进制的

[搭] binary arithmetic 二进制算术

chip [tʃɪp] *n.* 碎片(piece, bit); 芯片 *v.* 削(或凿)下(break off)

[搭] silicon chip 硅片

cipher [ˈsaɪfər] *n.* 密码(code)

clone [kloʊn] *n.* 克隆动物(或植物) *v.* 克隆, 以无性繁殖技术复制

[记] 联想记忆: 他怕小狗太孤单(alone), 就克隆(clone)了另一只给它做伴

decipher [dɪˈsaɪfər] *vt.* 破译, 解释(decode)

[记] 联想记忆: de(去掉) + cipher(密码) → 解开密码 → 破译

decode [ˌdiːˈkoʊd] *vt.* 破译; 译解(interpret)

device [dɪˈvaɪs] *n.* 装置, 设备(equipment, apparatus); 手法(technique)

[记] 词根记忆: de(向下) + vic(看) + e → 向下观看时所借助的东西 → 装置

digitize [ˈdɪdʒɪtaɪz] *vt.* 数字化

[记] 词根记忆：digit(手指，脚趾) + ize(动词后缀) → 用手指计数 → 数字化

facilitate [fəˈsɪlɪteɪt] *vt.* 推动，促进(impulse)

[记] 词根记忆：fac(做) + ilit + ate(使…) → 使做事更便利 → 推动

format [ˈfɔːrmæt] *vt.* 使格式化 *n.* 设计，安排；样式

[记] 联想记忆：form(形式) + at → 固定的形式 → 样式

[搭] the format of a program 节目的编排

graphics [ˈɡræfɪks] *n.* 图形，图像

[记] 词根记忆：graph(图) + ics → 图形，图像

[搭] graphics card 显卡

grid [ɡrɪd] *n.* 格子，栅格；网格；输电网，煤气输送网

[搭] power grid 电力网

hardware [ˈhɑːrdwer] *n.* 五金制品；硬件

[记] 组合词：hard(硬的，坚固的) + ware(器皿) → 五金制品

hook [hʊk] *n.* 钩，吊钩(clasp, hanger) *v.* 连接到无线电设备

hypertext [ˈhaɪpərtekst] *n.* 超文本

[记] 联想记忆：hyper(高于) + text(文本) → 超文本

incompatible [ˌɪnkəmˈpætəbl] *a.* 不兼容的，不能和谐共存的，不协调的

[记] 词根记忆：in(不) + com(共同) + pat(感情) + ible(能…的) → 感情不一致的 → 不兼容的，不协调的

indecipherable [ˌɪndɪˈsaɪfrəbl] *a.* 破译不出的；难以领悟的

innovate [ˈɪnəveɪt] *v.* 革新，创新

[记] 词根记忆：in(进入) + nov(新的) + ate(使…) → 使进入新的状态 → 革新

innovative [ˈɪnəveɪtɪv] *a.* 革新的，创新的(*novel)；富有革新精神的(inventive)

install [ɪnˈstɔːl] *vt.* 安置，安装(fix)
[记] 词根记忆：in(进入)+stall(放)→放进→安置，安装

interactive [ˌɪntərˈæktɪv] *a.* 交互式的
[搭] interactive systems 交互式系统

interface [ˈɪntərfeɪs] *n.* 界面；接口
[记] 联想记忆：inter(在…之间)+face(面)→两者之间的面→界面

laser [ˈleɪzər] *n.* 激光；激光器
[记] 发音记忆："镭射"→激光

machinery [məˈʃiːnəri] *n.* 〈总称〉机器，机械；机构(organization)
[记] 来自 machine(*n.* 机器，机械)

microprocessor [ˌmaɪkroʊˈproʊsesər] *n.* 微处理器

microwave [ˈmaɪkrəweɪv] *n.* 微波；微波炉

modem [ˈmoʊdem] *n.* 调制解调器

modulate [ˈmɑːdʒəleɪt] *v.* 调节(temper, adjust)；调制(声波等)
[记] 词根记忆：mod(方式，样式)+ul+ate→改变样式→调节；调制

monitor [ˈmɑːnɪtər] *n.* 显示器；监视器 *vt.* 监控(track, watch)；调节(regulate)
[记] 词根记忆：mon(忠告)+itor→给出忠告→监控；调节

motor [ˈmoʊtər] *n.* 发动机，电动机(engine)

novelty [ˈnɑːvlti] *n.* 新奇，新颖
[记] 词根记忆：nov(新的)+elty→新奇，新颖

optimize [ˈɑːptɪmaɪz] *vt.* 使最优化；充分利用
[记] 词根记忆：optim(最好)+ize→使最好→使最优化

panel [ˈpænl] *n.* 面板，镶板；仪表盘 *vt.* 镶板

perceptual [pərˈseptʃuəl] *a.* 知觉的，感知的

proactive [ˌproʊˈæktɪv] *a.* 积极主动的；先发制人的
[记] 联想记忆：pro(在…前面)+active(活动的)→预先活动的→积极主动的
[搭] proactive computing 预发式计算

projector [prəˈdʒektər] *n.* 放映机，幻灯机，投影仪

quantum [ˈkwɑːntəm] *n.* [*pl.* quanta] 量子

[搭] quantum theory 量子理论

rayon [ˈreɪɑːn] *n.* 人造丝，人造纤维

receiver [rɪˈsiːvər] *n.* 接收器；(电话)听筒

retrieval [rɪˈtriːvl] *n.* 数据检索；取回，索回

sequential [sɪˈkwenʃl] *a.* 序列的，顺序的

[记] 词根记忆：sequ(跟随)+ent+ial→连续的，一连串的→序列的

[搭] sequential data processing 顺序数据处理

simulate [ˈsɪmjuleɪt] *vt.* 模仿，模拟(imitate)

[记] 词根记忆：simul(相同)+ate(使…)→使相同→模仿

smelting [ˈsmeltɪŋ] *n.* 冶炼

solder [ˈsɑːdər] *v.* 焊接(weld)

[记] 联想记忆：我们的战士(soldier)好像是钢铁焊接(solder)而成的

synchronize [ˈsɪŋkrənaɪz] *v.* (使)同步，同时发生

[记] 词根记忆：syn(相同)+chron(时间)+ize(动词后缀)→有着相同的时间→(使)同步

synchronizer [ˈsɪŋkrənaɪzər] *n.* 同步装置

technical [ˈteknɪkl] *a.* 技术的，工艺的

[记] 词根记忆：techn(技术，工艺)+ical→技术的，工艺的

[搭] technical innovation 技术革新；technical hitch 技术故障

technological [ˌteknəˈlɑːdʒɪkl] *a.* 技术的，工艺的(technical)

[记] 来自 technology(*n.* 技术)

[搭] technological advances 技术进步

telecommunication [ˌtelikəˌmjuːnɪˈkeɪʃn] *n.* 电信

telegraph [ˈtelɪɡræf] *n.* 电报；电报机 *v.* 发电报

[记] 词根记忆：tele(远的)+graph(写)→以书写的方式带来远处的东西→电报

template [ˈtempleɪt] *n.*(=templet) 模板，样板

[搭] set up a template 设一个模板

tube [tuːb] *n.* 管(pipe); 显像管

[记] 联想记忆：立方形(cube)的管道(tube)

[搭] vacuum tube 真空管，电子管

ventilation [ˌventɪˈleɪʃn] *n.* 通风设备; 空气流通

[记] 来自 ventilate(*vt.* 使通风); vent(来) + il + ate(使…) → 使风进来 → 使通风

[搭] ventilation system 通风系统

virtual [ˈvɜːrtʃuəl] *a.* (通过计算机软件)模拟的，虚拟的; 实际上的，事实上的

[搭] virtual memory 虚拟内存; virtual reality 虚拟现实; virtual library 虚拟图书馆

Note

场景词汇

日常生活

accommodate [əˈkɑːmədeɪt] *v.* 提供(住宿、座位等)(supply); (使)适应(conform, adjust to)

[记] 联想记忆: ac + commo(看做 common, 普通的) + date(日子) → 人要适应过普通的日子 → (使)适应

accustom [ˈəkʌstəm] *vt.* 使习惯于(familiarize)

[记] 联想记忆: ac + custom(习惯) → 使习惯于

address [ˈædres] *n.* 地址; 讲话(speech)

[əˈdres] *v.* 作(正式)讲话; 写姓名地址

adorn [əˈdɔːrn] *vt.* 装饰, 装扮(*decorate, beautify)

[记] 词根记忆: ad + orn(装饰) → 装饰, 装扮

advisable [ədˈvaɪzəbl] *a.* 可取的, 适当的; 明智的

[记] 联想记忆: advis(e)(建议, 劝告) + able(能…的) → 能听得进去的劝告 → 可取的

advisory [ədˈvaɪzəri] *a.* 咨询的; 劝告的 *n.* 警报

[搭] an advisory committee 顾问委员会

agency [ˈeɪdʒənsi] *n.* 代理处; (政府等的)专门行政部门

[搭] travel agency 旅行社; government agency 政府机构

alienable [ˈeɪliənəbl] *a.* 可转让的

amenity [əˈmenəti] *n.* [*pl.*] 生活福利设施, 便利设施

[记] 联想记忆: a + men(人) + ity → 为人民服务 → 生活福利设施

[搭] public amenities 公共设施

amiable [ˈeɪmiəbl] *a.* 可爱的; 友好的, 亲切的

[记] 词根记忆: ami(爱) + able(能…的) → 可爱的

apartment [əˈpɑːrtmənt] *n.* 公寓套房(flat, suite)

[记] 联想记忆: a + part(部分, 局部) + ment → 分成一套一套 → 公寓套房

apologize [ə'pɑːlədʒaɪz] *vi.* 道歉

[记] 词根记忆：apo(远远地) + log(说话) + ize → 觉得过意不去，远远地说 → 道歉

appetite ['æpɪtaɪt] *n.* 胃口，食欲(savor)

[记] 词根记忆：ap(向，往) + pet(寻找) + ite → 到处找(吃的) → 食欲

appliance [ə'plaɪəns] *n.* 用具，器具

[记] 来自 apply(*v.* 应用)

apprise [ə'praɪz] *vt.* 通知，告诉

[记] 词根记忆：ap(向，往) + pris(拿，带) + e → 把话带给某人 → 通知

aspect ['æspekt] *n.* 方面(*facet)

auxiliary [ɔːg'zɪliəri] *a.* 辅助的，补充的（aiding, supplementary）

[记] 词根记忆：aux(=aug 提高) + ili + ary(形容词后缀) → 使提高的 → 辅助的

[搭] auxiliary machinery 辅助机器

available [ə'veɪləbl] *a.* 可得到的，可获得的(*accessible, obtainable)；有空的(free)

[记] 联想记忆：avail(有用) + able(能…的) → 可利用的 → 可得到的

awful ['ɔːfl] *a.* 不舒服的(unwell)；糟糕的(terrible)；可怕的(awesome)

[记] 来自 awe(*n.* 敬畏，惧怕)

awkward ['ɔːkwərd] *a.* 别扭的(unnatural)；难以对付的；笨拙的(clumsy)

[记] 发音记忆："拗口的" → 别扭的

bagel ['beɪgl] *n.* 硬面包圈

bait [beɪt] *n.* 鱼饵，诱饵 *vt.* 下诱饵

[记] 联想记忆：等(wait)鱼吃饵(bait)

bake [beɪk] *v.* 烘，烤

bandanna [bæn'dænə] *n.* 色彩鲜艳的围巾

barber ['bɑːrbər] *n.* 理发师(haircutter)

[记] 发音记忆："爸爸" → 他的爸爸是理发师 → 理发师

barrel [ˈbærəl] *n.* 桶

[记] 联想记忆：bar(横木)+rel→用横木围一个桶→桶

barrier [ˈbæriər] *n.* 栅栏(fense)；屏障(obstruction)

[记] 联想记忆：bar(栅栏)+rier→栅栏；屏障

basement [ˈbeɪsmənt] *n.* 地下室，地窖(cellar)；建筑物的底部(basis)

[记] 联想记忆：base(底部)+ment(名词后缀)→房子的底部→地下室

bead [biːd] *n.* 珠子，水珠

bellows [ˈbeloʊz] *n.* 风箱

[记] 和 bellow(*v.* 吼叫)一起记

beverage [ˈbevərɪdʒ] *n.* 饮料

blade [bleɪd] *n.* 刀刃，刀片

[记] 联想记忆：热门电影《刀锋战士》英文名为*Blade*

blanket [ˈblæŋkɪt] *n.* 毯子；覆盖物

[记] 联想记忆：blank(空的)+et(放在词尾表小玩意)→毯子铺在一小块空地上→毯子

bolster [ˈboʊlstər] *n.* 垫子(pad) *vt.* 支持(support)；改善(improve)

[搭] bolster up 改善；激活

bountiful [ˈbaʊntɪfl] *a.* 慷慨的(generous)；大量的

bouquet [buˈkeɪ] *n.* 花束(bunch)

[搭] bouquet garni 香料包

braid [breɪd] *vt.* 编织(weave)

brew [bruː] *v.* 酿造；冲泡；酝酿 *n.* 冲泡(或酿造)的饮料；(尤指某地酿造的)啤酒

brisk [brɪsk] *a.* (天气)清新的；敏捷的，活泼的

buckle [ˈbʌkl] *n.* 皮带扣环 *v.* 扣紧(fasten)；压弯

[搭] buckle down 开始认真做

buddy [ˈbʌdi] *n.* 密友，伙伴(companion)

[搭] buddy system 结伴制

bustle [ˈbʌsl] *n.* 忙乱嘈杂，喧嚣 *vi.* 匆匆忙忙

butter [ˈbʌtər] *n.* 黄油，牛油

cabin [ˈkæbɪn] *n.* 小屋(hut, cottage)

cafeteria [ˌkæfəˈtɪriə] *n.* 自助餐厅(cafe)

[记] 联想记忆：cafe(咖啡馆)+teria → 自助餐厅

calendar [ˈkælɪndər] *n.* 日历，挂历；日程表

[搭] calendar year 日历年

canopy [ˈkænəpi] *n.* 天篷；遮篷(awning, covering)

cargo [ˈkɑːrgoʊ] *n.* 货物(freight)

[记] 联想记忆：car(汽车)+go(走) → 汽车运走的东西 → 货物

cater [ˈkeɪtər] *v.* 迎合；提供饮食

[记] 联想记忆：cat(猫)+er → 猫饿了，喂点猫粮 → 提供饮食

cereal [ˈsɪriəl] *n.* 谷物(grain)；谷类食物

[记] 联想记忆：ce+real(真正的) → 真正的健康食品 → 谷类食物

chapel [ˈtʃæpl] *n.* 小教堂，祈祷室

[记] 联想记忆：c+hap(运气)+el → 祈祷自己好运 → 祈祷室

clam [klæm] *n.* 蛤；[口] 守口如瓶的人

[记] 和 claim(*v./n.* 声称；要求)一起记

clasp [klæsp] *n.* 搭扣，扣环；紧握 *vt.* 握紧；抱紧；扣牢

clip [klɪp] *n.* 夹子，回形针；弹夹；电影(或电视)片段 *v.* 夹住；修剪

clog [klɔːg] *v.* (使)堵塞(congest, jam)

[记] 联想记忆：一段圆木(log)搁在路中间，使交通堵塞(clog)

closet [ˈklɑːzət] *n.* 壁橱(cabinet) *a.* 隐蔽的(closely private)；秘密的(confidential)

commodity [kəˈmɑːdəti] *n.* 商品(article)；日用品

[记] 词根记忆：com(共同)+mod(样式)+ity → 市场上的商品种类繁多 → 商品

commonplace [ˈkɑːmənpleɪs] *n.* 平凡的事；老生常谈(cliché, platitude) *a.* 平凡的(ordinary)

[记] 联想记忆：common(公共的)+place(地方) → 在公共的地方都能见到的 → 平凡的事

complex [ˈkɑːmpleks] *a.* 综合的；错综的；难以理解的(*intricate, complicated) *n.* 综合体

[记] 词根记忆：com(共同) + plex(重叠) → 重叠交叉的 → 错综的

condiment [ˈkɑːndɪmənt] *n.* 调味品(dressing, flavoring)

contract [ˈkɑːntrækt] *n.* 合同，契约(agreement, pact)

[kənˈtrækt] *v.* 订合同；收缩(shrink)

counseling [ˈkaʊnslɪŋ] *n.* 咨询服务

counselor [ˈkaʊnsələr] *n.* (法律)顾问(advisor)

couple [ˈkʌpl] *n.* (一)对，(一)双(pair)；夫妇；几个人，几件事物 *vt.* 连接，结合

[搭] a couple of 两个；几个

coupon [ˈkuːpɑːn] *n.* 礼券，优惠券(gift certificate)

[记] 联想记忆：coup(出乎意料的行动) + on → 意外得到的 → 优惠券

courier [ˈkʊriər] *n.* 送急件的人，信使(messenger)

[记] 词根记忆：cour(跑) + ier(表人) → 跑着的人 → 送急件的人

cousin [ˈkʌzn] *n.* 堂(或表)兄弟，堂(或表)姐妹

crab [kræb] *n.* 蟹

cramp [kræmp] *n.* 痉挛；抽筋 *vt.* 阻碍，阻止(restrict)

[记] 联想记忆：好不容易出去露营(camp)居然腿抽筋(cramp)

crossing [ˈkrɔːsɪŋ] *n.* 十字路口；交叉点；穿越

[搭] grade crossing 铁路交叉道；平面交叉

cuisine [kwɪˈziːn] *n.* 烹饪；烹调法，烹调风格

[记] 发音记忆："口味新" → 烹饪出新口味 → 烹饪

cushion [ˈkʊʃn] *n.* 垫子(pillow) *vt.* 缓冲

[记] 发音记忆："苦行" → 苦行僧盘腿在垫子上打坐 → 垫子

[搭] air-cushion vehicle 气垫运载工具

dairy [ˈderi] *n.* 牛奶场；乳品店

[记] 联想记忆：每天(daily)去乳品店(dairy)买乳制品

[搭] dairy product 乳制品；dairy farming 乳品业

date [deɪt] *vt.* 注明日期(mark the time of)

decorative [ˈdekəreɪtɪv] *a.* 装饰性的，做装饰用的

[记] 词根记忆：decor(装饰) + at + ive(形容词后缀) → 装饰性的

defecate [ˈdefəkeɪt] *vi.* 排便

depot [ˈdiːpoʊ] *n.* 货站，仓库(depository, storehouse)

devour [dɪˈvaʊər] *vt.* 狼吞虎咽地吃，吞食(consume)；吞噬(engulf)

[记] 词根记忆：de(表加强) + vour(=vor 吃) → 狼吞虎咽地吃；吞噬

dexterous [ˈdekstrəs] *a.* 惯用右手的；灵巧的

[记] 词根记忆：dexter(右手) + ous(形容词后缀) → 惯用右手的

diet [ˈdaɪət] *n.* 饮食，食物 *vi.* 节食

[搭] on a diet 节食

directory [dəˈrektəri] *n.* 人名地址录，电话号码簿；目录

[记] 联想记忆：direct(指引) + ory(表物) → 给人们以指引的东西 → 人名地址录

[搭] a telephone directory 电话号码簿

distasteful [dɪsˈteɪstfl] *a.* 令人反感的，讨厌的(displeasing, disagreeable)

domicile [ˈdɑːmɪsaɪl] *n.* 住处，住所

[记] 词根记忆：dom(家) + icile → 住所，住处

dormitory [ˈdɔːrmətɔːri] *n.* 宿舍(hostel)

[记] 词根记忆：dorm(睡眠) + it + ory(表地点，名词后缀) → 睡觉的地方 → 宿舍

downtown [ˌdaʊnˈtaʊn] *a.* 市中心的；市区的 *ad.* 在市中心，往市中心

dozen [ˈdʌzn] *n.* 一打，十二个

[搭] dozens of 许多的

due [duː] *a.* 到期的；预期的(scheduled)

[搭] due to 由于；due date 到期日，支付日

dwindle [ˈdwɪndl] *v.* (使)减少；(使)缩小

[记] 联想记忆：d + wind(风) + le → 随风而去，越来越小 → (使)缩小

ease [iːz] *n.* 不费劲；舒适

edge [edʒ] *n.* 边，棱(border)；刀口，刃 *v.* (使)徐徐移动；略为增加

[搭] on the edge of 在…的边缘；on edge 紧张；激动

edible [ˈedəbl] *a.* 可食用的(eatable)

[记] 词根记忆：ed(吃)+ible(能…的)→可食用的

edifice [ˈedɪfɪs] *n.* 大厦，宏伟的建筑物

[记] 词根记忆：edi(建筑)+fic(做，制作)+e→费力做出来的建筑物→大厦

embark [ɪmˈbɑːrk] *v.* 上船(或飞机、汽车等)

encounter [ɪnˈkaʊntər] *n./vt.* 偶然碰到(come across)；遭遇(meet)

[记] 联想记忆：en(使…)+counter(相反的)→使从两个相反方向来→偶然碰到

envelop [ɪnˈveləp] *vt.* 包围(*surround, encircle)

envelope [ˈenvəloʊp] *n.* 信封

envision [ɪnˈvɪʒn] *vt.* 想象(imagine)

[记] 词根记忆：en(在…里面)+vis(看)+ion→在内部看→想象

establish [ɪˈstæblɪʃ] *vt.* 建立(*set, *enact)；安置，使定居(settle)

[记] 词根记忆：e(出)+st(站立)+abl(能…的)+ish(使…)→使能站出来→建立

estate [ɪˈsteɪt] *n.* 地产(lands)；财产；遗产

[记] 词根记忆：e(出)+st(站立)+ate→赖以生存的→地产

[搭] real estate 房地产

exclude [ɪkˈskluːd] *vt.* 把…排除在外

[记] 词根记忆：ex(出，外)+clud(关闭)+e→关出去→把…排除在外

existence [ɪɡˈzɪstəns] *n.* 存在，实在；生存，生活(方式)

[记] 来自 exist(*vi.* 存在；生存)

expenditure [ɪkˈspendɪtʃər] *n.* 花费，支出

[记] 词根记忆：ex(出，外) + pend(支付) + it + ure → 花费

fabric [ˈfæbrɪk] *n.* 布料，织物（cloth, textile）；结构（framework）

facet [ˈfæsɪt] *n.* 面；(问题等的)方面

[记] 词根记忆：fac(脸，面) + et → 方面

famish [ˈfæmɪʃ] *v.* (使)饥饿(starve)

faucet [ˈfɔːsɪt] *n.* 龙头，旋塞

filament [ˈfɪləmənt] *n.* 灯丝；细丝

[记] 词根记忆：fil(线) + ament → 细丝

flavor [ˈfleɪvər] *n.* 风味，滋味(taste)；调味品 *vt.* 给…调味

[搭] a bitter flavor 苦味

fortuitous [fɔːrˈtuːɪtəs] *a.* 偶然的(*lucky, odd, casual)

freight [freɪt] *n.* 货运(cargo)

[记] 联想记忆：运费一般是按照货物(freight)的重量(weight)来计算的

frugal [ˈfruːgl] *a.* 节俭的(thrifty)

[记] 发音记忆："腐乳过日"→吃腐乳过日子→节俭的

frustrate [ˈfrʌstreɪt] *vt.* 使沮丧，挫败(*thwart)

[记] 联想记忆：frust(一部分) + rate(费用) → 出去玩只带了一部分钱，费用不够，很沮丧 → 沮丧，挫败

furnace [ˈfɜːrnɪs] *n.* 火炉，熔炉(oven, kiln)

[记] 联想记忆：fur(毛皮) + nace → 坐在火炉旁边就像披着温暖的毛皮 → 火炉

[搭] blast furnace 鼓风炉

furnish [ˈfɜːrnɪʃ] *vt.* 提供，供应(*provide, supply)

[记] 联想记忆：fur(毛皮) + nish → 供应毛皮 → 提供，供应

futile [ˈfjuːtl] *a.* 无效的，无意义的

[记] 词根记忆：fut(=fus 流) + ile → 恰似东流水 → 无效的

garb [gɑːrb] *n.* 服装，装束(costume, dress)
[记] 联想记忆：演出时间要到了，那个演员抓起(grab)演出服装(garb)匆匆赶到后台

gibe [dʒaɪb] *v.* (=jibe)嘲弄，讥笑
[搭] gibe at 嘲笑，嘲弄

gin [dʒɪn] *n.* 杜松子酒；轧棉机

glimpse [glɪmps] *n.* 一看，一瞥(glance) *vt.* 瞥见(spot, catch sight of)
[记] 联想记忆：glim(灯光) + pse → 像灯光一闪 → 一瞥
[搭] catch a glimpse of 瞥见

glue [gluː] *n.* 胶，胶水(gumwater) *vt.* 黏合(cement)；紧附于(attach)
[记] 联想记忆：警方终于从一瓶蓝色(blue)胶水(glue)中，找到了线索(cluc)

gossip [ˈgɑːsɪp] *n.* 闲话，流言飞语 *vi.* 传播流言飞语
[记] 联想记忆：美国电视剧 *Gossip Girl*《绯闻女孩》

gourd [gʊrd] *n.* 葫芦

groan [groʊn] *vi.* 呻吟(moan)；叹息(sigh)
[记] 联想记忆：人长大后(grown)似乎更爱叹息(groan)

grocery [ˈgroʊsəri] *n.* 杂货店；杂货

grump [grʌmp] *vi.* 发脾气，发牢骚 *n.* 脾气不好的人

habit [ˈhæbɪt] *n.* 习惯(custom)；习性，脾性
[记] 词根记忆：hab(拥有) + it → 长期拥有的 → 习惯；习性

haircut [ˈherkʌt] *n.* 理发
[搭] have/get a haircut 剪头发

hammer [ˈhæmər] *n.* 槌(pestle)；锤子(mallet) *v.* 锤打(pound)

haste [heɪst] *n.* 急忙，匆忙(hurry)

hitch [hɪtʃ] *v.* 搭便车；(用绳、钩等)拴住 *n.* 故障，障碍

hoard [hɔːrd] *n.* 储藏(物)，贮存 *v.* 贮藏，囤积

hull [hʌl] *n.* (果实等的)外壳；船身，船体 *vt.* 给…去外壳

[搭] a wooden hull 木质船体

hurry [ˈhɜːri] *n./vi.* 匆忙

[搭] hurry up 快点，(使)赶快；迅速完成

image [ˈɪmɪdʒ] *n.* 形象，印象；肖像；影像，映像

imbibe [ɪmˈbaɪb] *v.* 喝(drink)

[记] 词根记忆：im(里，内)+bib(喝)+e→喝进去→喝

incident [ˈɪnsɪdənt] *n.* 事情，事件(happening)

[记] 词根记忆：in+cid(掉落)+ent(表物，名词后缀)→忽然掉落的东西→事件

indigent [ˈɪndɪdʒənt] *a.* 贫困的，贫穷的

[记] 词根记忆：in(里，内)+dig(需要；不足)+ent→内部缺乏的状态→贫穷的

ingenious [ɪnˈdʒiːniəs] *a.* (方法等)巧妙的；聪明的(clever)

[记] 词根记忆：in(里，内)+gen(产生)+ious(形容词后缀)→头脑里产生很多点子的→聪明的；注意不要和 ingenuous(*a.* 坦率的，天真的)相混

ingredient [ɪnˈgriːdiənt] *n.* 成分，要素(element)；(烹调的)原料

[记] 词根记忆：in(里，内)+gred(=grad 进入)+ient→构成物体的内部物质→成分

intersection [ˌɪntərˈsekʃn] *n.* 交点；十字路口(crossroad)

[记] 词根记忆：inter(在…中间)+sect(切割)+ion(名词后缀)→在路面中间切割→十字路口

intimate [ˈɪntɪmət] *a.* 亲密的(close)；详尽的；个人隐私的(personal)

[记] 联想记忆：inti+mate(伙伴)+ate→互为好伙伴→亲密的

jeans [dʒiːnz] *n.* 牛仔裤

jumble [ˈdʒʌmbl] *vt.* 混杂(mix)

[记] 联想记忆：jum(看做 jump，跳)+ble→上蹿下跳，群魔乱舞→混杂

junction [ˈdʒʌŋkʃn] *n.* 交叉点，汇合处(intersection)
[记] 词根记忆：junct(连接) + ion(名词后缀) → 交叉点，汇合处

kennel [ˈkenl] *n.* 狗窝；养狗场
[记] 词根记忆：ken(=can 犬) + nel → 狗窝；注意不要和 kernel(*n.* 核；核心)相混

knack [næk] *n.* 技巧，本领；习惯，癖好

lace [leɪs] *n.* 蕾丝；缎带
[记] 发音记忆："蕾丝"

landmark [ˈlændmɑːrk] *n.* 路标，地标；里程碑
[记] 组合词：land(土地) + mark(标志) → 地上的标志 → 路标
[搭] a landmark decision 具有里程碑意义的决定

laundry [ˈlɔːndri] *n.* 洗衣店；待洗衣服
[记] 词根记忆：lau(洗) + nd + (o)ry(表地点，名词后缀) → 洗衣店

lease [liːs] *n.* 租约；租期 *vt.* 出租
[记] 联想记忆：l + ease(安心) → 签了租约，可以安心了 → 租约

lettuce [ˈletɪs] *n.* 生菜；莴苣

license [ˈlaɪsns] *n.* 许可证，执照(permit) *vt.* 批准，许可
[记] 词根记忆：lic(允许) + ense → 许可
[搭] a driver's license 驾驶执照

lighthearted [ˌlaɪt ˈhɑːrtɪd] *a.* 无忧无虑的；愉快的
[记] 组合词：light(轻的) + hearted(呈…心情的) → 心情轻松的 → 无忧无虑的

linen [ˈlɪnɪn] *n.* 亚麻织品；亚麻布
[记] 联想记忆：line(线) + n → 用亚麻线一根根织成的 → 亚麻织品

litter [ˈlɪtər] *n.* 废弃物，垃圾(rubbish) *v.* 乱扔；使凌乱
[记] 联想记忆：把 little 的"l"丢掉，错拿了"r" → 乱扔；注意不要和 glitter(*vi.* 闪光)相混

livelihood [ˈlaɪvlihʊd] *n.* 生计，谋生手段(living)

locomotive [ˌloʊkəˈmoʊtɪv] *n.* 机车(engine) *a.* 运动的(kinetic)
[记] 词根记忆：loc(某地)+(o)mot(移动)+ive(形容词后缀)→从一地移到另一地→运动的

loose [luːs] *a.* 松散的，宽松的；不牢固的(unstable)
[记] 联想记忆：带子太松(loose)，东西很容易丢(lose)的

lost-and-found [ˌlɔːstəndˈfaʊnd] *n.* 失物招领(处)
[搭] lost-and-found case 失物招领箱

maglev [ˈmæglev] *n.* 磁力悬浮火车

mail [meɪl] *n.* 邮件 *vt.* 邮寄(post)
[搭] mail carrier 邮差；internal mail 内部邮件

mansion [ˈmænʃn] *n.* 府邸(dwelling)；大厦
[记] 联想记忆：mans(e)(牧师的住宅)+ion→府邸

marine [məˈriːn] *a.* (航)海的；海生的
[记] 词根记忆：mar(海)+ine→(航)海的；海生的

mast [mæst] *n.* 船桅

mat [mæt] *n.* 垫子(rug, cushion)；草席
[记] 联想记忆：戴着帽子(hat)坐在垫子(mat)上

mess [mes] *n.* 混乱，混杂，脏乱 *v.* 弄脏，弄乱；搞糟
[搭] make a mess 弄乱；搞糟

metropolis [məˈtrɑːpəlɪs] *n.* 首府(capital)；大都市
[记] 词根记忆：metro(大的)+polis(城市)→大都市；首府

metropolitan [ˌmetrəˈpɑːlɪtən] *a.* 大都市的；本土的

nap [næp] *n.* 小睡(doze)
[搭] take naps/a nap 小睡一下，睡午觉

necessitate [nəˈsesɪteɪt] *vt.* 需要，使成为必要
[记] 词根记忆：ne(不)+cess(走)+it+ate(使…)→使不走开→使成为必要

needy [ˈniːdi] *a.* 贫穷的，贫困的(poor)
[记] 联想记忆：need(需要)+y→什么都需要→贫穷的

normally [ˈnɔːrməli] *ad.* 通常地(usually); 正常地

obsess [əbˈses] *v.* 迷住(charm); 牵挂

[记] 词根记忆: ob(反, 逆) + sess(=sit 坐) → 坐立不安 → 牵挂

occasional [əˈkeɪʒənl] *a.* 偶然的, 非经常的(infrequent)

[记] 来自 occasion(*n.* 时机)

occur [əˈkɜːr] *vi.* 发生, 出现(happen, appear); 存在于

[记] 词根记忆: oc(向) + cur(跑) → 跑向 → 发生, 出现

ornament [ˈɔːrnəmənt] *n.* 装饰(物)(decoration, adornment)

[记] 词根记忆: orn(装饰) + ament → 装饰(物)

outlying [ˈaʊtlaɪɪŋ] *a.* 边远的, 偏僻的(remote, distant)

[记] 联想记忆: out(外) + lying(躺着的) → 躺在外面的 → 边远的

[搭] outlying areas 边远地区

overdue [ˌoʊvərˈduː] *a.* 过期未付的; 逾期的; 过度的, 过火的; 迟到的, 延误的

[记] 组合词: over(超过) + due(预期的) → 超过期限的 → 逾期的

overseas [ˌoʊvərˈsiːz] *a.* 在海外的, 在国外的 *ad.* 在海外, 在国外(abroad)

oyster [ˈɔɪstər] *n.* 牡蛎, 蚝

[记] 联想记忆: 妹妹(sister)爱吃牡蛎(oyster)

pack [pæk] *v.* 收拾(行李); 捆扎; 塞满(stuff) *n.* 包裹(parcel)

painstaking [ˈpeɪnzteɪkɪŋ] *a.* 煞费苦心的; 勤勉的(diligent, industrious)

[记] 组合词: pains(痛苦) + taking(花费…的) → 煞费苦心的

palatable [ˈpælətəbl] *a.* 美味的(delicious)

[记] 联想记忆: palat(看做 plate, 盘子) + able(能…的) → 端上来没多久就被消灭光的一盘子食物 → 美味的

pants [pænts] *n.* 便裤，短裤(shorts)

parking [ˈpɑːrkɪŋ] *n.* 机动车停放；停车场

[搭] parking sticker 停车许可证；parking lot 停车场

paste [peɪst] *n.* 面团；糨糊

[记] 联想记忆：糨糊(paste)的味道(taste)不好

path [pæθ] *n.* 道路(pathway)；路线(route)

paucity [ˈpɔːsəti] *n.* 极小量，少量

[记] 词根记忆：pauc(少的)+ity→少量，极小量

pedestrian [pəˈdestriən] *n.* 步行者 *a.* 徒步的；缺乏想象力的

[记] 词根记忆：ped(脚) + estrian → 用脚走的人 → 步行者

pendant [ˈpendənt] *n.* 垂饰，下垂物

[记] 词根记忆：pend(悬挂) + ant → 悬挂着的东西 → 垂饰

pepper [ˈpepər] *n.* 胡椒(粉)；辣椒 *vt.* (在食物上)撒胡椒粉；大量给予

permit [pərˈmɪt] *v.* 允许，许可(enable, allow)

[ˈpɜːrmɪt] *n.* 许可证，执照(license)

[记] 词根记忆：per(贯穿，自始至终) + mit(送) → 始终送出 → 允许，许可

personal [ˈpɜːrsənl] *a.* 个人的，私人的(private, individual)；亲自的

pilot [ˈpaɪlət] *a.* 试验性的 *n.* 飞行员，领航员 *vt.* 驾驶；试点

pin [pɪn] *n.* 大头针；胸针；徽章 *vt.* 钉住；固定

[搭] pin sb. down 使某人动弹不得；使某人说清楚

plank [plæŋk] *n.* 木板(board)

[记] 联想记忆：计划(plan)用木板(plank)做条板凳

plaque [plæk] *n.* 匾额；牙斑

plate [pleɪt] *n.* 盘子；金属板；号码牌

pocketbook [ˈpɑːkɪtbʊk] *n.* 钱袋，皮夹(purse, wallet)

portable [ˈpɔːrtəbl] *a.* 轻便的，便携的
[记] 词根记忆：port（拿，运）+ able（能…的）→ 能拿的 → 轻便的

postage [ˈpoʊstɪdʒ] *n.* 邮资
[记] 联想记忆：post（邮寄）+ age（集体名词后缀）→ 邮资

postcard [ˈpoʊstkɑːrd] *n.* 明信片

pragmatic [præɡˈmætɪk] *a.* 务实的，注重实效的
[记] 词根记忆：prag（做）+ matic → 切实去做的 → 务实的

quilt [kwɪlt] *n.* 被褥 *v.* 缝被
[记] 联想记忆：他辞职（quit）后就天天躺在被窝（quilt）里度日

ramble [ˈræmbl] *vi.* 漫游；漫谈，闲聊
[记] 词根记忆：r + ambl（走）+ e → 随意地走 → 漫游

raw [rɔː] *a.* 生的；未经加工的

realtor [ˈriːəltər] *n.* 房地产经纪人

recipe [ˈresəpi] *n.* 食谱（cookbook）；诀窍（formula）
[记] 词根记忆：re + cip（拿，取）+ e → 抓住关键才是解决问题的诀窍 → 诀窍

recollection [ˌrekəˈlekʃn] *n.* 回忆，记忆（memory, remembrance）
[记] 词根记忆：re（回）+ col（一起）+ lect（送）+ ion（名词后缀）→ 将过去的事全部送回 → 回忆
[搭] beyond recollection 不记得

recurring [rɪˈkɜːrɪŋ] *a.* 往复的，再次发生的（repeated, recurrent, repetitious）

refrigerate [rɪˈfrɪdʒəreɪt] *vt.* 冷藏；使变冷
[记] 词根记忆：re + frig（冷的）+ er + ate（使…）→ 使变冷

refurbish [ˌriːˈfɜːrbɪʃ] *vt.* 再装修，重新装饰（redecorate）
[记] 词根记忆：re（重新）+ furb（装饰；整修）+ ish → 再装修

regular [ˈregjələr] *a.* 规则的，有秩序的(orderly)；有规律的，正常的(normal)；经常的(usual)
[记] 词根记忆：reg(治理)＋ular → 得到治理的 → 有秩序的

remote [rɪˈmoʊt] *a.* 偏僻的，遥远的(*faraway)
[搭] remote control 遥控

renew [rɪˈnuː] *vt.* 使续期；重新开始(resume)；重申(repeat)；修复(restore)

rental [ˈrentl] *n.* 租金额；租赁，出租 *a.* 租用的；出租(业)的
[搭] rental service 出租服务

reservation [ˌrezərˈveɪʃn] *n.* 预约；预订；保留意见
[记] 来自 reserve(*vt.* 保留；预订)
[搭] with reservation 有保留地；confirm a reservation 确认预订

reside [rɪˈzaɪd] *vi.* 居住于(dwell, live)
[记] 词根记忆：re(再)＋sid(坐)＋e → 久坐于(某地) → 居住于

resident [ˈrezɪdənt] *n.* 居民(dweller) *a.* 常驻的，定居的
[记] 来自 reside(*vi.* 居住于)

retail [ˈriːteɪl] *n.* 零售 *v.* 零售，以…价格销售
[记] 词根记忆：re＋tail(切割) → 切割成小块出售 → 零售

retire [rɪˈtaɪər] *v.* (使)退休，引退
[记] 联想记忆：re(再，又)＋tire(劳累) → 不再劳累 → 退休

reunion [ˌriːˈjuːniən] *n.* 团圆，重聚
[记] 联想记忆：re(重新)＋union(联合) → 重新联合在一起 → 团圆，重聚
[搭] a family reunion 家庭聚会

ripe [raɪp] *a.* 熟的；成熟的(*mature)
[记] 联想记忆：稻熟(ripe)米(rice)香

robust [roʊˈbʌst] *a.* 健壮的，强壮的(*strong)
[记] 联想记忆："乐百氏"(Robust)矿泉水

rod [rɑːd] *n.* 杆，棒(bar)

[记] 联想记忆：拿着木棒(rod)去打劫(rob)

rug [rʌg] *n.* (小)地毯(carpet)

rural [ˈrʊrəl] *a.* 乡村的，农村的(country)；田园的

[记] 词根记忆：rur(乡村)+al → 乡村的

saddle [ˈsædl] *n.* 鞍，马鞍

[记] 联想记忆：骑马用鞍(saddle)，划船用桨(paddle)

salmon [ˈsæmən] *n.* 鲑鱼，大马哈鱼

[记] 词根记忆：sal(跳跃)+mon → 在水中欢快跳跃 → 鲑鱼，大马哈鱼

sauce [sɔːs] *n.* 调味汁，佐料(condiment, relish)

[记] 联想记忆：调味汁(sauce)是菜美味的来源(source)

scarf [skɑːrf] *n.* 围巾，披巾(shawl)

[记] 联想记忆：为了遮住脖子上的伤疤(scar)，围了条围巾(scarf)

scrape [skreɪp] *v.* 刮掉，擦掉(rub) *n.* 擦痕(abrasion)

[搭] scrape off 擦去

scratch [skrætʃ] *vt.* 刮擦(scrape) *n.* 划痕(nick)

scruffy [ˈskrʌfi] *a.* 不整洁的(unkempt)

seasoning [ˈsiːzənɪŋ] *n.* 调味品，调料(flavoring, spice)

selection [sɪˈlekʃn] *n.* 选择(choice)；精选(assortment)

setback [ˈsetbæk] *n.* 挫折，阻碍

sew [soʊ] *v.* 缝(纫)

[记] 联想记忆：男人在田里播种(sow)，女人在家缝缝补补(sew)

shrimp [ʃrɪmp] *n.* 小虾

sidewalk [ˈsaɪdwɔːk] *n.* 人行道(sideway, pavement)

sieve [sɪv] *n.* 筛子，漏勺(bolter, strainer) *vt.* 筛，滤(sift)

[记] 联想记忆：用筛子(sieve)过一下是为了保留(save)精华

skyscraper [ˈskaɪskreɪpər] *n.* 摩天楼

[记] 组合词：sky(天) + scrape(擦掉) + r → 楼高得可以擦到天 → 摩天楼

sleigh [sleɪ] *n.* (尤指马拉的)雪橇

snack [snæk] *n.* 快餐，小吃

[搭] snack food 点心，小吃；snack bar 快餐店，小吃店

snap [snæp] *v.* 突然折断(*break, burst)；突然抓住(snatch)；呵斥

[记] 联想记忆：s + nap(小睡) → 上课小睡时被老师抓住，遭到呵斥 → 突然抓住；呵斥

[搭] snap out 厉声说出；snap up 抢购

soak [soʊk] *v.* 浸泡，浸湿，浸透

[记] 联想记忆：把衣服泡(soak)在肥皂(soap)水里

[搭] soak up the sun 日光浴

sore [sɔːr] *a.* 疼痛的(painful)；极度的(exceeding)

[记] 联想记忆：做了一天家务(chore)，累得腰酸背痛(sore)

sound [saʊnd] *v.* 似乎(seem) *a.* 可靠的(secure)；健康的(healthy)；合理的(reasonable)

sow [soʊ] *v.* 播种(scatter, spread)

soybean [ˈsɔɪbiːn] *n.* 大豆(legume, soy)

spaghetti [spəˈgeti] *n.* 意大利式细面条

spare [sper] *a.* 备用的；空闲的(free) *vt.* 抽出(时间等)；免除 *n.* 备用品(reserve)

spice [spaɪs] *n.* 香料，调味品(seasoning, flavor)

spike [spaɪk] *n.* 长钉；鞋钉

spill [spɪl] *v.* (使)溢出，溅出(overflow) *n.* 溢出(的东西)，泄露(的东西)

[记] 联想记忆：s + pill(药丸) → 药丸装得太满了，洒了一地 → 溢出

splash [splæʃ] *n.* (报纸等旨在招徕读者的)重点文章 *v.* 溅，泼(dash)

spoil [spɔɪl] *v.* 破坏(damage, destroy); 变质(decay)
[记] 联想记忆: 破坏(spoil)土地(soil), 损人不利己

squid [skwɪd] *n.* 鱿鱼

stagecoach [ˈsteɪdʒkoʊtʃ] *n.* 公共马车
[记] 组合词: stage(驿站) + coach(马车) → 驿站用马车 → 公共马车

stain [steɪn] *n.* 污点, 污渍(spot)
[记] 联想记忆: 雨水(rain)溅得裤子上都是污点(stain)

station [ˈsteɪʃn] *n.* 所; 站; 台
[搭] relay station 中继站; space station 太空站

status [ˈstætəs] *n.* 身份, 地位(rank, position); 情况(condition)
[记] 联想记忆: stat(看做 state, 声明) + us → 声明我们是谁 → 身份

stew [stuː] *n.* 炖菜 *v.* 炖, 煨; 思考
[记] 发音记忆: "死丢" → 拼命往锅里丢东西 → 炖

stick [stɪk] *n.* 棍, 棒; 手杖(wand) *v.* 粘贴(attach); 放置(put)
[搭] stick with sth. 坚持做(某事)

stout [staʊt] *a.* 结实的, 强壮的(strong)
[记] 联想记忆: st + out(出来) → 肌肉都鼓出来了 → 结实的

stuff [stʌf] *n.* 原料, 材料(material) *vt.* 填满, 塞满
[记] 联想记忆: 不能把职员(staff)当做材料(stuff)来用

submarine [ˈsʌbməriːn] *n.* 潜水艇
[记] 联想记忆: sub(在…下面) + marine(船舶) → 水下船舶 → 潜水艇

suburb [ˈsʌbɜːrb] *n.* 郊区
[记] 词根记忆: sub(在…下面) + urb(城市) → 郊区

subway [ˈsʌbweɪ] *n.* 地铁(underground)

[记] 联想记忆：sub(在…下面) + way(路) → 在地下面的路 → 地铁

suitcase [ˈsuːtkeɪs] *n.* 手提箱，衣箱

[记] 组合词：suit(一套衣服) + case(箱子) → 衣箱

supply [səˈplaɪ] *vt.* 供给，供应(provide)；满足(需要)，弥补(不足) *n.* 供应(量)

[记] 词根记忆：sup(在…下面) + ply(填满) → 在下面填满 → 供给

[搭] supply sth. to sb. 给某人提供某物

sustenance [ˈsʌstənəns] *n.* 食物(food)；生计(living)；维持(maintenance)

[记] 词根记忆：sus(在…下面) + ten(支撑) + ance → 在下面起支撑作用之物 → 食物

sweep [swiːp] *v.* 打扫(clean)；席卷 *n.* 打扫；广度

syrup [ˈsɪrəp] *n.* 糖浆

[派] syrupy(*a.* 黏稠的；缠绵的)

taut [tɔːt] *a.* 绷紧的；整洁的

tenant [ˈtenənt] *n.* 房客，承租人(dweller, occupant)

[记] 联想记忆：ten(十) + ant(蚂蚁) → 十只蚂蚁来住店，虽小也是房客 → 房客

tenement [ˈtenəmənt] *n.* 廉租公寓

[记] 联想记忆：ten(十) + e + men(人) + t → 十个人住一间屋子 → 廉租公寓

terminal [ˈtɜːrmɪnl] *n.* 终点站(destination)；终点；航站楼 *a.* 末端的(endmost)

[记] 词根记忆：termin(边界) + al → 末端的

[搭] passenger terminal 客运枢纽站

terminus [ˈtɜːrmɪnəs] *n.* (火车等的)终点站(terminal, end)

textile [ˈtekstaɪl] *n.* 纺织品(fabric)

[记] 词根记忆：text(编织) + ile → 纺织品

thread [θred] *n.* 线

thrifty [ˈθrɪfti] *a.* 节省的，节俭的(saving)

[记] 来自 thrift(*n.* 节约)

timber [ˈtɪmbər] *n.* 木材(wood, lumber);原木(log)

[记] 联想记忆:timb(看做 time,时间) + er → 树苗变成木材需要时间 → 木材

transport [træn ˈspɔːrt] *vt.* 运输;传播

[ˈtræspɔːrt] *n.* 运输;运输系统,运载工具

[记] 词根记忆:trans(穿过) + port(搬运) → 在两地间搬运 → 运输

transportation [ˌtrænspɔːr ˈteɪʃn] *n.* 运输;运输系统

[搭] public transportation 公共交通

trash [træʃ] *n.* 无价值之物,废物(rubbish)

[记] 联想记忆:tr + ash(灰) → 像灰尘一样微不足道 → 废物

[搭] trash can 垃圾桶

treadmill [ˈtredmɪl] *n.* 踏车;枯燥乏味的工作

[记] 联想记忆:tread(踩踏) + mill(磨坊) → 在磨坊里踩踏车 → 枯燥乏味的工作

trifle [ˈtraɪfl] *n.* 少许;琐事 *v.* 不认真对待,怠慢

trivial [ˈtrɪviəl] *a.* 琐碎的,微不足道的(unimportant, trifling)

[记] 词根记忆:tri(三) + vi(路) + al → 三条路的会合点(古罗马妇女喜欢停在十字路口闲聊些无关紧要的事) → 琐碎的,微不足道的

tunnel [ˈtʌnl] *n.* 隧道(tube);地道 *v.* 开凿隧道;挖地道

[记] 联想记忆:海峡(channel)像条长长的地道(tunnel)

turkey [ˈtɜːrki] *n.* 火鸡(肉)

[记] 联想记忆:据说土耳其(Turkey)的火鸡肉(turkey)最好吃

turnpike [ˈtɜːrnpaɪk] *n.* 收费公路(toll road)

[记] 联想记忆:turn(转动) + pike(横杆) → 转动收费杆 → 收费公路

twine [twaɪn] *n.* 细绳(rope, string)

[记] 联想记忆:大家应该像双胞胎(twins)一样拧成一股绳(twine),齐心协力把这件事做好

underground [ˌʌndəˈgraʊnd] *a.* 地下的（subterranean, buried）*n.* 地铁

[记] 组合词：under(在…下面)＋ground(地面)→地下的

[搭] underground water 地下水；underground garage 地下停车场

urban [ˈɜːrbən] *a.* 城市的，市内的

[记] 词根记忆：urb(城市)＋an→城市的

utensil [juːˈtensl] *n.* (家庭)用具(appliance)；器皿

[记] 词根记忆：ut(用)＋ensil→用具

[搭] cooking utensils 炊具；kitchen utensils 厨房用具

vacancy [ˈveɪkənsi] *n.* 空房间；空位，空缺(opening)；(头脑)空虚

[记] 词根记忆：vac(空的)＋ancy(表状态，名词后缀)→处于空的状态→空缺

vacant [ˈveɪkənt] *a.* 空的(empty)；闲置的(unused)

[记] 词根记忆：vac(空的)＋ant(形容词后缀)→空的

vegetarian [ˌvedʒəˈteriən] *n.* 素食者 *a.* 素食者的

vehicle [ˈviːhɪkl] *n.* 交通工具，车辆(conveyance)

[记] 词根记忆：veh(i)(运)＋cle(表物，名词后缀)→载人的东西→交通工具

vent [vent] *n.* 通风口(intake)；出口(outlet)

[记] 本身是词根，意为"来"

[搭] air vent 气孔

verbal [ˈvɜːrbl] *a.* 口头的(oral, spoken)；言辞的

[记] 词根记忆：verb(言语)＋al→言辞的

[搭] verbal agreement 口头协议

voyage [ˈvɔɪɪdʒ] *n.* 旅行(travel)；航程(journey, sail)

[记] 词根记忆：voy(路)＋age→旅行；航程

wagon [ˈwæɡən] *n.* 四轮马车；货车(carriage)

watercourse [ˈwɑːtərkɔːrs] *n.* 水道，河道

[记] 组合词：water(水)＋course(路线)→水道

wipe [waɪp] *v./n.* 擦，揩，抹

[搭] wipe out 抹掉，擦去；彻底消灭

wrinkle [ˈrɪŋkl] *n.* 皱纹 *v.* (使)起皱纹

[记] 联想记忆：眨眼(twinkle)过多容易起皱纹(wrinkle)

yarn [jɑːrn] *n.* 纱，纱线(thread)

[记] 联想记忆：那家商店的纱线(yarn)是论码(yard)出售的

yeast [jiːst] *n.* 酵母，发酵粉

[记] 联想记忆：y + east(东方) → 据说酵母是由东方人发明的 → 酵母

yogurt [ˈjoʊgərt] *n.* 酸奶(酪)

yoke [joʊk] *n.* 裤腰；牛轭 *vt.* (强行)使结合

[记] 联想记忆：他把烟斗(toke)挂在裤腰(yoke)上

Note

学习与工作

ability [əˈbɪləti] *n.* 能力，才干(capacity)
[记] 联想记忆：abil(看做 able，能…的)+ity(名词后缀)→能力
[搭] academic ability 学习能力，研究能力

abridge [əˈbrɪdʒ] *vt.* 删节，节略(abbreviate, curtail)
[记] 联想记忆：a+bridge(桥)→桥缩短了两地之间的距离→删节

absence [ˈæbsəns] *n.* 缺席；缺乏(lack)
[记] 词根记忆：ab(离去)+sen(t)(送)+ce→送走→缺席

absenteeism [ˌæbsənˈtiːɪzəm] *n.* 旷课；旷工
[记] 联想记忆：absent(缺席的)+ee(表人)+ism(抽象名词后缀)→旷课；旷工

academic [ˌækəˈdemɪk] *a.* 学术的(scholarly)；学院的；理论的(theoretical)
[记] 来自 academy(*n.* 学会，研究院)

academy [əˈkædəmi] *n.* 学会，研究院；专科院校
[记] 哲学家柏拉图常在园林小径上对向他求教的学生边走边讲，这种讲学方式即被称为 Academia，后代的教学机构沿用此名。

accessory [əkˈsesəri] *n.* 附件，零件(adjunct)
[记] 词根记忆：ac(附近)+cess(走)+ory→在主体部件附近起辅助作用的→附件

accomplishment [əˈkɑːmplɪʃmənt] *n.* 成就；完成

acquire [əˈkwaɪər] *vt.* 获得，取得(*obtain, gain)
[记] 词根记忆：ac(表加强)+quir(追求)+e→不断寻求才能够获得→获得

acumen [əˈkjuːmən] *n.* 敏锐，聪明(acuity, acuteness, brightness)
[记] 词根记忆：acu(尖，锐利)+men→敏锐

adept [ə'dept] *a.* 熟练的，精通的

administer [əd'mɪnɪstər] *vt.* 管理(*manage)；履行，执行(execute)

[记] 联想记忆：ad + minister(大臣) → 大臣要精于管理 → 管理

adolescence [ˌædə'lesns] *n.* 青春(期)(youthhood)

[记]联想记忆：ado(看做 adult，成年人) + lescence(看做 licence，许可证) → 青少年即将拿到成年的许可证 → 青春(期)

agenda [ə'dʒendə] *n.* 议程(表)

[记] 词根记忆：ag(做，行动) + enda(集体名词后缀) → 要做的事情 → 议程(表)

alumnus [ə'lʌmnəs] *n.* [*pl.* alumni] 男校友

amateur ['æmətər] *n.* 业余爱好者(non-professional)

[记] 词根记忆：amat(=amor 爱) + eur(表人) → 业余爱好者

analysis [ə'næləsɪs] *n.* 分析(study)；分解

[记] 词根记忆：ana(贯穿) + lys(分开) + is → 整个分开 → 分析；分解

analyze ['ænəlaɪz] *vt.* 分析，研究

[记] 词根记忆：ana(贯穿) + lyz(分开) + e → 整个分开 → 分析

applicable ['æplɪkəbl] *a.* 可应用的，可实施的

[记] 来自 apply(*v.* 运用)

applicant ['æplɪkənt] *n.* 申请者

apply [ə'plaɪ] *v.* 申请，请求；适用；应用，运用

[记] 词根记忆：ap(=ad 向，靠近) + ply(折叠) → 折得很近的 → 适用

[搭] apply to 适用于；apply for 申请

appraise [ə'preɪz] *vt.* 估价；估量；评价

[记] 词根记忆：ap(给，向) + prais(价格) + e → 给定价 → 估价；评价

apprenticeship [ə'prentɪʃɪp] *n.* 学徒的身份；学徒的年限

aptitude [ˈæptɪtuːd] *n.* 适合，恰当；天资

[记] 词根记忆：apt(适当) + it + ude(名词后缀) → 适合；天资

architect [ˈɑːrkɪtekt] *n.* 建筑师

[记] 词根记忆：archi(主要的) + tect(建造) → 主要的建造者 → 建筑师

archive [ˈɑːrkaɪv] *n.* 档案室 *vt.* 存档

argue [ˈɑːrɡjuː] *v.* 争论，辩论(debate)；主张，论证；说服，劝说

[记] 发音记忆："阿 Q" → 阿 Q 喜欢和人争论 → 争论

assign [əˈsaɪn] *vt.* 指派（*prescribe）；分配(apportion)；布置(作业)

[记] 联想记忆：as + sign(签名) → 找那个大牌明星签名的任务指派给你了 → 指派

assistance [əˈsɪstəns] *n.* 帮助，援助(help, aid)

[记] 来自 assist(*v.* 帮助，援助)

assistant [əˈsɪstənt] *n.* 助手，助教(helper, aider) *a.* 辅助的，助理的

attain [əˈteɪn] *vt.* 达到(*reach)；获得(*achieve, gain)

[记] 词根记忆：at + tain(拿住) → 拿住 → 获得

attend [əˈtend] *v.* 出席，参加(present)；专心，注意；陪同

[记] 词根记忆：at + tend（伸展）→ 伸长脖子看 → 专心

[搭] attend the tournament 出席比赛；attend the conference 出席会议

attention [əˈtenʃn] *n.* 注意(力)，留心；立正

[记] 词根记忆：at + tent(伸展) + ion(名词后缀) → 听得伸长了脖子 → 注意(力)

[搭] pay attention to 注意

audit [ˈɔːdɪt] *vt.* 旁听；审计

[记] 词根记忆：aud(听) + it → 旁听

audition [ɔːˈdɪʃn] *n.* 旁听；试演(rehearsal)

auditorium [ˌɔːdɪ'tɔːriəm] *n.* 礼堂(hall)

[记] 词根记忆：aud(听)+it+orium(表场所、地点，名词后缀)→听讲座等的地方→礼堂

banner ['bænər] *n.* 横幅

[记] 联想记忆：ban(禁止)+ner→此处禁止悬挂横幅→横幅

bookstore ['bʊkstɔːr] *n.* 书店(bookshop)

brochure [broʊ'ʃʊr] *n.* 小册子，说明书(pamphlet, tract, booklet)

[记] 发音记忆："不用求"→说明书在手，再不用求人了→说明书

browse [braʊz] *v.* 吃嫩叶或草；浏览 *n.* 嫩叶；浏览

[记] 联想记忆：brow(眉毛)+se→眉毛般纤细的叶子→嫩叶

brush [brʌʃ] *n.* 画笔；刷子 *v.* 刷，拂(wipe)

by-product [baɪ'prɑːdʌkt] *n.* 副产品

campus ['kæmpəs] *n.* (大学)校园

[记] 联想记忆：camp(营地)+us(我们)→校园是我们学生学习的营地→(大学)校园

[搭] live on campus 住校

capability [ˌkeɪpə'bɪləti] *n.* 能力(ability, potentiality)；性能；容量

[记] 词根记忆：cap(拿住)+ability(能力)→有能力拿住→能力

capacity [kə'pæsəti] *n.* 能力(ability)；容量；职责(role)

[记] 词根记忆：cap(拿住)+ac+ity(表状态、情况，名词后缀)→能拿住→能力；容量

career [kə'rɪr] *n.* 生涯，经历；职业(profession)

catalog ['kætəlɔːg] *n.* (=catalogue)目录(list)

[记] 词根记忆：cata(完全地)+log(说话)→完整列出将说的话→目录

certificate [sər'tɪfɪkət] *n.* 证书，执照

[记] 词根记忆：cert(确认)+(i)fic(做)+ate→确认有做某事的资格→证书，执照

chart [tʃɑːrt] *n.* 图表(map, graph) *vt.* 用图说明；制图
[搭] flow chart 流程图

cite [saɪt] *vt.* 引用，引证(quote)

clarify [ˈklærəfaɪ] *vt.* 澄清，阐明(identify, explain)
[记] 词根记忆：clar(清楚的) + ify(使…) → 澄清，阐明

clue [kluː] *n.* 线索(*information)；提示(cue, hint)

collaborate [kəˈlæbəreɪt] *v.* 协作，合作；勾结
[记] 词根记忆：col(共同) + labor(工作) + ate → 协作，合作

collaborative [kəˈlæbəreɪtɪv] *a.* 合作的，协作的

collaborator [kəˈlæbəreɪtər] *n.* 合作者

colleague [ˈkɑːliːg] *n.* 同事，同僚
[记] 词根记忆：col(共同) + leag(=leg 聚集) + ue → 聚集在一起 → 同事

commute [kəˈmjuːt] *vi.* (乘公交车)上下班往返，经常往返
[记] 词根记忆：com(=with 以) + mut(改变) + e → 坐车换车 → (乘公交车)上下班往返

companion [kəmˈpæniən] *n.* 同伴，共事者(partner, mate, comrade)
[记] 词根记忆：com(共同) + pan(面包) + ion → 共享面包的人 → 同伴

competence [ˈkɑːmpɪtəns] *n.* 能力
[记] 来自 compete(*vi.* 竞争)

completion [kəmˈpliːʃn] *n.* 完成，实现(accomplishment, realization)

comprehend [ˌkɑːmprɪˈhend] *v.* 理解，领会(understand, grasp)
[记] 词根记忆：com(全部) + prehend(抓住) → 全部抓住要领 → 理解，领会

comprehensible [ˌkɑːmprɪˈhensəbl] *a.* 可理解的，能懂的

compulsory [kəmˈpʌlsəri] *a.* 义务的；强制性的；(课程)必修的
[记] 词根记忆：com(共同) + puls(推) + ory → 共同推进的 → 义务的

concise [kən ˈsaɪs] *a.* 简明的，简练的(terse)

[记] 词根记忆：con(全部)＋cis(切)＋e → 把(多余的)全部切掉 → 简练的

context [ˈkɑːntekst] *n.* 上下文；背景(setting)；环境(environment)

[记] 词根记忆：con(共同)＋text(编织) → 共同编织在一起 → 上下文

contrary [ˈkɑːntreri] *a.* 相反的，逆的(in conflict with, opposite)

[记] 词根记忆：contra(反)＋ry → 相反的

controversial [ˌkɑːntrə ˈvɜːrʃl] *a.* 引起争论的，有争议的

controversy [ˈkɑːntrəvɜːrsi] *n.* (公开的)争论，辩论(dispute, argument)

[记] 词根记忆：contro(反)＋vers(转)＋y → 因反对而转向另一方 → 争论，辩论

cooperation [koʊˌɑːpə ˈreɪʃn] *n.* 合作，协作

[记] 词根记忆：co(共同)＋oper(工作)＋ation → 一起工作 → 合作

[搭] in cooperation with 与…合作

cooperative [koʊ ˈɑːpərətɪv] *a.* 合作的，协作的

coordinate [koʊ ˈɔːrdɪneɪt] *v.* 协调，相配合(harmonize, cooperate)

[记] 词根记忆：co(共同)＋ordin(顺序)＋ate(使…) → 使顺序一致 → 协调

course [kɔːrs] *n.* 课程，教程；过程，进程(process)；路程，路线(route)；一道菜(dish)

[搭] required course 必修课；in the course of 在…期间

creative [kri ˈeɪtɪv] *a.* 有创造力的，创造性的

credential [krə ˈdenʃl] *n.* 证书(certificate)；文凭(diploma)；资格(qualification)

[记] 词根记忆：cred(相信)＋ential → 让人相信的东西 → 证书

credit [ˈkredɪt] *n.* 荣誉；学分；信用；贷款 *vt.* (to)把…归于

crew [kruː] *n.* 全体船员；工作人员

[记] 发音记忆："可入"→ 仅限工作人员进入，闲人免进 → 工作人员

curriculum [kəˈrɪkjələm] *n.* [*pl.* curricula] 课程(course)

curiosity [ˌkjʊriˈɑːsəti] *n.* 好奇心(desire to know)

[记] 词根记忆：cur(注意) + ios + ity → 多加注意 → 好奇心

deadline [ˈdedlaɪn] *n.* 最后期限，截止时间

[记] 组合词：dead(死) + line(线) → 最后期限

debatable [dɪˈbeɪtəbl] *a.* 有争议的(disputable, unsettled)

[搭] debatable viewpoint 有争议的观点

debate [dɪˈbeɪt] *n./v.* 辩论，讨论，争论(argue, discuss, dispute)

[记] 词根记忆：de(表加强) + bat(打，击) + e → 加强打击 → 辩论

defer [dɪˈfɜːr] *v.* 推迟，延期；听从

[记] 词根记忆：de(向) + fer(搬运) → 向下搬运 → 推迟

degree [dɪˈgriː] *n.* 程度；度数；学位；等级(grade)

[搭] to some degree 从某种程度上来说

delay [dɪˈleɪ] *v./n.* 耽搁，延迟(postpone)

[记] 联想记忆：de + lay(放下) → 放下不管 → 耽搁，延迟

demonstrate [ˈdemənstreɪt] *v.* 论证；表明(show)

[记] 词根记忆：de(完全) + monstr(展示) + ate → 完全展示 → 论证；表明

descriptive [dɪˈskrɪptɪv] *a.* 描述性的

[搭] descriptive statistics 描述统计

digression [daɪˈgreʃn] *n.* 离题；题外话，枝节内容

diligent [ˈdɪlɪdʒənt] *a.* 勤奋的，刻苦的

[记] 词根记忆：di(=dis 分开) + lig(选择) + ent → 一个个地进行选择 → 勤奋的

discern [dɪˈsɜːrn] *vt.* 洞悉(ascertain); 识别(identify)
[记] 词根记忆: dis(分开) + cern(弄清) → 分别弄清 → 洞悉; 识别

disciple [dɪˈsaɪpl] *n.* 门徒, 追随者(follower, adherent)
[记] 联想记忆: 门徒(disciple)必须遵守纪律(discipline)

discipline [ˈdɪsəplɪn] *n.* 纪律; 学科(subject) *vt.* 训练(drill); 惩罚(punish)
[记] 联想记忆: dis(不) + cip + line(线) → 不站成一条线就要受到惩罚 → 惩罚

discourse [ˈdɪskɔːrs] *n.* 演讲; 谈话
[dɪsˈkɔːrs] *vi.* 演讲; 谈话
[搭] discourse on/upon 讲述, 论述

dismiss [dɪsˈmɪs] *v.* 免职, 解雇; 驳回

dispatch [dɪˈspætʃ] *n./vt.* 分派, 派遣; 发送
[记] 词根记忆: dis(分开) + patch(=ped 脚) → 使脚分开走 → 派遣

dispute [dɪˈspjuːt] *n.* 争论(*argument); 纠纷 *v.* 争论(debate); 对…表示异议
[记] 词根记忆: dis(分开) + put(思考) + e → 分开思考 → 争论

doctrine [ˈdɑːktrɪn] *n.* 教条, 教义(dogma, teachings); 学说(theory)
[记] 词根记忆: doc(教授) + tr + ine → 用于教导的 → 教条

documentation [ˌdɑːkjumenˈteɪʃn] *n.* 文件(file)

draft [dræft] *n.* 草图(sketch); 草稿 *v.* 起草 *a.* 拖曳重物用的
[记] 发音记忆: "抓夫" → 拖曳重物用的

educated [ˈedʒukeɪtɪd] *a.* 受过良好教育的, 有教养的(informed, learned)

efficiency [ɪˈfɪʃnsi] *n.* 效率, 功效(effectiveness)
[记] 词根记忆: ef(出) + fic(做) + iency → 做出的成绩 → 功效

efficient [ɪˈfɪʃnt] *a.* 有效的，有效率的(effective)；有能力的，能胜任的

elective [ɪˈlektɪv] *a.* 选修的(optional)
[搭] elective system 选课系统

elementary [ˌelɪˈmentri] *a.* 初级的(primary)
[搭] elementary school 小学

elicit [iˈlɪsɪt] *vt.* 得出，引出(*bring out, educe)
[记] 词根记忆：e(出)+lic(诱骗)+it→诱骗到外面来→得出，引出

eloquent [ˈeləkwənt] *a.* 雄辩的，有口才的(expressive)；动人的(appealing)
[记] 词根记忆：e+loqu(说)+ent(形容词后缀)→能说会道的→雄辩的

engineering [ˌendʒɪˈnɪrɪŋ] *n.* 工程学
[记] 来自 engineer(*n.* 工程师)
[搭] electronics engineering 电子工程学

enhance [ɪnˈhæns] *vt.* 提高(*increase, improve)；增强(enrich)
[搭] enhance one's reputation 提高声誉

enlighten [ɪnˈlaɪtn] *vt.* 启发；开导；阐明
[记] 联想记忆：en+light(点亮)+en→点亮心灵→启发

enroll [ɪnˈroʊl] *v.* 登记，注册(check in, register)；招收
[记] 联想记忆：en(进入)+roll(名单)→上了名单→登记，注册

enrollment [ɪnˈroʊlmənt] *n.* 登记(人数)，注册(人数)；入学

enterprise [ˈentərpraɪz] *n.* 企业，公司(corporation)；事业
[记] 词根记忆：enter(进入)+pris(握住)+e→进入市场，把握先机→公司
[搭] private enterprise 私人企业，民营企业

errand [ˈerənd] *n.* 差事；差使(assignment, task)
[记] 词根记忆：err(漫游)+and→跑来跑去→差使

executive [ɪɡˈzekjətɪv] *n.* 执行者；管理人员；行政负责人 *a.* 执行的，实施的
[搭] Chief Executive Officer 首席执行官

exemplary [ɪɡˈzempləri] *a.* 模范的；典型的
[记] 词根记忆：ex(外) + empl(拿) + ary → 从外拿(例子)的 → 模范的

extension [ɪkˈstenʃn] *n.* 延长(的期限)(postponement)；延伸(的部分)(*supplement)

extraordinary [ɪkˈstrɔːrdəneri] *a.* 特别的(*exceptional, rare, special)；非凡的(*remarkable)
[记] 组合词：extra(以外的) + ordinary(平常的) → 平常之外的 → 特别的

facility [fəˈsɪləti] *n.* [*pl.*] 设备(instrument, equipment)
[记] 词根记忆：fac(做) + ility → 辅助人们做事的东西 → 设备

faculty [ˈfæklti] *n.* 学院；全体教职员工；能力(ability, capacity)
[搭] the faculty of law 法学院

familiarize [fəˈmɪliəraɪz] *vt.* 使熟悉
[记] 来自 familiar(*a.* 熟悉的)

fault [fɔːlt] *n.* 过错(error, defect)；缺点；【地】断层
[搭] fault plane 断层面；fault zone 断层带

fellowship [ˈfeloʊʃɪp] *n.* 友谊(friendship)；奖学金(scholarship)

fervor [ˈfɜːrvər] *n.* 热情，热烈(passion)

finalize [ˈfaɪnəlaɪz] *vt.* 使完成；把…最后定下来；定稿
[搭] finalize papers 论文定稿

foster [ˈfɑːstər] *vt.* 鼓励(encourage)；培养(nurture)
[记] 联想记忆：fost(看做 fast，快速的) + er → 鼓励；培养

generalize [ˈdʒenrəlaɪz] *v.* 概括，归纳(sum up, conclude)
[记] 来自 general(*a.* 概括的)

genius [ˈdʒiːniəs] *n.* 天才(talent)；天赋(endowment)

gentility [dʒen'tɪləti] *n.* 有教养，文雅

[记] 联想记忆：gent(le)(温和的，文雅的)+ility → 有教养，文雅

gist [dʒɪst] *n.* 主旨，大意

heed [hiːd] *n.* 注意，留心(attention, notice)

[记] 联想记忆：上课的时候，要(need)格外留心(heed)老师讲了些什么

hypothetical [ˌhaɪpə'θetɪkl] *a.* 假设的

[记] 词根记忆：hypo(在…下面)+thet(放)+ical → 放在下面的 → 假设的

ignorant ['ɪgnərənt] *a.* 无知的，愚昧的(*naive)；无知觉的(unaware)

[记] 词根记忆：i(不)+gno(r)(知道)+ant(形容词后缀) → 不知道的 → 无知的

illegible [ɪ'ledʒəbl] *a.* 难以辨认的，(字迹)模糊的

[记] 词根记忆：il(不)+leg(阅读)+ible(能…的) → 无法阅读的 → 难以辨认的

illustrate ['ɪləstreɪt] *vt.* 阐明(clarify)；举例说明

[记] 词根记忆：il(向内)+lus(光)+trate → 向内投入光 → 阐明

illustrative [ɪ'lʌstrətɪv] *a.* 作为例证的；用作说明的；解说的

impart [ɪm'pɑːrt] *vt.* 传授(initiate)；传达(convey)；给予(give)

[记] 词根记忆：im+part(部分) → 把(知识等)分给某人 → 传授

industry ['ɪndəstri] *n.* 勤奋；工业，行业

informative [ɪn'fɔːrmətɪv] *a.* 提供消息的；见闻广博的

informed [ɪn'fɔːrmd] *a.* 有学识的；见多识广的

[记] 来自 inform(*vt.* 告知)

institute ['ɪnstɪtuːt] *n.* 研究所，学院 *vt.* 设立(establish)；开创(initiate)

[记] 词根记忆：in+stit(站立)+ute → 设立

instruct [ɪn'strʌkt] *vt.* 指示(direct)；教授(teach)

[记] 词根记忆：in+struct(建造) → 教人如何建造 → 教授

instruction [ɪnˈstrʌkʃn] *n.* 教导，教诲；[常 *pl.*] 用法说明 (directions)；指示(indication)
[搭] instruction manual 用法说明手册

instructor [ɪnˈstrʌktər] *n.* 教师(teacher)；教练，指导员

intellect [ˈɪntəlekt] *n.* 智力，理解力；知识分子
[记] 词根记忆：intel(在…之间) + lect(选择) → 能在很多事物中作出选择 → 智力，理解力

intelligence [ɪnˈtelɪdʒəns] *n.* 智力，智慧；情报
[记] 来自 intelligent(*a.* 有才智的，聪明的)
[搭] intelligence quotient 智商；an intelligence agent 情报员

intelligent [ɪnˈtelɪdʒənt] *a.* 有才智的，聪明的(clever)
[记] 词根记忆：intel(在…之间) + lig(选择) + ent(形容词后缀) → 能在很多事物中作出选择的 → 有才智的，聪明的

intern [ɪnˈtɜːrn] *vt.* 拘禁，软禁 [ˈɪntɜːrn] *n.* 实习生

interplay [ˈɪntərpleɪ] *n./vi.* 相互作用，相互影响(interact)
[记] 联想记忆：inter(在…之间) + play(担任角色) → 在两者之间担任角色 → 相互作用

introduction [ˌɪntrəˈdʌkʃn] *n.* 介绍；传入，引进；导言，绪论
[记] 词根记忆：intro(向内) + duct(拉) + ion(名词后缀) → 向内拉 → 介绍；传入

inventory [ˈɪnvəntɔːri] *n.* 目录，清单；库存(stock)
[记] 词根记忆：in(向内) + vent(来) + ory(表物，名词后缀) → 对所有进来的货物进行清查 → 目录；库存

investigate [ɪnˈvestɪgeɪt] *v.* 研究，调查(*check, probe)
[记] 联想记忆：invest(投资) + i + gate(大门) → 想入投资大门得先做市场调查 → 调查

jot [dʒɑːt] *vt.* 草草记下，匆匆记下
[搭] jot down 草草记下

label [ˈleɪbl] *n.* 标签(tag) *vt.* 标记(mark)
[记] 联想记忆：lab(实验室) + el → 实验室里的试剂瓶上贴有标签 → 标签

league [liːg] *n.* 联盟，同盟(alliance)
[记] 联想记忆：那个联盟(league)里的成员都是同事(colleague)

librarian [laɪˈbreriən] *n.* 图书管理员
[记] 来自 library(*n.* 图书馆)

lore [lɔːr] *n.* 学问，学识；传说，传统
[记] 联想记忆：好学(lore)的人难以抵挡书的诱惑(lure)

major [ˈmeɪdʒər] *a.* 较大的；主要的(principal) *n.* 专业 *vi.* 主修
[记] 词根记忆：maj(大的) + or → 较大的
[搭] major category 主要范畴；major course 主修课

manner [ˈmænər] *n.* 方式，风格(way, style)；[*pl.*] 礼貌(courtesy)；习惯(habit)

manual [ˈmænjuəl] *a.* 手工的 *n.* 手册，指南(guidebook, handbook)
[记] 词根记忆：manu(手) + al(形容词后缀) → 手工的

meaningful [ˈmiːnɪŋfl] *a.* 意味深长的(significant, important)
[记] 来自 meaning(*n.* 含义，意义)

memo [ˈmemoʊ] *n.* 备忘录

midterm [ˌmɪdˈtɜːrm] *a.* 中间的，期中的 *n.* 期中考试；(任期)中期；(学期的)期中

motive [ˈmoʊtɪv] *n.* 动机，目的(incentive)
[记] 词根记忆：mot(移动) + ive → 有意向某处移动 → 动机，目的

naturalist [ˈnætʃrəlɪst] *n.* 自然主义者；博物学家

oceanographer [ˌoʊʃəˈnɑːgrəfər] *n.* 海洋学者
[记] 联想记忆：ocean(o)(海洋) + graph(用图表示) + er(表人，名词后缀) → 通过图表示海洋情况的人 → 海洋学者

omit [əˈmɪt] *vt.* 省略，删去；遗漏，忽略(neglect)
[记] 联想记忆：om(音似：呕) + it(它) → 把它呕出去 → 省略

oral [ˈɔːrəl] *a.* 口头的，口述的(spoken)
[记] 词根记忆：or(说)+al(形容词后缀)→口头的，口述的

orientation [ˌɔːriənˈteɪʃn] *n.* 方向，方位(direction)；定位；(任职等前的)培训；情况介绍

ornithology [ˌɔːrnɪˈθɑːlədʒi] *n.* 鸟类学
[记] 词根记忆：ornith(鸟)+ology(…学)→鸟类学

outline [ˈaʊtlaɪn] *n.* 轮廓(profile)；概要(summary) *vt.* 描绘；略述
[记] 联想记忆：out(外面的)+line(线条)→轮廓；概要

outstanding [aʊtˈstændɪŋ] *a.* 突出的，显著的(remarkable)
[记] 联想记忆：out(出)+standing(站立的)→站出来的→鹤立鸡群的→突出的

overhaul [ˌoʊvərˈhɔːl] *vt.* 仔细检查(inspect)
[记] 联想记忆：over(从头到尾)+haul(拉，拖)→全都拉上来进行修理→仔细检查

overtime [ˈoʊvərtaɪm] *a.* 超时的，加班的 *ad.* 加班

pamphlet [ˈpæmflət] *n.* 小册子(booklet, brochure)

paraphrase [ˈpærəfreɪz] *n.* 解释，释义(meaning) *v.* 解释(explain)；改写(rewrite)
[记] 词根记忆：para(旁边)+phras(说)+e→在一旁起解释作用→解释，释义

part-time [ˈpɑːrt ˈtaɪm] *a.* 兼职的；部分时间的
[搭] part-time job 兼职工作

pedagogy [ˈpedəɡɑːdʒi] *n.* 教育学，教学法(education)
[记] 词根记忆：ped(儿童)+agog(引导)+y→引导儿童→教育学

pensive [ˈpensɪv] *a.* 沉思的(meditative)
[记] 词根记忆：pens(悬挂)+ive→悬挂于心的→沉思的

personnel [ˌpɜːrsəˈnel] *n.* 全体人员，员工(crew)
[记] 来自 person(*n.* 人)

perspicuous [ˌpɜːrˈspɪkjuəs] *a.* (文章等)明白易懂的；明了的
[记] 词根记忆：per(完全)+spic(看，看到)+uous → 完全看到的 → 明了的

pioneer [ˌpaɪəˈnɪr] *n.* 开拓者，创始人(settler, trailblazer) *vt.* 开拓，开创(exploit)

podium [ˈpoʊdiəm] *n.* 讲坛，讲台；指挥台

potential [pəˈtenʃl] *a.* 潜在的；可能的(*possible) *n.* 潜能
[记] 词根记忆：po+tent(伸展)+ial → 无限伸展的 → 潜在的；可能的

preliminary [prɪˈlɪmɪneri] *a.* 预备的，初步的(*primary)
[记] 词根记忆：pre(在…前面)+limin(门槛；起点)+ary → 预先开始的 → 预备的

presentation [ˌpriːzenˈteɪʃn] *n.* 介绍，陈述；赠送；表演
[记] 来自 present(*vt.* 介绍；赠送；上演)

president [ˈprezɪdənt] *n.* 总统，(大学)校长，(大会)主席

primary [ˈpraɪmeri] *a.* 最初的；首要的(dominant, chief)；基本的(*fundamental)
[记] 词根记忆：prim(第一)+ary → 最初的

prime [praɪm] *a.* 主要的(*chief)；最初的(original)；最好的

profession [prəˈfeʃn] *n.* 职业(occupation)；同行；专业(specialty)

proficient [prəˈfɪʃnt] *a.* 熟练的，精通的(skilled, expert)
[记] 词根记忆：pro(在…前面)+fic(做)+ient → 提前做了，更熟练 → 熟练的，精通的

profound [prəˈfaʊnd] *a.* 深远的(deep-seated)；知识渊博的；深奥的
[记] 联想记忆：pro(在…前面)+found(创立) → 有超前创见性 → 深远的

project [ˈprɑːdʒekt] *n.* 方案(scheme)；项目(item)
[prəˈdʒekt] *v.* 放映(show, screen)；规划(plan, figure)
[记] 词根记忆：pro(向前)+ject(投，掷) → 向前投 → 放映

pronounced [prəˈnaʊnst] *a.* 显著的(marked, distinct); 明确的(definite)
[记] 来自 pronounce(*v.* 宣称; 发音)

proofread [ˈpruːfriːd] *v.* 校对, 校正(revise)
[记] 组合词: proof(验证) + read(读) → 校对, 校正

punctual [ˈpʌŋktʃuəl] *a.* 守时的(prompt)
[记] 词根记忆: punct(刺) + ual → 像针刺那般准确 → 守时的

pupil [ˈpjuːpl] *n.* 小学生(schoolchild); 瞳孔

pursuit [pərˈsuːt] *n.* 追求; [常 *pl.*] 花时间和精力等做的事; 消遣

puzzle [ˈpʌzl] *n.* 难题, 谜(riddle); 迷惑 *vt.* 迷惑, 使困惑
[搭] jigsaw puzzle 七巧板, 拼图; puzzle over/about 苦苦思索

qualify [ˈkwɑːlɪfaɪ] *v.* (使)具有资格, (使)合格
[搭] qualify...as 取得…资格

questionnaire [ˌkwestʃəˈner] *n.* 问卷, 调查表
[记] 来自 question(*n.* 问题)

quit [kwɪt] *v.* 停止; 放弃(abandon); 离开(depart); 辞(职)(abdicate)

quiz [kwɪz] *n.* 小测验
[记] 联想记忆: 他最终放弃(quit)了小测验(quiz)

quote [kwoʊt] *n.* 引文(quotation); 报价 *v.* 引用(cite); 报价
[记] 联想记忆: 记录(note)报价(quote)

reapply [ˌriːəˈplaɪ] *v.* 再申请
[搭] reapply for sth. 再申请某事

recommend [ˌrekəˈmend] *vt.* 推荐(nominate); 劝告, 建议(suggest)
[记] 联想记忆: re(一再) + com(共同) + mend(修改) → 这本书是大家一再修改的成果, 强力推荐 → 推荐

recruit [rɪˈkruːt] *v.* 招募(新兵), 征募(enlist)
[记] 词根记忆: re + cruit(=cres 成长) → 使部队成长壮大 → 招募(新兵)

refer [rɪˈfɜːr] *v.* 提到，谈及(relate to)；参考(consult)
[记] 词根记忆：re(又，再)+fer(带来，拿来)→提到，谈及

reference [ˈrefrəns] *n.* 提到；参考(书目)；介绍(人)

register [ˈredʒɪstər] *n./v.* 登记，注册(enroll)
[记] 词根记忆：re(回)+gist(=gest 带来)→带回来→登记

relate [rɪˈleɪt] *v.* 叙述，讲述；(使)有关联
[记] 词根记忆：re(又，再)+lat(搬运)+e→又搬来→(使)有关联
[搭] relate to 与…有关；涉及

remind [rɪˈmaɪnd] *vt.* 提醒(inform)；使想起

representative [ˌreprɪˈzentətɪv] *n.* 代表，代理人 *a.* 典型的，有代表性的(typical)
[搭] sales representative 销售代表

reschedule [ˌriːˈskedʒuːl] *vt.* 重新安排

resource [ˈriːsɔːrs] *n.* [常 *pl.*] 资源，财力
[记] 联想记忆：re(又，再)+source(源泉)→可一再使用的源泉→资源

response [rɪˈspɑːns] *n.* 回答；反应，响应

resume [rɪˈzuːm] *v.* (中断后)重新开始(*begin again)
[记] 词根记忆：re(又，再)+sum(拿，取)+e→再次拿起→重新开始

review [rɪˈvjuː] *vt./n.* 审查；复习；回顾，反思；评论(comment)
[记] 联想记忆：re(又，再)+view(看)→看了又看→复习

revise [rɪˈvaɪz] *vt.* 修订，修改(change)
[记] 词根记忆：re(又，再)+vis(看)+e→反复看→修订

rigorous [ˈrɪɡərəs] *a.* 严格的，严厉的

routine [ruːˈtiːn] *n.* 例行公事；惯例，常规(convention) *a.* 例行的；常规的(regular)
[记] 联想记忆：例行公事(routine)就是按常规路线(route)走

sample [ˈsæmpl] *n.* 样品，标本(specimen) *vt.* 抽样调查

[记] 联想记忆：简单的(simple)的样品(sample)

schedule [ˈskedʒuːl] *n.* 时刻表，日程表(timetable, agenda) *vt.* 安排，预定(assign, appoint)

[搭] ahead of schedule 提前

scheme [skiːm] *n.* 计划，方案(plan, design)

[记] 联想记忆：sch(看做 school，学校)+eme(看做 theme，论文)→学校让学生为论文拟定写作计划→计划，方案；注意不要和 schema(*n.* 图解)相混

[搭] propose a scheme 拟定计划

scholar [ˈskɑːlər] *n.* 学者(academician)

[记] 词根记忆：schol(闲暇)+ar(表人，名词后缀)→学者(希腊语 schole 指"闲暇"，指一个真正的学者要有闲暇时间看书治学、思考问题并进行学术讨论。)

scholarship [ˈskɑːlərʃɪp] *n.* 奖学金；学问，学识

[搭] full scholarship 全额奖学金

scientific [ˌsaɪənˈtɪfɪk] *a.* 科学的

[记] 来自 science(*n.* 科学)

[搭] scientific study 科学研究

score [skɔː] *n.* 得分，分数(mark)；乐谱(*musical composition) *v.* 评分(grade)

[记] 联想记忆：在某些人眼里分数(score)是考试的核心(core)

semester [sɪˈmestər] *n.* 学期(term)

[记] 联想记忆：se(看做 see，看)+mester(看做 master，老师)→在新学期又能看到老师了→学期

seminar [ˈsemɪnɑːr] *n.* 研讨会(workshop)

[记] 词根记忆：semin(播种)+ar→研讨会播下思想的种子→研讨会

senior [ˈsiːniər] *a.* 地位较高的(superior)；较年长的 *n.* 较年长者(elder)；四年级学生

[记] 词根记忆：sen(老的，年长的)+ior→较年长者

skeptical [ˈskeptɪkl] *a.* 怀疑的(suspicious)
[记] 词根记忆：skep(检查) + tical → 因为怀疑而进行检查 → 怀疑的

sketch [sketʃ] *n.* 草稿(draft); 草图, 素描; 概述 *v.* 画素描(*draw); 概述

skim [skɪm] *v.* 撇去; 掠过; 浏览, 略读
[记] 联想记忆：一眼掠过(skim), 只见皮(skin)毛

skip [skɪp] *v.* 跳(jump, leap); 不出席(absent); 逃学(play hooky)

slide [slaɪd] *v.* 滑动(glide, slip) *n.* 滑动(slippage); 幻灯片
[记] 联想记忆：s+lid(盖子)+e→盖子太滑, 从桌子上掉了下去 → 滑动
[搭] slide projector 幻灯机

specialize [ˈspeʃəlaɪz] *v.* 专攻; (使)专用于
[搭] specialize in 擅长于; 专攻

staff [stæf] *n.* 全体职工, 工作人员(crew, personnel)
[记] 联想记忆：明星(star)后面往往跟着一群工作人员(staff)

subject [ˈsʌbdʒɪkt] *n.* 主题(theme); 对象(object) *a.* (to)受…支配的(*susceptible to)
[səbˈdʒekt] *vt.* (to)使服从(submit)
[记] 词根记忆：sub(在…下面) + ject(投, 掷) → 被投掷在他人之下 → 受…支配的

submit [səbˈmɪt] *v.* 提交, 呈递; 屈从
[记] 词根记忆：sub(在…下面) + mit(放) → 放在下面 → 提交, 呈递

subordinate [səˈbɔːrdɪnət] *a.* 次要的; 下级的 *n.* 下属
[记] 词根记忆：sub(在…下面) + ordin(顺序) + ate → 顺序在下的 → 次要的

summarize [ˈsʌməraɪz] *v.* 概括, 总结(generalize)
[记] 来自 summary(*n.* 摘要, 概要)

summary [ˈsʌməri] *n.* 摘要, 概要(abstract)
[记] 词根记忆：summ(=sum 总的) + ary → 得出一个总的东西 → 摘要

superintendent [ˌsuːpərɪnˈtendənt] *n.* 主管，负责人(supervisor)
[记] 联想记忆：super(上等的) + intend(计划) + ent(表人) → 身处上级，做计划的人 → 主管，负责人

supervise [ˈsuːpərvaɪz] *vt.* 监督；指导(oversee)
[记] 词根记忆：super(在…上面) + vis(看) + e → 在上面看 → 监督

survey [ˈsɜːrveɪ] *n.* 调查 [sərˈveɪ] *vt.* 调查

swap [swɑːp] *n./v.* 交换

syllabus [ˈsɪləbəs] *n.* 课程提纲
[记] 词根记忆：syl(一起) + lab(拿) + us → 把(不同的课程)拿到一起 → 课程提纲

systematize [ˈsɪstəmətaɪz] *vt.* 使系统化，使条理化
[记] 词根记忆：sy(=syn 一起) + st(站立) + emat + ize(使…) → 使站在一起 → 使系统化

talent [ˈtælənt] *n.* 天赋(gift)；才干(ability, aptitude)；人才(intellectual)
[记] 联想记忆：tal(看做 tall，高的) + ent(表人) → 高人 → 人才

tally [ˈtæli] *n.* 记录；账

term [tɜːrm] *n.* 学期(semester)；期限，期间；条件；条款(clause)；术语 *vt.* 把…称为
[搭] in terms of 按照，依据

theoretical [ˌθiːəˈretɪkl] *a.* 不切实际的(unrealistic)；理论的(abstract)

theory [ˈθiːəri] *n.* 理论，原理；学说；见解，看法(notion)
[记] 词根记忆：the(看，考虑) + ory → 做事时要考虑、参考的东西 → 理论
[搭] in theory 理论上

thesis [ˈθiːsɪs] *n.* 论文(paper)

transcribe [trænˈskraɪb] *vt.* 抄写，誊写；转录
[记] 词根记忆：tran(=trans) + scrib(写) + e → 抄写

tuition [tuˈɪʃn] *n.* 学费(schooling)

tutor	[ˈtuːtər] *n.* 导师；家庭教师 *v.* 辅导(coach)
undergraduate	[ˌʌndərˈɡrædʒuət] *n.* 大学肄业生 [记] 组合词：under(在…下面) + graduate(毕业生) → 还不是毕业生 → 大学肄业生
undertake	[ˌʌndərˈteɪk] *v.* 承担(take in hand)；进行，从事(engage)
undertaking	[ˌʌndərˈteɪkɪŋ] *n.* 事业，企业(enterprise)
uniform	[ˈjuːnɪfɔːrm] *n.* 制服(costume, regimentals) *a.* 统一的(unitive)；均匀的(homogeneous) [记] 词根记忆：uni(单一) + form(形式) → 单一形式的 → 统一的
vice	[vaɪs] *n.* 恶行，恶习；[构成名词和相关的形容词] 副；代理
virtue	[ˈvɜːrtʃuː] *n.* 美德(excellence)；优点(merit) [搭] by/in virtue of 依靠，由于
virtuous	[ˈvɜːrtʃuəs] *a.* 有道德的，品性好的，品德高的 [记] 来自 virtue(*n.* 美德)
vocation	[voʊˈkeɪʃn] *n.* 职业(occupation, profession)
wit	[wɪt] *n.* 智力，才智(intellect, cleverness) [记] 联想记忆：运用才智(wit)取胜(win) [搭] at one's wits' end 一筹莫展，不知所措

休闲娱乐

abbey [ˈæbi] *n.* 修道院；大教堂

acoustic [əˈkuːstɪk] *a.* 非电声乐器的；听觉的
[记] 词根记忆：acou(听) + stic → 听觉的

admission [ədˈmɪʃn] *n.* 准许进入；入场费；承认(acknowledgement)
[记] 来自 admit(*v.* 准许进入；承认)

adventure [ədˈventʃər] *n.* 奇遇(happening)；冒险活动
[记] 词根记忆：ad(to) + vent(来) + ure → 一步步地靠近危险 → 冒险活动

aerobics [eˈroʊbɪks] *n.* 有氧运动
[记] 词根记忆：aero(空气) + b + ics(…活动) → 有氧运动

affinity [əˈfɪnəti] *n.* 密切关系；吸引力；喜爱
[记] 词根记忆：af(=ad, to) + fin(末端) + ity → 靠近末端 → 密切关系

amble [ˈæmbl] *vi.* 缓行，漫步(stroll, wander)
[记] 词根记忆：ambl(=ambul 走) + e → 缓行

amusement [əˈmjuːzmənt] *n.* 娱乐，消遣(*entertainment, recreation)

anecdotal [ˌænɪkˈdoʊtl] *a.* 逸闻趣事的
[记] 来自 anecdote(*n.* 趣闻，轶事)

apparatus [ˌæpəˈrætəs] *n.* 器械，设备，装置
[记] 词根记忆：ap(靠近) + para(排列) + tus → 靠近排列(起作用) → 器械

appointment [əˈpɔɪntmənt] *n.* 约会(date)；任命(nomination)

appreciation [əˌpriːʃiˈeɪʃn] *n.* 欣赏(recognition)；口味，兴趣(taste)

aquarium [əˈkweriəm] *n.* 养鱼池；水族馆
[记] 词根记忆：aqu(a)(水) + arium(表场所，名词后缀) → 水族馆

artisan [ˈɑːrtəzn] *n.* 工匠，手艺人(workman, craftsman)
[记] 词根记忆：arti(技术)+s+an(表人，名词后缀)→有技术的人→工匠，手艺人

athlete [ˈæθliːt] *n.* 运动员
[记] 发音记忆："爱死你的"→运动员体格健美，让人喜爱→运动员

automobile [ˈɔːtəməbiːl] *n.* 汽车(motor)
[记] 联想记忆：auto(自动)+mobile(可移动的)→汽车

backhand [ˈbækhænd] *n.* 反手击球

balcony [ˈbælkəni] *n.* 包厢(loge)；阳台
[记] 发音记忆："白给你"→这个价位的戏票，整个包厢都相当于"白给你"→包厢

barb [bɑːrb] *n.* 鱼钩，倒钩

barbecue [ˈbɑːrbɪkjuː] *n.* 烧烤野餐

barge [bɑːrdʒ] *n.* 驳船；游艇
[记] 发音记忆："八只"→八只驳船→驳船

batter [ˈbætər] *n.* (棒球等的)击球手 *v.* 连续猛击

beach [biːtʃ] *n.* 海滩，湖滩，河滩
[搭] a beach person 常去海滩的人；海滩迷

bet [bet] *n.* 打赌，赌注 *v.* 打赌
[搭] I bet that... 我敢肯定；you bet 的确，当然

bison [ˈbaɪsn] *n.* 美洲(或欧洲)野牛
[记] 发音记忆："拜神"→印度人视牛为神物，美洲野牛去印度肯定也被当成神来拜→美洲野牛

brag [bræg] *v.* 吹嘘，自吹自擂

canal [kəˈnæl] *n.* 运河
[记] 发音记忆："可难咯"→完全靠双手开挖运河可是件难事→运河

canoe [kəˈnuː] *n.* 独木舟

cart [kɑːrt] *n.* 运货马车(wagon)；手推车

celebrate [ˈselɪbreɪt] *v.* 赞美(praise, extol)；庆祝(commemorate, observe)

champion [ˈtʃæmpiən] *n.* 冠军（winner, victor）；拥护者（defender, protector）*vt.* 声援

[记] 发音记忆："产品"→冠军是付出无数汗水后的"产品"→冠军

championship [ˈtʃæmpiənʃɪp] *n.* [常 *pl.*] 锦标赛

cider [ˈsaɪdər] *n.* 苹果酒

clamor [ˈklæmər] *n.* 吵闹，喧哗（sound, noise）

[记] 词根记忆：clam（叫喊）+ or → 吵闹，喧哗

clipper [ˈklɪpər] *n.* 快速帆船

commemorate [kəˈmeməreɪt] *vt.* 纪念（celebrate, honor）

[记] 词根记忆：com（共同）+ memor（记住）+ ate → 共同记住 → 纪念

contest [ˈkɑːntest] *n.* 竞赛（game）；辩论（debate）

[记] 联想记忆：con（共同）+ test（测试）→ 大家汇聚到一起参加测试 → 比赛

conversation [ˌkɑːnvərˈseɪʃn] *n.* 交谈，会话

[记] 来自 converse（*vi.* 交谈，会话）

cookout [ˈkʊkaʊt] *n.* 野外烧烤宴会

costume [ˈkɑːstuːm] *n.* 服饰（dress）；装束

crest [krest] *n.* 顶峰，顶点（peak）

[记] 联想记忆：c + rest（休息）→ 爬到顶峰再休息吧 → 顶峰

curtsy [ˈkɜːrtsi] *n.* 屈膝礼 *vi.* 行屈膝礼

daisy [ˈdeɪzi] *n.* 雏菊

[搭] daisy chain 雏菊花环；as fresh as a daisy 精力充沛的

destination [ˌdestɪˈneɪʃn] *n.* 目的地，终点（termini, end）

[记] 联想记忆：destin(e)（预定）+ ation → 预定的地方 → 目的地

dinosaur [ˈdaɪnəsɔːr] *n.* 恐龙

[记] 词根记忆：dino（恐怖的）+ saur（蜥蜴）→ 恐龙

dive [daɪv] *n./vi.* 跳水；潜水（submerge）

diversion [daɪˈvɜːrʒn] *n.* 消遣，娱乐(recreation, entertainment)；转移，转换

[记] 词根记忆：di(分离) + vers(转) + ion → 转移，转换

[搭] creat a diversion 分散注意力；声东击西

dolphin [ˈdɑːlfɪn] *n.* 海豚

entertain [ˌentərˈteɪn] *v.* 招待；(使)娱乐(amuse)

[记] 词根记忆：enter(进入) + tain(拿住) → 拿着东西进入 → 招待

excursion [ɪkˈskɜːrʒn] *n.* 远足(hike)

[记] 词根记忆：ex(出，外) + curs(跑) + ion → 跑出去 → 远足

exhilarating [ɪɡˈzɪləreɪtɪŋ] *a.* 令人高兴的，令人兴奋的(exciting)

[记] 来自 exhilarate(*vt.* 使高兴，使兴奋)；ex(表加强) + hilar(欢快的) + ate(使…) → 使非常欢快 → 使高兴

fascinate [ˈfæsɪneɪt] *v.* 深深吸引，迷住(attract, charm)

[记] 联想记忆：fasc(看做 fast，彻底) + in(里面) + ate → 彻底陷在里面 → 迷住

fascinating [ˈfæsɪneɪtɪŋ] *a.* 迷人的，醉人的

feast [fiːst] *n.* 节日；宴会

fountain [ˈfaʊntn] *n.* (人工)喷泉

[记]联想记忆：这座山(mountain)里有喷泉(fountain)

gorge [ɡɔːrdʒ] *n.* 咽喉；峡谷 *v.* 狼吞虎咽

gourmet [ˈɡʊrmeɪ] *n.* 美食家 *a.* 美味的

[搭] gourmet coffee 极品咖啡；精制咖啡

gulf [ɡʌlf] *n.* 海湾(bay)；分歧(branching, chasm, divergence)

[记] 联想记忆：海湾(gulf)国家的富豪们喜欢玩高尔夫(golf)

gymnasium [dʒɪmˈneɪziəm] *n.* 体育馆；健身房

[记] 该词源自希腊语 gymnasion(赤身训练)，古希腊运动员训练时要求赤身裸体，据说这样能使全身最大限度地自由活动。

harbor [ˈhɑːrbər] *n.* 港口(port) *vt.* 窝藏；藏有

[搭] natural harbor 天然港

harness [ˈhɑːrnɪs] *n.* 马具 *vt.* 利用…产生动力

[记] 联想记忆：har(看做 hard，结实的) + ness → 马具必须结实 → 马具

hike [haɪk] *v./n.* 徒步旅行，远足(walkabout)

[记] 联想记忆：穿着 Nike 鞋去远足(hike)

hockey [ˈhɑːki] *n.* 曲棍球；冰球

[记] 联想记忆：一只猴子(monkey)在玩曲棍球(hockey)

inclination [ˌɪnklɪˈneɪʃn] *n.* 爱好(*preference, liking)；趋向(tendency)

[记] 词根记忆：in(向内) + clin(倾斜) + ation → 内心的倾向 → 爱好；趋向

inconvenient [ˌɪnkənˈviːniənt] *a.* 不方便的(unhandy)；让人不舒服的(uncomfortable)

intoxication [ɪnˌtɑːksɪˈkeɪʃn] *n.* 醉，醉酒

[记] 来自 intoxicate(*vt.* 使醉)：in(内) + tox(毒) + ic + ate(使…) → 使毒素进入身体 → 使醉

[搭] water intoxication 水中毒

invitation [ˌɪnvɪˈteɪʃn] *n.* 邀请；请柬

irresistible [ˌɪrɪˈzɪstəbl] *a.* 无法抗拒的，诱人的

[记] 联想记忆：ir(不) + resistible(可抵抗的) → 不可抵抗的 → 无法抗拒的

ivory [ˈaɪvəri] *n.* 象牙；象牙制品

jelly [ˈdʒeli] *n.* 果冻

[记] 联想记忆：果冻(jelly)吃多了，胃(belly)胀

jewelry [ˈdʒuːəlri] *n.* 〈总称〉首饰(ornament)；珠宝(gem)

jog [dʒɑːg] *vi.* 慢跑

[记] 联想记忆：一边慢跑(jog)一边遛狗(dog)

juice [dʒuːs] *n.* 汁，液

lawn [lɔːn] *n.* 草地，草坪(grassplot)

[记] 联想记忆：law(法律) + n(形似一道门) → 很多人乱踏草坪，所以要运用法律制造一道保护的门 → 草坪

leisure [ˈliːʒər] *n.* 空闲，闲暇(rest, spare time)
[搭] at leisure 不慌不忙

lobby [ˈlɑːbi] *n.* 休息室，大厅(hall)
[记] 联想记忆：在旅馆大厅(lobby)里数进进出出的人是他的爱好(hobby)之一

locality [loʊˈkæləti] *n.* 地点(site)；位置(position)
[记] 词根记忆：loc(地方)+al+ity→地点；位置

lope [loʊp] *n.* 轻快的步伐 *vi.* 轻松地大步跑

lounge [laʊndʒ] *n.* 等候室，休息室(lobby)
[记] 联想记忆：loung(看做 long，长的)+e→等候室里一般都放有长椅子→等候室

luxurious [lʌgˈʒʊriəs] *a.* 奢侈的
[记] 来自 luxury(*n.* 奢侈品)

luxury [ˈlʌkʃəri] *n.* 奢侈品 *a.* 奢华的
[记] 词根记忆：lux(光)+ury→发出万丈光芒的→奢侈品

mask [mæsk] *n.* 面具
[记] 联想记忆：准备舞会上用的面具(mask)真是项大任务(task)

match [mætʃ] *n.* 比赛(contest)；对手(opponent) *v.* 匹配(suit)

medal [ˈmedl] *n.* 奖牌，奖章
[记] 联想记忆：奖牌(medal)是用金属(metal)做的

mode [moʊd] *n.* 方式(manner)；风格(style)；式样(fashion)

mosaic [moʊˈzeɪɪk] *n.* 马赛克；镶嵌工艺
[记]发音记忆："马赛克"

muscle [ˈmʌsl] *n.* 肌肉；体力，力量(brawn, strength)
[记]发音记忆："马瘦"→瘦马没有肌肉→肌肉；体力

ornate [ɔːrˈneɪt] *a.* 华丽的
[记] 词根记忆：orn(装饰)+ate→用于装饰的→华丽的

outfit [ˈaʊtfɪt] *n.* 全套装备；全套服装

[记] 联想记忆：out(完全)+fit(合适的)→里里外外都合适的→全套服装

overnight [ˌoʊvərnaɪt] *n.* 前晚 *a.* 通宵的，一整夜的；一夜之间的 [ˌoʊvərˈnaɪt] *ad.* 在前一夜；整夜

[记] 组合词：over(越过)+night(夜)→跨越一整夜→通宵的

oversleep [ˌoʊvərˈsliːp] *v.* (使)睡过头

parachute [ˈpærəʃuːt] *n.* 降落伞

participant [pɑːrˈtɪsɪpənt] *n.* 参与者；参赛者

[记] 词根记忆：part(i)(部分)+cip(拿，取)+ant(表人，名词后缀)→只拿住部分的人→参与者

picky [ˈpɪki] *a.* 挑剔的，难以取悦的(fussy)

picturesque [ˌpɪktʃəˈresk] *a.* 如画的(scenic, beautiful)；别致的

[搭] a picturesque village 风景如画的村庄

plaudit [ˈplɔːdɪt] *n.* [常 *pl.*] 喝彩；赞誉，称赞

pleasing [ˈpliːzɪŋ] *a.* 令人高兴的，令人愉快的(attractive, comfortable)

popular [ˈpɑːpjələr] *a.* 通俗的；受欢迎的(*refreshing)；流行的(fashionable)

[记] 词根记忆：popul(人民)+ar→受广大人民喜欢的→流行的

pose [poʊz] *n.* 姿势 *vt.* 造成；提出(*frame)

puppet [ˈpʌpɪt] *n.* 木偶(marionette)；玩偶(doll)

[记] 联想记忆：pup(小狗)+pet(宠物)→宠物小狗→木偶

quiver [ˈkwɪvər] *n.* 颤抖 *vi.* 颤动，抖动(tremble)

racing [ˈreɪsɪŋ] *n.* 比赛，竞赛(game) *a.* 比赛的

racket [ˈrækɪt] *n.* (网球等的)球拍

raft [ræft] *n.* 筏子

[记] 联想记忆：坐木筏(raft)漂流(drift)

rattle [ˈrætl] *n.* 咔哒声；拨浪鼓 *v.* (使)发出连续短促的声音

reception [rɪˈsepʃn] *n.* 招待会；接待；(无线电、电视等的)接收(效果)

[搭] reception desk (旅馆、饭店等的)接待处

recline [rɪˈklaɪn] *v.* 向后倚靠，斜倚

[记] 词根记忆：re(向后) + clin(倾斜) + e → 向后斜 → 斜倚

recreation [ˌrekriˈeɪʃn] *n.* 娱乐，消遣(amusement)

[记] 来自 recreate(*v.* 得到娱乐)

rejuvenate [rɪˈdʒuːvəneɪt] *vt.* 使年轻；使恢复活力(refresh)

[记] 词根记忆：re(再，又) + juven(年轻的) + ate(使…) → 使年轻；使恢复活力

rendition [renˈdɪʃn] *n.* 表演，(尤指)演唱(performance)

resort [rɪˈzɔːrt] *n.* 度假胜地；手段 *vi.* (to)求助(*use)

[记] 联想记忆：危急时刻向上级打报告(report)求助(resort)

rodeo [ˈroʊdioʊ] *n.* 牛仔竞技表演

salon [səˈlɑːn] *n.* 营业性的厅(或院等)

[记] 发音记忆："沙龙" → 营业性的厅

[搭] a hairdressing salon 美发厅

saunter [ˈsɔːntər] *n./vi.* 闲逛，漫步(stroll)

screen [skriːn] *n.* 屏幕 *vt.* 掩蔽(shield)；审查(censor)

scuba [ˈskuːbə] *n.* 水中呼吸器

[搭] scuba-diving 佩戴水肺的潜水

scurry [ˈskɜːri] *n./vi.* 碎步疾跑(*rush, scuttle)

[记] 联想记忆：上课时间快到了，妈妈催促(hurry)孩子跑(scurry)去学校

series [ˈsɪriːz] *n.* 系列，连续(succession)；连续剧

shape [ʃeɪp] *n.* 形状，外形(form)；情况，状态；种类 *vt.* 使成为…形状，塑造

[搭] in shape 健壮的体格

shift [ʃɪft] *v./n.* 转移(transfer)；改变(change)

[记] 联想记忆：电脑键盘上的切换键即 Shift 键

shipwright ['ʃɪpraɪt] *n.* 造船工人；修船工

[记] 组合词：ship(船) + wright(建造人，制作者) → 造船者

shuffle ['ʃʌfl] *n./v.* 拖着脚走；洗(牌)；蒙混；搅乱

[记] 发音记忆："杀否"→输了，再杀一盘可否→洗(牌)

sled [sled] *n.* 雪橇(sledge)

sledding ['sledɪŋ] *n.* 进展

soccer ['sɑːkər] *n.* 足球

sociable ['soʊʃəbl] *a.* 好交际的，合群的；友善的，友好的(outgoing)

[记] 词根记忆：soci(同伴；结交) + able → 好交际的；友善的

solitude ['sɑːlətuːd] *n.* 孤独，单独；荒凉之地

[记] 词根记忆：sol(单独) + itude → 孤独

squash [skwɑːʃ] *n.* 软式墙网球，壁球

[记] 联想记忆：s + quash(取消) → 壁球比赛取消了，大家很失望 → 壁球

stadium ['steɪdiəm] *n.* 竞走场；运动场(playground)

[记] 词根记忆：stad(站立) + ium(表场所，名词后缀) → 参加走路比赛的地方 → 竞走场，后引申为"运动场"

stardom ['stɑːrdəm] *n.* 明星的身份(或地位)

stark [stɑːrk] *a.* 赤裸的(barren, bare)；十足的，极端的(utter, sheer) *ad.* 十足

[记] 联想记忆：鲨鱼(shark)是十足(stark)危险的动物

stereo ['sterioʊ] *n.* 立体声(装置) *a.* 立体声的

[记] 本身是词根，意为"三维的，立体的"

stride [straɪd] *n.* 大步；步法(pace) *v.* 大步走

[记] 联想记忆：st + ride(骑自行车) → 走得像骑自行车一样快 → 大步走

stunt [stʌnt] *vt.* 阻碍生长；遏制 *n.* 特技表演；噱头

[记] 联想记忆：stun(震惊) + t → 电影里的特技表演让人震惊 → 特技表演

sturdy [ˈstɜːrdi] *a.* (动物等)健壮的，结实的(strong)；稳固的(stable)
[记] 联想记忆：健壮的(sturdy)身体是学习(study)的本钱

suite [swiːt] *n.* 套；组；套房
[记] 联想记忆：这套(suite)家具很适合(suit)这间套房(suite)

tackle [ˈtækl] *v.* 对付；阻截 *n.* 拦截；钓具；滑轮

tavern [ˈtævərn] *n.* 小旅馆，客栈(inn)；小酒店

tournament [ˈtɜːrnəmənt] *n.* 锦标赛(title match)
[记] 联想记忆：对他来说，参加锦标赛(tournament)真是种折磨(torment)

trend [trend] *n.* 趋势，倾向(*tendency, current)
[搭] economic trend 经济趋势

turnout [ˈtɜːrnaʊt] *n.* (比赛、会议等的)出席人数；产量，产额(output)

usher [ˈʌʃər] *n.* 领座员，招待员 *v.* 引领

vacation [vəˈkeɪʃn] *n.* 度假，休假
[记] 词根记忆：vac(空的) + ation → 有空 → 度假，休假
[搭] on vacation 度假；paid vacation 带薪假期

vault [vɔːlt] *n.* 拱顶

versatile [ˈvɜːrsətl] *a.* 多才多艺的(talented, competent)；多用途的(all-purpose)
[记] 词根记忆：vers(转) + atile → 玩得转的 → 多才多艺的

vigor [ˈvɪɡər] *n.* 活力，精力
[记] 词根记忆：vig(生活) + or → 活力

vogue [voʊɡ] *n.* 时尚，风气，流行
[记] 联想记忆：对时尚(vogue)茫然的(vague)

whim [wɪm] *n.* 一时的兴致，心血来潮

zealous [ˈzeləs] *a.* 狂热的(crazy)
[记] 来自 zeal(*n.* 热情)

索 引